HEYNE FILMBIBLIOTHEK

WIM WENDERS

und seine Filme

von REINHOLD RAUH

Originalausgabe

WILHELM HEYNE VERLAG
MÜNCHEN

HEYNE FILMBIBLIOTHEK
32/144

Herausgegeben von
Bernhard Matt

Redaktion: Cornelia Zumkeller

Umschlagfoto: Deutsches Institut für Filmkunde, Frankfurt
Rückseitenfoto: Archiv Dr. Karkosch, Gilching
Umschlaggestaltung: Atelier Ingrid Schütz, München
Printed in Germany 1990
Herstellung: Dieter Lidl
Satz: Satz & Repro Grieb, München
Druck und Verarbeitung: Ebner Ulm

ISBN 3-453-04125-9

Inhalt

Ein Platz in der Filmgeschichte – eine Einleitung

»Wir sollten einen Film machen, zusammen« wird ihm aus dem anderen Raum zugerufen. Er sitzt auf einem Sofa. Es ist ihm anzusehen, daß er sich an dem Platz, wo die Erinnerungsfotos an alte Filmzeiten an der Wand hängen und die vielen Filmspulen auf dem Tisch verstreut liegen, gut aufgehoben und in guter Gesellschaft fühlt. Er trommelt mit den Fingern seiner rechten Hand gegen die linke und wendet dann den Kopf zum anderen Raum: »Wenn du willst, fangen wir heute an.« »Wovon soll er handeln?« kommt es wieder mit zittriger Stimme aus dem anderen Raum. Da hört er auf, mit den Fingern zu trommeln, und schaut betreten zu Boden. Schweigen.

Der Film, der gedreht werden soll, wird ein Film über das Sterben werden – über das Sterben dessen, der sich nach dem Filminhalt erkundigt hat. Die Szene ist bekannt, und sie ist gestellt. Sie stammt schon aus dem geplanten Film. Ein paar Einstellungen weiter wird man die Urne mit den sterblichen Überresten von Nicholas Ray sehen.

Der auf dem Sofa, Wim Wenders, hat einmal gesagt, daß die Filmgeschichte ein sehr friedlicher Platz sei, an dem man gut aufgehoben und in guter Gesellschaft wäre. Daß sich Wenders beim schon längst Filmmythos gewordenen Nicholas Ray gut aufgehoben und in guter Gesellschaft gefühlt hat, ist an *Nick's Film – Lightning over Water* gut nachvollziehbar. Allerdings war es nicht gerade ein *friedlicher* Platz. Der *unfriedliche* Tod, wie er in Nick's *Film* gezeigt worden ist, ist in der Filmgeschichte aber auch fest verankert – wenn man den Worten aus Wenders' Drehbuch für den nächsten Film glauben kann. »Tod, das ist die große Geschichte. Davon handeln sie alle. Todesboten. Der Tod, darum dreht sich doch alles.« heißt es am Schluß von *Der Stand der Dinge.* Und dann heißt es noch: »Nur Liebesgeschichten sind größer.« Das gilt besonders für den, in dessen Film diese Worte vorkommen. Die Filme bis zum *Stand der Dinge* sind oft sehr düster. Manchmal haben Todesboten darin Hauptrollen. Aber dann gibt es auch noch die *größeren Liebesgeschichten,* die Wenders gedreht hat, nachdem er in *Der Stand der Dinge* Resümee gezogen hatte.

Auch die Geschichte des Wim Wenders ist nicht immer friedlich verlaufen. Gerade als der Film mit Nicholas Ray gemacht wurde, stand der Autorenfilmer vor der größten Bewährungsprobe seines Lebens. Andere hatte er bereits hinter sich. Die nach oben weisende Erfolgskurve, die die Reihe seiner Filme im nachhinein kennzeichnet, ist oft nur mit einem Wagemut erreicht worden, wie man ihn sonst nur von professionellen Spielern kennt. Und Wenders hat dabei Glück gehabt.

Seine Filme gehören zu seinem Leben, und seine Filme haben etwas von seinem Leben. Im folgenden soll der Entwicklung des unbekannten Filmstudenten zum umworbenen Regie-Star nachgegangen werden. Es soll Wenders' ›Platz in der Filmgeschichte‹ deutlich werden. Lange Filminhaltsangaben und ausufernde Interpretationen wird es nicht geben. Dafür wird ein einzelner Film nach dem biographischen Teil noch einmal ausführlich vorgestellt: *Falsche Bewegung,* zu dem ein Filmprotokoll entwickelt worden ist. Dieser Film ist dann auch der Ausgangspunkt, an dem besondere Stilelemente von Wenders' Filmen aufgezeigt werden. Ein Beitrag dazu stammt von Bernhard Springer, der die optischen Strukturen von Wenders' Filmen analysiert. Der Verfasser dieser Zeilen geht der Rolle der Medien in Wenders' Filmen nach. Das letzte Wort hat aber der (neben Fassbinder) renommierteste Filmregisseur der deutschen Nachkriegsgeschichte selbst, wenn er im Interview zu künstlerischen, filmgeschichtlichen und weltanschaulichen Themen Stellung nimmt – Wim Wenders.

Reinhold Rauh, im Februar 1990

Wim Wenders – eine Biographie

Am 14.8.1945 wurde Wim (= Wilhelm) Wenders in Düsseldorf geboren. Vier Jahre später, als der zweite Sohn Klaus zur Welt kam, zog das Ehepaar Wenders nach Koblenz, von da wieder zurück an den Niederrhein, nach Oberhausen-Sterkrade, wo Wenders' Vater die Chefarztstelle am katholischen St. Joseph-Hospital annahm. Düsseldorf, Koblenz und vor allem der Oberhausener Stadtteil Sterkrade sind die Stationen einer Kindheit und Jugend in der Bundesrepublik der Nachkriegszeit, wie sie damals nicht untypisch waren: nationalkonservativ, religiös, patriarchalisch. Bis zum achtzehnten Lebensjahr war im eher kleinstädtischen, von Montanindustrie bestimmten Sterkrade der sonntägliche Meßbesuch zusammen mit den Eltern angesagt. Wenn schon Musik, dann gab es im Einfamilienhaus nahe dem Krankenhaus klassische Musik. Seine Gymnasialjahre verbrachte Wenders am Freiherr von Stein-Gymnasium, das sich ausgesprochen elitär gab – so elitär, daß in den sechziger Jahren seine Schüler, schon wegen der strengen Prüfungsanforderungen, sich zunehmend anderen Schulen zuwandten. Es mag angesichts der späteren Entwicklung seltsam oder auch erhellend klingen. Jedenfalls ist es nichts Ungewöhnliches, daß Wenders sich bis zum sechzehnten Lebensjahr sehr ernsthaft mit dem Gedanken trug – Priester zu werden. Die letzten, metaphysischen Fragen hatte für Wenders' Kinder- und Jugendjahre eine beängstigende und peinigende Dringlichkeit. So hat Wenders' Biographie aber auch den gleichen Ausgangspunkt wie bei seinen Kollegen Robert Altman, Alfred Hitchcock oder Martin Scorsese: die katholische Kindheit.

Es gab einen Lichtblick, der für Wenders mehr als für manch anderen in der Enge des konservativen Milieus faszinierend war. Es war dies der Mythos Amerika.

»Meine ersten Erinnerungen an Amerika«, sagt Wenders von sich, »waren die von einem mythischen Land, wo alles besser war.« Dieses Amerika machte sich nicht durch Gebote und Verbote, nicht durch Zucht und Ordnung bemerkbar. Dieses Amerika wirkte schlicht und praktisch durch die trivialen Verlockungen des dortigen ›Way of life‹. Schokolade, Kaugummi, buntes Spielzeug, verlockende Illustriertenfotos waren die ersten Sendboten aus Gottes eigenem Land gewesen. Die Pistole und der Indianerkopfschmuck des Cousins, natürlich von niemandem anderen als vom ›Onkel aus Amerika‹, waren weitere und gehören zu den frühesten Erinnerungen Wenders'. Als es dann möglich war, ins Kino zu gehen, war der Western das bevorzugte Genre. Das erste Leseerlebnis hatte der Fünfzehnjährige mit den Kriminalromanen Raymond Chandlers. Und zu den späteren Jugenderinnerungen gehört auch ein (amerikanischer) Flipper im ›Casino‹ neben der Kirche, an dem Wenders verbotenerweise immer dann spielte, wenn er eigentlich bei der sonntäglichen Messe hätte sein sollen. So wie die Gleichsetzung von USA und Amerika nicht geographischen Unverstand, sondern eher eine idealisierte Vorstellung verrät, so war auch das Amerika von Wenders kein bloßer Kontinent, sondern ein Mythos.

Prägend wie für viele andere seiner Generation war die vom amerikanischen Soldatensender AFN gesendete Rock'n' Roll-Musik. Nur sollte sie in Wenders' Fall auch noch eine ausgeprägte Langzeitwirkung bekommen. Chuck Berry, Eddie Cochran, Elvis Presley, Roy Orbinson, Little Richard, Gene Vincent hießen die Favoriten der 50er Jahre, die sich Wenders – heimlich – anhörte. Ihre Platten mußten jahrelang bei einem Freund vor dem Vater versteckt werden. Ansonsten blieb ihm die Musikbox. Mit dem Aufkommen der Beatles machten jene Gruppen in der Skala der Wertschätzung noch britischen Gruppen, den *Them, Gerry and the Pacemakers, Pretty Things* oder später den *Kinks* Platz. Was in den 80er Jahren zur beständigen Klangkulisse geworden ist, der Oldie, war einmal geradezu avantgardistisch und mußte regelrecht erkämpft werden. Ohne diese Musik wäre er heute Anwalt, sagt Wenders. »Rock'n' Roll has saved my life« nimmt er in dem für seine Kindheits- und Jugendjahre aufschlußreichen Interview mit Jan Dawson für sich in Anspruch. Und sogar Filmen war am Anfang nur ein Ersatz für das eigenständige (und im Fall des Dilletierens am Saxophon schlechte) Spielen von Musik. Daß Wenders schon mit sechs einen alten 8-mm-Projektor geschenkt bekam, auf dem er unentwegt *Laurel & Hardy*-Filme sah, und mit zwölf eine 8-mm-Kamera dazu, paßt zwar gut zum Bild eines leidenschaftlichen Cineasten, ist aber nicht einmal als ausschlaggebender Grund für solch einen Werdegang anzusehen.

Nach dem Abitur im Jahr 1963 schien dieser Werdegang aber doch den anderen, vorgegebenen Bahnen zu entsprechen. Als Sohn eines Arztes setzte Wim Wenders die Tradition erst einmal fort und studierte selbst Medizin – zwei Semester, um es dann zwei weitere

Semester mit Philosophie und Soziologie zu probieren. Nicht nur, daß die zwei verschiedenartigen Studien durch Ortswechsel – München, Freiburg, Düsseldorf – zerrissen waren. Sie wurden nicht einmal ernsthaft in Angriff genommen. Wenders' eigentliches Interesse galt der Aquarellmalerei, wobei er eine besondere Vorliebe für Landschaften entwickelte. Dazu kam eine unsystematische Lektüre der diversen Klassiker – insbesondere von Frisch und Kafka. Am folgenreichsten war aber die erste Begegnung mit Peter Handke.

1966, zu Zeiten seiner ersten Erfolge, war der gegenüber Wenders drei Jahre ältere Peter Handke zusammen mit Libgart Schwarz von Graz nach Düsseldorf gezogen. Das nahe, sich durch seine Kulturpolitik profilierende Oberhausen war ein Aufführungsort seiner frühen Sprechstücke *Die Weissagung, Selbstbezichtigung, Publikumsbeschimpfung.* Hier kam es dann auch zur ersten Begegnung des angehenden ›Beat-Schriftstellers‹ und ›Bürgerschrecks‹ mit dem unbekannten, sich an verschiedenen Kunstformen versuchenden Studenten Wim Wenders. Daß daraus noch eine jahrzehntelange Freundschaft wurde, mag am ähnlichen, die lauten Töne scheuenden, intellektuellen Temperament, am Musikgeschmack, an der gemeinsamen Cinephilie gelegen haben. Daß die Freundschaft auch in der künstlerischen Zusammenarbeit eng wurde, mag aber an dem liegen, was Handke damals schon ausdrücklich als Ziel formulierte: eine Kunst, die sich von den vorgegebenen Sprach-, Erzähl- und Genre-Regeln abwendet und am am Fixum der eigenen Wahrnehmung, der eigenen Wirklichkeit orientiert. »Es interessiert mich als Autor übrigens gar nicht«, sagte Handke damals provokant, »die Wirklichkeit zu zeigen oder zu bewältigen, sondern es geht mir darum, *meine* Wirklichkeit zu zeigen (wenn auch nicht zu bewältigen).«

Wenders mag sich in solchen künstlerischen Manifesten wiedergefunden haben. Daß Wenders selbst Künstler und als solcher auch noch berühmt werden sollte, war aber noch längst nicht ausgemacht. Nach dem Studienabbruch war er erst einmal halbtags Aushilfsbürokraft in der Düsseldorfer Filiale von United Artists. Es war das erste Mal, daß sich Wenders hinter den Kulissen mit dem schillernden Medium Film bekannt machen konnte. Drei Monate hatte er Zeit, die Denkweise von Filmgeschäftsleuten und so auch den sich damals vollziehenden Ruin der alten Provinzkinos kennenzulernen. In der *Süddeutschen Zeitung* hat er 1969 seine Erfahrungen unter dem Titel *Verachten, was verkauft wird* so

zusammengefaßt: »Von der Herstellung bis zum Verleih war dieselbe Brutalität am Werk: die Lieblosigkeit im Umgang mit Bildern, Tönen und Sprache, die Dummheit einer deutschen Synchronisation, die Gemeinheit des Block- und Blindbuchsystems, die Undifferenziertheit der Werbung, die Gewissenlosigkeit bei der Ausbeutung der Kinobesitzer, die Borniertheit bei der Kürzung von Filmen, usw.« Die ersten näheren Erfahrungen mit dem Kino waren nicht gerade ermutigend.
Im Oktober 1966 machte sich Wenders dennoch auf den Weg zu einem Ort, an dem das Kino einmal glanzvoll begonnen hatte. Wenders ging nach Paris, um sich an der dortigen IDHEC, der renommierten Filmhochschule, zu bewerben. Eigentlich hätte er völlig entmutigt sein müssen. Nicht daß er abgelehnt worden wäre. Man ließ ihn – da er sich nicht einer langjährigen Wartezeit unterwerfen wollte – nicht einmal zur Kandidatur für die Bewerbung zu. Wenders blieb aber dennoch erst einmal in Paris, mietete sich ein kleines Zimmer und wurde in Johnny Friedlanders Atelier Schüler einer anderen, altehrwürdigen Kunst – der Kupferstecherei. ›Studienjahre in Paris‹ passen gut zum Bild der Entwicklung des jungen, zumal deutschen Künstlers, und spätestens aus dieser Zeit datiert auch der Keim für Wenders' Frankophilie, die sich Jahre danach sogar zu einer veritablen ›Wendersphilie‹ der Franzosen verkehren sollte. Im Jahr 1966 hatte Wenders' Paris aber wenig mit einer quirrligen Kunstmetropole, wenig auch mit der gerade abebbenden Nouvelle Vague und noch nichts mit den sich im Quartier Latin ankündigenden neuen Strömungen zu tun. In der großen Stadt Paris war der damals im Französischen nicht sonderlich perfekte Wenders – einsam. Er war, wie er gegenüber Michel Boujut erzählte, in seinem Leben noch nie so alleine gewesen.
Wenders ging ins Kino, in Henri Langlois' weltberühmte Cinémathèque. Von Nachmittag zwei Uhr an, also ab der Zeit, als Friedlanders Atelier schloß, bis nachts um zwölf war es hier noch dazu in zwei Kinosälen möglich, für einen Franc pro Film Filmgeschichte sehr intensiv zu studieren – intensiver als an jedem anderen Ort der Welt. Wenders wurde die Cinémathèque ein Zuhause, das ihm das Gefühl der Sicherheit gab. Ein gutes Jahr lang war Wenders im dunklen Kinosaal neben immer denselben Leuten, selbstverständlich ohne ein Wort zu wechseln, ›daheim‹. Zeit genug, um bei circa fünf Filmen pro Tag und weit über tausend Filmen im Jahr die amerikanischen Filme von Fritz Lang oder von

Friedrich Wilhelm Murnau zu entdecken. Vor allem aber Zeit für Wenders, um seine alte Liebe, die amerikanische Mythologie schlechthin, den Western, mit allen Varianten, mit allen Landschaftstableaus, mit allen archetypischen Helden, mit allen immer hochdramatischen Ereignissen kennenzulernen. Es sollte noch eine Schwäche für Komödien dazukommen. Der *film noir* stieß dagegen auf wenig Interesse.

Den großen Umschwung in Wenders' Lehr- und Wanderjahren brachte das Jahr 1967. 1967 war in München die Hochschule für Fernsehen und Film eröffnet worden. Grund genug, es nach dem Fehlschlag in Paris mit der neu eingerichteten Film- und Fernsehausbildung der Bundesrepublik zu versuchen. Wenders wurde auch prompt – im Gegensatz etwa zu Rainer Werner Fassbinder – zugelassen und sollte von nun ab für die nächsten zehn Jahre in München bleiben. Die Jahre der Suche nach Orientierung waren vorbei. Die Filmkarriere hätte eigentlich beginnen können.

Paradoxerweise war aber eine Spezialisierung zum Filmregisseur anfangs gar nicht Wenders' Absicht. Gestärkt durch die Pariser Kinoerlebnisse machte er sich erst einmal an das Schreiben von Filmkritiken. Peter Handke hatte sich für ihn bei der Zeitschrift *Film* verwandt, worauf Wenders als erstes einen Bericht vom Filmfestival in Knokke veröffentlichen konnte. Bald sprach ihn Enno Patalas an, und es folgten im Zeitraum 1968-1970 weitere, in der *Filmkritik,* ebenso in der *Süddeutschen Zeitung* und in *twen* – wo Wenders übrigens auch noch die Kurzgeschichte *Morning Sun* veröffentlichte. Wenders machte es sich zur Devise, nach Möglichkeit nur über Filme zu schreiben, die er wirklich mochte. Laut Wenders waren diese Filme dann zu achtzig Prozent amerikanischen Ursprungs. In europäischen Filmen, wie Truffaut oder Godard sie machten, mochte er nur einen Aufguß dieses ursprünglichen amerikanischen Kinos sehen.

Deutlich ist in jenen Filmrezensionen, die unter dem Titel *Emotion Pictures* später auch in einem Sammelband erschienen sind, immer wieder die persönliche Anteilnahme spürbar. Wie die späteren postmodernen Kritiker sprach auch Wenders in der ersten Person Singular. Allerdings verfiel er nicht dem Unwesen, das eigene Ich gleich noch über den Film zu stellen, und sprach ganz im Gegenteil von seinen eigenen, ungeschützten Empfindungen, seinem Staunen und seiner Bewunderung. Der vom Filmerlebnis bestimmte Ton mag in späteren Jahren obsolet geworden sein. Selten aber war Filmkritik aufrichtiger. Beispiel *Easy Rider*: (nach dem Verlassen

der Filmvorführung): »Ich habe vor dem Columbiahaus gestanden und gemerkt, daß ich tatsächlich so aussehe wie die Leute in dem Film, daß ich die Musik von Jimi Hendrix mag, daß ich in vielen Lokalen nicht bedient werde, daß ich auch wegen NICHTS im Gefängnis gesessen habe.« Wenders machte keine langen, Zeilen schindenden Inhaltsangaben, sondern genaue Beobachtungen und analysierende Nacherzählungen von Einzelsituationen, die dann für den ganzen Film stehen konnten. Beispiel *Drei Rivalen*: »Wenn Jane Russell sich anzuziehen beginnt und Clark Gable unterdessen draußen das Pferd versorgt und dann verträumt ihrem Lied zuhört, glaubt man gerne, als sie ihn schließlich hereinruft und bei seinem Eintreten gerade den letzten Knopf ihres Kleides schließt, daß ihr der Film genügend Zeit zum Anziehen gelassen hatte.« Was es bei Wenders aber auch nicht gab und was er vermutlich nie wollte, war eine kontinuierlich entwickelte Kritik. Seine Filmkritiken ähnelten Collagen. Blüten trieb dabei das ausgiebige Zitieren originalamerikanischer Songtexte. So wurde Wenders' heimlicher Traum vom amerikanischen Mythos auch noch öffentlich.
Wer 1967-70 Student in München war, für den hat diese Zeit in der Regel auch noch eine andere Bedeutung. Es war *68*. Eine neue, utopische Zukunft schien direkt vor der Türe zu stehen. Neue politische Aktionsformen wurden erprobt. Auch Wenders war an diesen politischen Aktionen beteiligt – wenn auch nicht an vorderster Front, wie etwa Hanns Zischler, den er damals an der HFF kennengelernt hatte. Beispielhaft ist folgende tragikomische Anekdote. Am Karfreitag 1968 hatte sich auch Wenders unter die Demonstranten gemischt, um Aufnahmen für seinen *Polizeifilm* zu machen. Als er einem Bekannten zur Hilfe eilte, kam es postwendend zur Auseinandersetzung mit zwei Polizisten. Wenders wurde festgenommen. Sogar sein ›Opfer‹, einer von den beiden Polizisten, beteuerte später vor Gericht: »Er hat auf mich mit der Hand eingedrückt. Weh hat es nicht getan.« Der Richter kannte keine Gnade. Wegen erschwertem Landfriedensbruch, Aufruhr, Auflauf, Körperverletzung und Widerstand gegen die Staatsgewalt wurde Wim Wenders zu sechs Monaten und zwei Wochen auf Bewährung verurteilt. Unter den Augen von Politprominenz, wie Fritz Teufel, konnte Wenders nur noch erklären: »Ich war in einem formal richtig geführten Prozeß gegen einen Rädelsführer, einen Schreihals, einen Raufbold – aber es war nicht mein Prozeß.« Die Münchner *AZ* verpaßte dem Artikel zu diesen Prozeß den Titel *Ein sanfter Demonstrant wurde gestern verurteilt.* Wenn Wenders in

seiner Kritik zu *Easy Rider* rätselhafterweise davon geschrieben hatte, daß er wegen NICHTS im Gefängnis gesessen sei, so hatte das also sehr konkrete Hintergründe gehabt.

So lächerlich der Prozeß war, so haben manch andere mit vergleichbaren Erfahrungen anders, nämlich radikal reagiert. In einem Interview mit der *Frankfurter Rundschau* sagte Wenders 1988 rückblickend auf diese Zeit: »Ich hab' in einer Kommune gelebt, mit Leuten zusammen, die sich in dieser Zeit von einem lustigen Polit-Theater hin entwickelt haben zum Untergrund. Darunter waren eine ganze Menge von Leuten, die später gestorben sind. Ich habe miterlebt, wie diese Politisierung den Großteil dieser Leute – und mich auch – ziemlich verstört und zerstört hat, wie das für viele als Selbstaggression geendet ist ... Man wußte gar nicht, wie weit man eigentlich gehen konnte, moralisch und politisch. Da sind halt einige immer weiter gegangen, richtige Kamikazes ... In dem Moment, wo Gewalt angewendet wurde, habe ich mich zusammen mit anderen davon losgesagt.« Bei der Kommune handelte es sich um eine ›Kommune zu dritt‹ in der Münchner Einsteinstraße, in der Wenders damals zusammen mit seiner Freundin Edda Köchl und einem weiteren Filmemacher, ›Ufo‹ Matthias Weiss, wohnte. Ein

Stockwerk darüber wohnten Fritz Teufel, Irmgard Möller und Jimmy Vogler. Ab und zu kamen auch andere in der APO Engagierte vorbei: Andreas Baader, Gudrun Ensslin, Georg von Rauch. Man traf sich bei politischen Aktionen - etwa beim gemeinsamen Protest gegen die Verhaftung von Reinhard Wetter. Es gab Fahrten nach Italien, um auch dort politisch zu agieren. Daß aber ein Andreas Baader zu einem Andreas Baader, eine Irmgard Möller zu einer Irmgard Möller werden sollte, war damals nicht zu erkennen. Wenders wurde durch die damaligen stürmischen Zeiten in seiner intellektuellen Entwicklung herausgefordert - ein leibhaftiger Kamikaze sollte in einem seiner späteren Filme sich noch eine Bahn schlagen. Die zunehmende Politisierung und auch die Option für radikale Lösungen waren aber letztlich nicht die Sache des »sanften Demonstranten«. In einer Zeit, in der Wilhelm Reich und Ronald D.Laing ebenfalls zu Kultfiguren geworden waren, begannen Wenders und seine Freundin Edda Köchl sich einer psychoanalytischen Behandlung zu unterziehen. Auch wurde der Film allmählich wichtiger als Politkomödien und Polittragödien.

Wenders gehörte zusammen mit Matthias Weiss, Bernd Schwamm, Ingemo Engström dem ersten Jahrgang der HFF an, der Abteilung III Film. Werner Schroeter sollte später für ein halbes Jahr zu dieser Klasse noch hinzukommen. Angesichts seines Hauptgeschäfts, dem Verfassen von Filmkritiken, und angesichts einer turbulenten Zeit brachte Wenders, wie damals viele andere auch, nur wenig Zeit für den Hochschulunterricht auf. Noch dazu war die Lehre an der HFF, auch in Anbetracht der studentischen Unruhen, eher improvisiert und nach Wenders' Empfinden mit zuviel Bildungsballast überladen. Wenders sammelte so einen Großteil seiner ersten praktischen Filmerfahrungen in Projekten mit anderen Produzenten. Eine Reihe von Filmen, in deren Stabangabe Wenders' Namen auftaucht, stammt aus hochschulfremder bzw. nur hochschulanteiliger Produktion: *Liebe und so weiter* von George Moorse (Darsteller: Wenders), die Theaterverfilmung von Sean O'Caseys *Der Rebell, der keiner war* (Kamera: Wenders), *Ten Years After* von Mathias Weiss (Kamera: Wenders), *Amon Düül plays Phallus Dei* von Rüdiger Nüchtern (Kamera: Wenders) und *Der Fall Lena Christ* von Hans W.Geissendörfer (Assistenz: Wenders), wo ein gewisser Robby Müller, von den niederländischen Antillen stammend, ebenfalls ein Debüt als Kameramann hatte.

1967-1970 drehte Wenders auch die ersten Filme in eigener Regie,

ausschließlich Kurzfilme. Bemerkenswert waren die langen Einstellungen. Bemerkenswert war auch der Umgang mit Musik. Bemerkenswert war der ›realistische Stil‹. Die einzelnen, oft der Länge einer Filmspule entsprechenden Einstellungen wurden einfach wie Realitätspartikel hintereinander geklebt. Es entstanden Filme, die von einem ausgeprägten und originellen Stilwillen zeugten. Wenn es für die Filme von Wenders in seiner unmittelbaren Umgebung überhaupt einen Einfluß gegeben hat, dann sind höchstens die Namen Jean-Marie Straub / Daniéle Huillet und Helmut Färber zu nennen. Mit langen Einstellungszeiten hatten Straub/Huillet schon vorher eine neue Konzeption für die filmische Zeit erprobt. Helmut Färber dagegen hatte aus der Architektur heraus eine eigene Konzeption des filmischen Raums entwickelt. Sicherlich sind auch noch die Pariser Kinoerfahrungen hilfreich für Wenders' Inspiration gewesen. Möglicherweise ging auch noch von der amerikanischen Landschaftsfotografie eines Edward Weston oder Walker Evans ein Einfluß aus. Und schließlich hatte Enno Patalas in seinen Artikeln in der *Filmkritik* Filmen eine Bahn bereitet, die auf lange Einstellungszeiten setzten und dem Zuschauerblick die Möglichkeit boten, selbst etwas zu entdecken.
Der Film, der am Anfang von Wenders' Oeuvre steht, *Schauplätze* (1967), ist verloren gegangen. Wie Wenders Jan Dawson erzählte, sind aber zwei Einstellungen davon am Anfang des nächsten Films, *Same Player Shoots Again* (1967), übernommen worden. Wie der Titel andeutet, war dieser Zweitfilm nach der Struktur eines Flipperspiels organisiert. So wie es beim Flipperspiel fünf zu spielende Bälle gab, so wiederholte sich in diesem Film eine einzige Einstellung insgesamt fünf Mal. Als Rahmung dienten die anfänglichen Einstellungen aus *Schauplätze* und eine Schlußeinstellung mit dem nun toten Helden, die jeweils von Musik untermalt waren. Die fünfmal wiederholten, jeweils nur im Farbton verschiedenen Einstellungen – die Jean-Marie Straub übrigens doch zu poppig waren –, zeigten die Beine eines laufenden, sich schließlich mühsam hinschleppenden Mannes im Trenchcoat, der einen Karabiner in der Hand hält. Er wird von der neben ihm herfahrenden Kamera begleitet. Der als Originalfilm kaum mehr zu sehende Film ist übrigens im deutschen Fernsehen in Gestalt eines Zitats dieses Genrezitats aus dem amerikanischen Kriminalfilm noch häufig zu sehen: *Tatort*-Serienfilme haben im Vorspann dasselbe Motiv.
Im nächsten Film, *Silver City* (1968), sind in den Totalen der ersten

Hälfte verlassene Straßen, Kreuzungen und Plätze am frühen Morgen, in der zweiten Hälfte die gleichen Orte im abendlichen Rush-Hour-Verkehr zu sehen. In der Filmmitte ist ein Mann zu sehen, der vor einem heranbrausenden Zug über die Geleise läuft. Der Film erinnert nicht nur an die Pionierfilme der Filmgeschichte, sondern hat einen solchen - eine historische Aufnahme einer hin und her wogenden Menschenmasse - auch noch integriert. Nach Wenders stellte er auch den noch naiven Versuch dar, seine Malerfahrungen mittels Totalen ins filmische Medium umzusetzen. Ein Kommilitone von Wenders sah darin sogar Parallelen zu dem damals Furore machenden *2001 - Eine Odyssee im Weltraum.* Wäre er mit 35-mm aufgeführt worden, hätte *Silver City* diesem Film ähnlich gesehen.

Als nächstes folgte in gemeinsamer Regie mit eben diesem Kommilitonen, Gerhard Theuring, der mittlerweile verschollene *Klappenfilm,* dann der vom Bayrischen Rundfunk in Auftrag gegebene *Polizeifilm* (1968). *Polizeifilm* zeigt junge Münchner Polizisten, denen ein Kommentator - entsprechend der damals entdeckten psychologischen Führung - Verhaltensanweisungen gab. Jan Dawson gegenüber meinte Wenders, daß dies einer der wenigen wirklich politischen Filme aus dieser Zeit gewesen wäre. Er

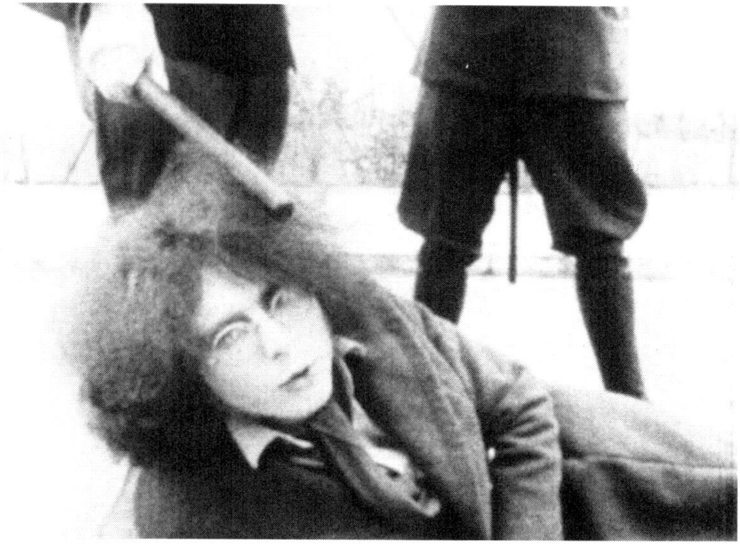

wäre auch ein sehr komischer *Laurel & Hardy*-Film gewesen. Das Bayerische Fernsehen wollte die Politkomödie nach Abschluß der Dreharbeiten jedenfalls doch nicht mehr senden.
Wenders machte sich noch an zwei andere Kurzfilme. Die Titel, *Alabama: 2000 Light Years* (1968) und *3 Amerikanische LP'S* (1969), waren Programm. Sie lassen am deutlichsten spüren, was Wenders' Filmemachen mit Musik zu tun hat. Der mit Musik von den *Rolling Stones,* ebenso von Jimi Hendrix, Bob Dylan und John Coltrane, unterlegte *Alabama* – ein von der HFF produzierter 35-mm-Film – hatte zitathaft eine Kriminalgeschichte zum Inhalt: Der Held bricht von einer statuarisch und stumm dreinblickenden Gruppe – die anscheinend direkt aus einem Schallplattencover stammt – mit einem Revolver auf, um nach langen Autofahrten wieder zu den mittlerweile erschossenen Gruppenmitgliedern zurückzukommen; nach einem neuerlichen Aufbruch stirbt er mit dem Dunkelwerden des Bildes. Schon an diesem ersten spielfilmartigen Streifen zeigt sich, daß Wenders Geschichten viel eher zum Vorwand dienen, Bilder und Töne umzusetzen. Das Augenfälligste an diesem Film sind nämlich die langen mit Musik gekoppelten Autofahrten. Für sich würden sie wahrscheinlich langweilig wirken. Gekoppelt mit der bruchstückhaften Kriminalgeschichte verlangen

sie aber dem Zuschauer gesteigerte Aufmerksamkeit ab, womit auch viele ansonsten unwichtige Einzelheiten relevant werden. Es ergibt sich ein ausgesprochen kontemplatives Verhältnis zu dem, was zu sehen ist. Nebenbei zeigt sich an diesem Film aber auch, daß Wenders in seinen Filmen immer wieder seinen privaten Obsessionen und Eigentümlichkeiten Ausdruck gibt. Lange, von Musik aus dem Kofferradio begleitete Autofahrten spielten auch in Wenders' persönlichem Leben eine wichtige Rolle und ließen ihn gerade damals einen Hauch von ›Amerika‹ verspüren.
In *3 Amerikanische LP's* ist dann Amerika vor allem in der Musik direkt präsent. In der Auftragsarbeit für ein Kulturmagazin des Hessischen Fernsehens sind Wenders und Handke im Off zu hören, wie sie über Platten von *Van Morrison, Creedence Clearwater Revival* und *Harvey Mandel* reden. Zum Teil fahren sie ganz ähnlich wie in *Alabama* Auto. Oft ist die Kamera auf Einfallstraßen, Vorstädte und Baustellen gerichtet. Wie in *Alabama* ist es auch hier die Musik, die die Wahrnehmung des Zuschauers signifikant und nicht einfach untermalend leitet. Sie gibt das Wahrnehmungsraster für die bedeutungsleeren Stadt- und Landschaftsaufnahmen vor. Es handelt sich aber um ein recht weitmaschiges Raster, das dem Zuschauer/Zuhörer relative Freiheit läßt, kein Raster, das nur eine einzige Deutung vorschreiben würde oder fest mit dem Bildlichen verzahnt wäre – wie dies bei Videoclips praktiziert wird. Wenders

wollte entsprechend dem Exposé für diesen Film die Musik weder in entsprechende Bilder umsetzen noch die Musik interpretieren. Peter Handke hat es ausgehend von der Musik Harvey Mandels in *3 Amerikanische LP's* so ausgedrückt: »Daß man sich diese amerikanische Landschaft schon fast nicht mehr ohne Musik vorstellen kann. Das ist eine Landschaft, wenn man darüber redet, wenn man die sieht und man redet darüber, dann wird diese Landschaft zerstört. Aber wenn man Sachen wie Harvey Mandel hört, der eigentlich nur instrumental ist, bei dem keine lyrics, keine Wörter mehr vorkommen, so tritt die Landschaft so hervor, als ob man sie nochmal sehen würde. Als ob man sie schon sieht und man sieht sie nochmal.« Zum Ironischen dieser Interpretation von Handke gehört im zugehörigen Film, daß seine Worte mit Bildern einer riesigen Baustelle, also einer zerstörten Landschaft gekoppelt sind. Wenders' gebannter Blick auf das utopische Amerika bekam auch kritische Untertöne.

Die Zeit war für Wenders' frühe Filme günstig. Filme, wie *Alabama,* die schon ein Jahrzehnt später kaum über eine Privatvorstellung hinausgekommen wären, lagen durchaus im Trend der Zeit. Zwar bestimmte die Altbranche, die jetzt im Zeichen des neuen Libera-

lismus aus Sex-Filmen Geld machte, das große Filmgeschäft in Deutschland. Neue Filmformen, wie sie Jean-Luc Godard oder Kenneth Anger erprobt hatten, oder Erweiterungen des traditionellen Kinos, wie sie von Michelangelo Antonioni, Dennis Hopper oder Richard Lester stammten, wurden aber gleichfalls neugierig aufgenommen. In intellektuellen Kreisen traute man dem Film eine bewußtseinsverändernde Funktion zu. Die Hamburger Filmschau 1969 war ein Forum, auf dem ambitionierte junge Regisseure, wie Wenders, solche neue Filmformen vorstellen konnten. Am 28.7.69 gab es im Münchner Undependent Film Center auch noch eine Werkschau des, wie es damals noch gar nicht pejorativ hieß, ›Experimental-Filmers‹ Wim Wenders mit *Same Player Shoots Again, Silver City* und *Alabama.* Bei den damaligen Kinositten war es dann nicht einmal so verwunderlich, daß *Alabama* dem Kritiker von der *tz* »zerdehnt wie im Haschischtraum« anmutete.
Bald sollte sich für Filme, wie Wenders sie machte, auch schon das Etikett finden: ›Sensibilismus‹ oder auch ›Münchner Sensibilismus‹. So introvertiert und zurückhaltend Wenders auch von seinem Naturell her gewesen ist, so war er doch bald zu einer Leitfigur für seine Cineasten-Freunde geworden und beeinflußte auch deren eigene filmerische Versuche. Die Filme von Wenders' Hochschulkommilitonen, die ebenfalls auf lange, dem Zuschauer Zeit lassende Bilder setzten, wobei, wie Wilfried Wiegand in der *FAZ* meinte, durchgehend eine Rückbesinnung auf das eigene Medium feststellbar wäre, firmierten ebenfalls unter dem Etikett ›Sensibilismus‹. Mit am bekanntesten war *Blue Velvet* von Matthias Weiss, dem Freund und Wohngenossen von Wenders, von dem man aber nach Antritt seiner Musikprofessur in Sachen Film nie mehr hören sollte. *Am Morgen des folgenden Tages* von Gerhard Theuring, *Dark Spring* von Ingemo Engström, *Paradiesgarten* von Bernd Schwamm, Filme von Karin Thomé, Veith von Fürstenberg oder Martin Müller wurden ebenfalls dem Label ›Münchner Sensibilismus‹ zugerechnet.
Noch stand der Abschlußfilm für die Filmhochschule aus. Nach Wenders' Projektbeschreibung sollte er (nach einem Titel von Jimi Hendrix) *51st Anniversary* heißen, 10000 Mark kosten und 90 Minuten lang sein. Nachdem um die Jahreswende 69/70 die Dreharbeiten in sage und schreibe sechs Tagen abgeschlossen waren, hieß der Film (nach einem Titel der *Lovin' Spoonfull*) schließlich *Summer in the City (dedicated to the Kinks),* kostete

12 000 Mark und war in der Erstfassung 145 Minuten, in der späteren gekürzten Fassung 116 Minuten lang. Abgesehen von diversen Besuchern der Mannheimer Filmwoche bekam ihn damals kaum jemand zu sehen. Wenders hatte nämlich an den darin eingesetzten populären Musikstücken keine Rechte, und somit konnte der Film auch nicht kommerziell ausgewertet werden.
Die im Film erzählte Geschichte ist schnell erzählt. Ein Mann - er wird von Hanns Zischler gespielt - kommt aus dem Gefängnis München-Stadelheim. Er besucht alte Freunde, macht lange Fahrten durch München und bemerkt allmählich, daß er verfolgt wird. Er fliegt nach Berlin, besucht dort alte Freunde, macht lange Fahrten und Gänge durch die winterlichen Straßen von Berlin und ist wegen eines Zeitungsfotos bald wieder neuen Verfolgungen ausgesetzt. Schließlich macht er sich nach Amerika auf.

Stilistisch ist der Film eine Umsetzung von Wenders' Kurzfilmen. Auch hier wieder das Verfahren, die Geschichte als Vorwand zu nehmen, um Bilder, hauptsächlich Totalen von Stadtansichten und Wohnungsinterieurs, mit Wenders »damaliger Hitparade« – Stücke von den *Kinks, Chuck Berry, Lovin' Spoonfull, The Troggs* usw. – zu kombinieren. Die Einstellungszeiten waren außerordentlich lang – bis zu acht Minuten. Neben Wenders' Skrupeln vor dem Schnitt hatte dies auch einen eigenen ästhetischen Hintergrund. Die Spielfilmlänge bot die Möglichkeit, Situationen, die lose durch eine Geschichte verbunden waren, in ihrer realen Entwicklung und in ihrer eigenen Zeit zu repräsentieren. Viele Jahre später, im Vorwort von *Cahiers du Cinéma* (Nummer 400), sollte Wenders dieses ästhetische Verfahren auch noch damit begründen, daß der Film zur Speicherung des Erinnerten geschaffen ist. Kurze Einstellungsdauern, wie sie vor allem durch das Fernsehen begünstigt werden, hätten diese Idee allerdings zunichte gemacht. Was in *Summer in the City* für die Zeit gilt, gilt auch für den Raum. Skrupulös, wie man es sonst nur noch von Eric Rohmer gewohnt ist, wurde der reale Raum respektiert, ohne mit spielfilmadäquaten Zwischenschnitten und Schuß-Gegenschuß-Verfahren einen idealen, den örtlichen Gegebenheiten nicht mehr entsprechenden Raum vorzutäuschen. Überhaupt glich *Summer in the City* eher einem Dokumentarfilm über

das winterlich-triste Berlin und das winterlich-triste München am Ende der 60er Jahre. Dies lag zum einen an der Verwendung eines hochempfindlichen Schwarzweißmaterials, das es wie beim Dokumentarfilm ermöglichte, mit natürlichem Licht zu drehen und das spielfilmspezifische, verfremdende Kunstlicht auszuschalten. Ein Dokumentarfilm war der im grauen Großstadtwinter spielende *Summer in the city* nach Wenders' Worten aber auch insofern, als er die Enttäuschung, das Gefühl der Machtlosigkeit zeigte, wie es sich Ende der 60er Jahre breitgemacht hatte. Das vom Film vermittelte Bild einer totalen Depressivität ist so vorherrschend, daß Hanns Zischler in einem späteren Interview sogar noch eigens darauf bestand, daß er im Gegensatz zu dem von ihm gespielten Kinohelden eher lebenslustig wäre.

Ungewöhnlich in diesem Film ist der Ton, was aber ursprünglich auf einem technischen Fehler beruhte. Die während der Dreharbeiten gemachen Tonaufnahmen waren nämlich von ihrer technischen Qualität miserabel gewesen. Da aber nach der Drehzeit Geld und Material verbraucht waren, machte Wenders mit einem sehr ungewöhnlichen Verfahren aus der Not eine Tugend. Wenders verdoppelte einfach das undeutlich zu Hörende, indem er Hanns Zischler das synchron zum Bild Gesprochene nochmals kommentierend wiederholen ließ. Wenn Hanns Zischler beispielsweise mit einer Gesprächspartnerin im Zimmer sitzt und auf ihre Frage, was er die ganze Zeit gemacht hätte, undeutlich »Ein Jahr in Stadelheim, das mußt du doch wissen ...« antwortet, so wird dies in der endgültigen Fassung von Zischlers Kommentar im Off nochmals von folgenden Worten überlagert: »Sie fragte mich, was ich die ganze Zeit gemacht hätte. Ich sagte: Ein Jahr in Stadelheim. Das müßte sie doch wissen ...« Die Verdoppelung hat allerdings auch zum Effekt, daß in dem sowieso von sehr wortkargen Charakteren getragenen Film der gesprochenen Sprache die kommunikative Funktion ganz ausgetrieben wird. Das Kommentierte ist im Film nicht mehr an das Gegenüber adressiert, sondern aus dem Kommunikationsprozeß isoliert, ausgestellt. Diese verfremdeten Dialoge waren übrigens - bis auf die Gespräche über Musik - kaum von einem Skript vorgegeben und wurden zumeist an Ort und Stelle improvisiert. Auch in späteren Zeiten und auch mit mehr Geld und Zeit sollte Wenders diesem Verfahren nicht untreu werden.

Mit *Summer in the City* schälte sich noch ein weiteres Prinzip von Wenders' Filmarbeit heraus: die Arbeit in einem Team, das Wenders gut kennt und in dem, wenn möglich, freundschaftliche

Beziehungen herrschen. Interessant sind die Stabangaben zu Schnitt und Kamera: Peter Przygodda und Robby Müller. Beide sollten alsbald zu den wichtigsten Stützen der Wenders-Familie werden. Hanns Zischler war schon zum zweiten Mal dabei, auch wenn man ihn als Hauptheld von *Same player shoots again* nur schwerlich hat identifizieren können. Im Berliner Teil ist Handkes damalige Frau, Libgart Schwarz, zu sehen. Im Münchner Teil von *Summer in the city* war schon Edda Köchl zu sehen. Wenders hatte die Illustratorin, die damals für *twen* arbeitete, schon 1967 kennengelernt und war mit ihr in die Wohngemeinschaft gezogen. 1970 heirateten sie, trennten sich aber auch bald wieder.
In *Summer in the City* gibt es eine Passage, die ein für Wenders' Filmarbeit und weitere Zukunftsperspektive besonders brisantes Problem dokumentiert. Gegen Ende des Films ruft Hanns Zischler die Telefonauskunft an und läßt sich die Programme der Berliner Kinos durchgeben, die er wiederum Libgart Schwarz laut vorsagt. Es handelt sich um folgende Titel: »*Triebe unter nackter Haut, Liebe durch die Hintertür, Oswald Kolle: z. B. Ehebruch, Venus im Pelz, Die Mädchen der Madame, Die ins Gras beißen, Spiel mir das Lied vom Tod, Buster Keaton – Der Cowboy, Thomas Crowne ist nicht zu fassen, Oswald Kolle: z.B. Ehebruch, Heiße Hölle Bangkog, Liebe durch die*

Hintertür, Spiel mir das Lied vom Tod, Leichen pflastern seinen Weg, Oswald Kolle: z.B. Ehebruch, Zwei Banditen, Asphaltcowboy, Oswald Kolle: z. B. Ehebruch, Cat Ballou, Blow Up, Spiel mir das Lied vom Tod.« Die von Zischler nachgesprochene Telefondurchsage dokumentiert die Filmlandschaft am Ende der 60er Jahre. Insbesondere die Filmförderungsanstalt bemühte sich damals nach Kräften, diese Verhältnisse auch noch zu verfestigen. Jeder prädikatisierte Film mit über 300 000 Besuchern und jeder nicht prädikatisierte Filme mit über 500 000 Besuchern, sofern er nicht sittenwidrig war, wurde finanziell bezuschußt. Resultat war, daß deutsche Produktionen einseitig auf den massenwirksamen und vorgeblich aufklärerischen Sex-Film setzten. Neulinge im Filmgeschäft, die wie Wenders auch noch auf neuartige Filmformen setzten, waren in der damaligen Filmpolitik nicht vorgesehen.
1971, ein Jahr nach der ›Dokumentation‹ jenes Fernsprechansagedienstes, kam es zu einer Zwischenlösung des Problems, nämlich zur Gründung des *Filmverlags der Autoren.* – Eine bessere Lösung brachte dann die Novellierung des Filmförderungsgesetzes von 1974. – Auch Wim Wenders war unter den dreizehn Gründungsmitgliedern des Filmverlags zusammen mit Pete Ariel, Hark Bohm, Uwe Brandner, Michael Fengler, Veith von Fürstenberg, Florian

Furtwängler, Hans W. Geissendörfer, Peter Lilienthal, Hans Noever, Thomas Schamoni, Volker Vogeler und Laurens Straub gewesen. Letzterer wurde 1972 Geschäftsführer des Verleihs und engagierte sich mit der Unterabteilung PIFDA (= Produktion 1 im Filmverlag der Autoren) in den Anfangszeiten hauptsächlich für die Produktionsseite, wobei als wichtigster Geldgeber immer wieder das Fernsehen auftrat. Der Filmverleih sollte für die deutsche Kinolandschaft der 70er Jahre besonders wichtig werden. Zum einen machte er die von der Altbranche gern ›Jungfilmer‹ titulierten Newcomer autark und konnte sie auch politisch vertreten. Zum anderen begünstigte der Filmverlag der Autoren – der Firmenname war Programm – die Autorenidee. Der Regisseur wurde zum Filmemacher, er wurde Regisseur, Drehbuchautor und Produzent in einem. Zunehmend sollten Schauspieler-Stars, aber auch die alten Produzenten und Drehbuchschreiber, in den Hintergrund treten, während der Regisseur zum alleinigen Dreh- und Angelpunkt der Filmherstellung wurde. Filmemachern, die eine ganz persönliche und neuartige Idee von Film hatten, Filmemachern wie Wim Wenders eben, war die neue Konstruktion *Filmverlag der Autoren* auf den Leib geschneidert und verbesserte deren Zukunftschancen erheblich.

Wenders' erster vom *Filmverlag* mitproduzierter Film, der gleichzeitig die erste Co-Produktion von Filmverlag und Fernsehen war, folgte 1971 gleich den ersten Gründungstagen. Er stellte gegenüber Wenders' bisherigen Filmen einen enormen Sprung, aber auch eine

enorme Herausforderung dar. Die Vorgeschichte dieses Films, *Die Angst des Tormanns beim Elfmeter,* hat recht originelle Seiten. Sie soll im folgenden auch kurz dokumentiert werden.
Eigentlich geht der Film auf den Bericht eines Gerichtsmediziners zurück. »Da war ein Professor – der einzige Professor, der mich beeindruckt hat . . .«, erinnert sich der Drehbuchautor des Films Peter Handke. »Der hat so etwas unglaublich Menschliches an sich gehabt, hat Geschichten erzählt und hat sie überhaupt nicht gedeutet, Geschichten von Leuten, die man Verbrecher genannt hat, und hat ganz einfach und präzise erzählt, so wie die das wiedergegeben haben, und hat manchmal Lichtbildphotos gezeigt und hat mal so erzählt von einem jungen Mann, der mit einer Freundin in einem Hotel abgestiegen ist irgendwo am Stadtrand und das war ein Sonntagmorgen und er wacht auf und vor dem Fenster rascheln die Birken und der Vorhang war weggezogen, das Licht scheint so rein und dann hat er sie so einfach umgebracht . . .« Handke ließ sich davon zu einem Roman inspirieren, der 1970 veröffentlicht wurde. Die nächste Etappe in der Vorgeschichte der Literaturverfilmung hat Wenders auf seine frühen Erfahrungen rückblickend dann sehr freimütig so erzählt: »Ich war bereits damals mit Handke befreundet. Als Peter mir das Manuskript zu *Die Angst des Tormanns beim Elfmeter* gezeigt hat, das war noch vor der Veröffentlichung des Buches, da habe ich gedacht: das liest sich wie ein Film; da ist jeder Satz eine Einstellung. Als wir dann darüber gesprochen haben, hat Peter halb im Scherz gesagt, dann könntest Du ja auch einen Film daraus machen . . . Ich mußte natürlich ein Drehbuch schreiben, um den Film zu finanzieren, denn ich war völlig unbekannt damals. Ich wollte dem WDR auch nicht *Summer in the City* zeigen, weil ich dachte, die kriegen doch nur einen Schreck bei den langen Einstellungen. Ich mußte also ein Drehbuch herstellen und habe dabei auf eine sehr naive Art gearbeitet. Ich habe die scherzhafte Bemerkung: da ist jeder Satz die Beschreibung einer Einstellung, sehr ernst genommen. Ich habe das Buch in Szenen unterteilt und dann einfach aufgeschnitten in diese Szenen. Ich habe nichts gekürzt, sondern das Buch genommen wie es war.« Der Produzent Günther Rohrbach war dann übrigens beim Ringen um die Produktionsgelder von Wenders recht beeindruckt. Während des Gesprächs im herrschaftlich eingerichteten Büro habe plötzlich Rock-Musik in der Luft gelegen. Des Rätsels Lösung war, daß Wenders auch bei so wichtigen Gesprächen nicht auf das verzichten wollte, was ihn vor dem Anwaltsberuf gerettet hatte. In

einer Zeit, als der Walkman seiner Erfindung harrte, hatte Wenders nämlich den in einer Tasche verborgenen Transistorradio eingeschaltet.
Die Entstehungsgeschichte des aus dem gerichtsmedizinischen Institut stammenden Films verdeutlicht, wie sehr der bei den Dreharbeiten gerade 26jährige noch mit den Grundlagen des filmischen Handwerks zu kämpfen gehabt hat und wie unbekümmert und selbstbewußt er auch vorgegangen ist. Die Ergebnisse der Verhandlungen verdeutlichen aber auch, wie geschäftstüchtig der einst scheue Filmstudent sein konnte. Es war nicht nur sein erster Film mit eigener Drehbuchbearbeitung, sondern auch sein erster Film mit professionellen Schauspielern, mit großem Stab und schließlich mit einem Budget von immerhin 600 000 DM – das Wenders dann hauptsächlich vom Österreichischen und Deutschen Fernsehen bekam.
Bei den Dreharbeiten nahm Wenders dann noch Hitchcock zu Hilfe. Nochmals Wenders: »Wenn man so will, ist *Die Angst des Tormanns beim Elfmeter* ein einziger großer Anker. In diesem Film habe ich mich fast in jeder Einstellung auf Hitchcock-Filme bezogen. Ich glaube, das tut man in seinem ersten Film eher unbewußt und fast notgedrungen. Man trifft sozusagen eine Landschaft, durch die schon viele andere Entdecker vorher gezogen sind und ihre Spuren hinterlassen haben, und man drückt sich in einer Sprache und mit einer Grammatik aus, die schon viele andere benutzt haben, um ähnliches zu erzählen.« Auf den ersten Blick erscheint das unter den genannten Schwierigkeiten erzielte Ergebnis aber dann doch als Landschaft, das vor allem vom Fernsehprofessionalismus vorgezeichnet und von Wenders routiniert durchschritten worden ist: häufige Schuß-Gegenschuß-Schnitte, Aussparungen in der räumlichen und zeitlichen Kontinuität, häufige Kamerastandpunktwechsel, fernsehgerechte Ausleuchtung, relativ kurze Einstellungsdauern – kurz: ein Film, der mit *Summer in the City* scheinbar überhaupt nichts zu tun hat. Wenn man genauer hinsieht und vor allem hinhört, dann sind die Gemeinsamkeiten aber doch wieder deutlich: Rock-Musik, Musikautomaten, stilisierter Bildaufbau. Und wenn man die später noch folgenden Filme einbezieht, so sind auch die Anfänge neuer stilistischer Mittel und Themen deutlich erkennbar: Subjektivierung durch Flugaufnahmen und Auf- und Abblenden, Eisenbahnfahrten, gekonntes Einsetzen von eigens komponierter Filmmusik, das Thema Provinzkino. Schon wegen Handkes phänomenologi-

scher Schreibweise tritt auch wieder die Abkehr von einer gezielt erzählten Geschichte deutlich hervor. Diesmal sind die eigentlich wichtigen Nebenpfade der Hitchcock nachempfundenen Geschichte, die scheinbar nebensächlichen Details, allerdings nicht durch das Schweifen des Zuschauerblicks in langen Einstellungen zu entdecken. Sie werden jetzt, ohne einen Zusammenhang mit den umgebenden Einstellungen aufzuweisen, in Zwischenschnitten eingeführt: der Molkereiwagen, wie er sich langsam aus einem Hinterhof in die Dorfstraße schiebt; die zwei Mädchen, wie sie sich vor einem kleinen Flugplatz auf den Weg zum Kino machen; der Aufzug, der nur mit Münzen zu bedienen ist. Manches, wie etwa die *nebensächlichen* amerikanischen Geldmünzen, bekommt dann aber doch noch dramaturgisches Gewicht und läßt Hitchcocks Einfluß erahnen.

Wenders wie Handke hatten sich von diesem Film einen Publikumserfolg erwartet. Es sollte kein Avantegardefilm werden, sondern ein gewöhnlicher Film mit dem populären Thema Fußball. Um die Popularität auch personell sicherzustellen, war sogar der Einsatz des Torwarts der deutschen Nationalmannschaft, Wolfgang Fahrian, erwogen worden. Schließlich hatte man sich aber für den aus zweitklassigen Western bekannten Arthur Brauss entschieden, der es immerhin zur zweimaligen deutschen Jugendmeister-

schaft im Stabhochsprung gebracht hatte und in Wenders' Film auch sonst erstklassiges Talent bewies. Populär wurde der Film aber nicht. Wie die Leserzuschriften der Fernsehprogrammzeitschriften verdeutlichen, vermißten die Zuschauer der ARD-Erstsendung vom 29.2.72 das spezifisch Fußballerische. Auch wenn der Titel des Films später noch sprichwörtlich wurde, wurden sie von der Geschichte eines mit roter Karte bedachten Profi-Torwarts, der am Stadtrand von Wien völlig motivationslos eine Kinokassiererin umbringt, um dann im Burgenland eine alte Bekannte zu besuchen, doch recht ratlos zurückgelassen. Und auch nachdem die *Süddeutsche Zeitung* ihrem ehemaligen Kritiker eine ganze Seite der Wochenendausgabe zum Kinostart am 13.10.72 gewidmet hatte, konnte das baldige Ende des Films an der Kinokasse nicht aufgehalten werden. Die wohlwollenden, wenn auch nicht emphatisch gestimmten Kritiker anderer Zeitungen und Zeitschriften konnten in dem Film auch keinen Fußball-Film sehen, sondern beschäftigten sich vornehmlich mit dem Verhältnis von Handke-Roman und Wenders-Verfilmung.
Für Wenders persönlich hatte der Film noch einen überraschenden

Nebeneffekt. *Die Angst des Tormanns beim Elfmeter* wurde auch in New York aufgeführt und sein Regisseur zur amerikanischen Uraufführung eingeladen. Dies hieß für Wim Wenders, daß er den Amerikanischen Traum erstmals aus nächster Nähe erleben konnte. Wie nicht anders zu erwarten, war der Unterschied zwischen Vorstellung und Wirklichkeit verstörend. 1984 hat Wenders ein später in *Emotion Pictures* abgedrucktes Gedicht mit dem Titel *Der amerikanische Traum* beendet, in dem auch auf die Umstände dieses ersten Amerika-Aufenthalts eingegangen wird. Wenders verbrachte demzufolge die erste Hälfte des Aufenthalts wie hypnotisiert an dem Ort, wo der Amerikanische Traum tagtäglich zelebriert und materialisiert wird – vor einem Fernsehapparat im New Yorker Hotel. Ein Zitat: »Nein, es war nicht die Tatsache des Fernsehens selbst, / was mich in Besitz genommen hatte, / es war, WIE dieses Fernsehen funktionierte, / dieses AMERIKANISCHE FERNSEHEN. / Es war das unfaßbar laute, geschmacklose, ausgezockte, / menschenverachtende Gebaren dieses Bildersystems, dem ich anfangs mit fasziniertem Entsetzen zusah / und dem ich dann allmählich ausgeliefert war / wie ein vor Schreck gelähmtes Tier / auf der nächtlichen Landstraße / vor den Autoscheinwerfern. / So starrte ich in dieses Licht. / Und was ich noch nie vorher gesehen hatte: / Dort gab es nicht mehr die geringste Übereinkunft / zwischen irgendeiner Realität und ihren Abbildern...« Wenders hatte, wie er es nennt, den »amerikanischen Alptraum« gesehen. Für Wenders wurde nach diesem Aufenthalt in den USA immer mehr die Idee bestimmend, daß der Amerikanische Traum, die Utopie, denen nicht nur die europäischen Auswanderer Jahrhunderte lang nachhingen, vor allem durch das Fernsehsystem ausgehöhlt, ausgebeutet und verdinglicht worden war. Nach Wenders bestimmt es durch seine Rituale die Gefühlsäußerungen einer ganzen Nation, läßt die Dinge nur noch als Waren gelten, inszeniert Politik als Entertainement. Wie aber das Gedicht auch zeigt, hat Wenders über seine ersten Erfahrungen in New York und seine ebenfalls ernüchternden Erfahrungen auf der anschließenden Reise in die südlichen Bundesstaaten an der Ostküste der Idee vom Amerikanischen Traum nicht abgeschworen. Daß die chinesischen Studenten viele Jahre später bei den Demonstrationen auf dem Pekinger Tienanmen-Platz neben dem Bild von Mao-Dsedong ausgerechnet eine Nachbildung der New Yorker Freiheitsstatue aufstellten, gibt ihm in gewisser Weise recht.

Wenders hatte sich mit dem von ihm gern als Erstlingsfilm titulierten *Die Angst des Tormanns beim Elfmeter* in Fachkreisen einen Namen gemacht. Es war eine der ersten Co-Produktionen von Fernsehen und Film gewesen und auch insofern Neuland. Der nächste Auftrag ließ nicht lange auf sich warten. Von Seiten des WDR wurde ihm die Verfilmung von Nathaniel Hawthornes *Der scharlachrote Buchstabe* angeboten, wofür Tankred Dorst und Ursula Ehler unter dem Titel *Der Herr klagt über sein Volk in der Wildnis Amerika* auch schon ein Drehbuch angefertigt hatten. Die darin entworfene Geschichte spielt im Heimatort von Nathaniel Hawthorne, in Salem im Neuengland des 17.Jahrhunderts. Hester Prynne, die den Vater ihres unehelichen Kindes nicht verraten will, ist der Mittelpunkt der Geschichte. Sie wird deshalb vom Ort ausgestoßen. Unter Mitwirkung ihres ehemaligen Ehemannes Chillingworth wird aber bald klar, daß der Pastor Dimmesdale der Vater des Kindes ist. Im Finale bekennt Dimmesdale schließlich öffentlich seine Vaterschaft, verzichtet auch auf die rettende Überfahrt zurück nach Europa und wird schließlich vom Gouverneur mit eigenen Händen erwürgt.
Hawthornes Romanvorlage, die übrigens einen versöhnlicheren Schluß aufweist und sehr psychologisierend vorgeht, hatte ein sehr amerikanisches Thema, die puritanische Doppelmoral, und ist in den angelsächsischen Ländern gut bekannt. Victor Sjöström hat sie mit Lilian Gish in der Hauptrolle 1926 schon in einem Hollywood-Stummfilm verfilmt. Es kann Wenders nicht sehr schwer gefallen sein, den Auftrag anzunehmen. Noch dazu kannte er den Roman schon seit seiner Jugend. Dennoch ist *Der scharlachrote Buchstabe*

der Film, von dem sich Wenders im nachhinein am meisten distanziert hat.
Die Schwierigkeiten begannen schon bei der Auswahl der Schauspieler. Eigentlich wollte Wenders die Rolle des Pastors mit Rüdiger Vogler besetzen. Da Vogler aber unbekannt war, mußte er auf den Schweden Lou Castel zurückgreifen, der wegen seiner aus politischen Gründen erfolgten Ausweisung aus Italien auch noch unter starken Depressionen litt. Für Vogler blieb übrigens eine Rolle als Matrose über. Die Rolle der Hester Prynne wurde mit einer Star-Schauspielerin, Senta Berger, besetzt, die eigene Vorstellungen hatte und die Figur der Hester Prynne sehr der Immaculata annäherte. Bei den Dreharbeiten redeten die Darsteller in insge-

samt vier Muttersprachen, weshalb der Film in Studio nochmals einheitlich ins Deutsche bzw. Spanische synchronisiert werden mußte. Die Vorstellung von der Einheitlichkeit des Raums mußte Wenders ebenfalls aufgeben. Die Innenaufnahmen entstanden im WDR-Studio, die Salem-Außenaufnahmen in einer Western-Stadt bei Madrid, die Strandaufnahmen an der spanischen Atlantikküste. Während der Dreharbeiten war niemand für diesen Film motiviert, auch Wenders nicht, was man dem Resultat gut ansieht.
Gemessen am üblichen Fernseh-Standard der 70er Jahre ist es aber nicht einmal ein schlechter Film geworden. Er ist nur einfach langweilig. Abgesehen von Robby Müllers Landschaftsfotografie

herrschen viele fernsehgerechte Nah- und Großaufnahmen der Schauspieler vor. Die bei Hawthorne dramatische und hintergründige Geschichte wurde emotionslos umgesetzt, obwohl die Fassadenartigkeit der Beziehungen filmisch sehr reizvoll hätte sein müssen. Was die Schauspieler an Emotionen vermissen ließen, sollte aber anscheinend Jürgen Kniepers Musik wettmachen. Sie ist ständig präsent, setzt ständig psychologische Akzente, schreckt nicht einmal vor Engelchorälen zurück und beschwört immer wieder das optimistische Flair deutscher Karl-May-Filme der 60er Jahre.

Im WDR-Presseheft distanzierte sich Tankred Dorst vom Film *Der scharlachrote Buchstabe.* Wim Wenders verkündete, nie mehr einen Film zu machen, in dem kein Auto, keine Tankstelle, kein Fernsehapparat, keine Telefonzelle vorkommen dürfen. Auch die spanischen Produzenten hatten anscheinend kein rechtes Engagement für den Film. Für den späteren Kinovertrieb kürzten sie den Film um zehn Minuten, der Einfachheit halber gleich am Originalnegativ – womit sie auch den Originalfilm zerstörten.
Der scharlachrote Buchstabe markierte, was gut die Verwandlung eines Filmemachers zum Fernsehregisseur hätte ausmachen können. Eigentlich war der Punkt erreicht, an dem es galt, von Illusionen und Idealen Abschied zu nehmen und sich mit dem bestehenden Film- und Fernsehsystem zu arrangieren. Nun hat

sich aber gerade Wenders immer wieder dadurch ausgezeichnet, daß er sich auf seine ganz individuellen Vorstellungen zurückbezogen, daraus Kraft gewonnen und sie schließlich auch nach außen umgesetzt hat. »Was ich für entscheidend halte«, sagt Wenders, »ist der Gedanke, sich den Willen zu bewahren, neu anzufangen. Die Energie nicht zu verlieren.« Um für sich selbst glaubhaft bleiben zu können, um seiner eigenen Idee von Film treu zu bleiben, ließ sich Wenders nach der Hawthorne-Verfilmung auf ein Wagnis ein. Der sehr anrührende, lyrisch gestimmte *Alice in den Städten* ist dieses Wagnis. Mit *Alice in den Städten* entstand erstmals ein typischer ›Wenders-Film‹, der Auftakt zur Trilogie der Reisefilme, zu denen noch *Falsche Bewegung* und *Im Lauf der Zeit* gehören sollten. Und es war auch noch der Film, den Wenders persönlich unter diesen Reisefilmen am meisten schätzt.

Das Drehbuch des schwarzweißen 16-mm-Films stammte hauptsächlich von Wenders selbst. Veith von Fürstenberg hatte etwas Mithilfe geleistet und konnte dafür auch Wenders' Mithilfe in der Produktion seines eigenen Films, *Ein bißchen Liebe* (1974), in Anspruch nehmen. Die erste Hälfte des Films geht auf Wenders' ersten und zweiten Amerika-Aufenthalt zurück und hat insofern zahlreiche autobiographische Momente, erinnert allerdings auch an Handkes *Der kurze Brief zum langen Abschied*. Die zweite Hälfte weist wieder ein kriminalistisches Moment auf – die Suche nach der ›Großmutter‹ –, was Spannung aufkommen läßt und alle zu sehenden Einzelheiten bedeutsam werden läßt. Eine Muse war Wenders mit der kleinen Yella Rottländer zuteil geworden. Schon während des letzten Films, als sie die Tochter der Hester Prynne gespielt hatte, war Wenders die Idee gekommen, sie viel zentraler in einen Film einzubauen.

In bester Autorenmanier war eine originelle, individuelle Geschichte entstanden – das Gegenteil vom ›Ideenklau‹, zum Remake. Kaum war das Drehbuch beendet, wurde Wenders in einer New Yorker Pressevorführung mit Bogdanovich's *Paper Moon* konfrontiert, ein Schwarzweißfilm über die Reise eines Vaters mit seiner neunjährigen Tochter quer durch die Vereinigten Staaten zur Tante. Lag für das Publikum nicht der Schluß nahe, daß Wenders' ehrgeizig verfolgtes Projekt, nämlich ein Film über die Reise eines Mannes mit einem neunjährigen Mädchen zur Großmutter, nicht nur ein Remake, sondern auch noch die geschäftstüchtige Zweitverwertung jenes Films war? Wenders wandte sich an einen von ihm bewunderten Heros der Filmgeschichte – wie er das später immer wieder machen sollte, auch ohne daß immer ein konkretes Filmprojekt im Hintergrund hätte sein müssen. Samuel Fuller, den Wenders schon bei dessen ARD-Auftragsproduktion *Die tote Taube in der Beethovenstraße* (1972) kennengelernt hatte, verstand Wenders' Skrupel, bestärkte ihn aber, den Film zu wagen, und schlug ihm auch noch eine geänderte Drehbuchversion vor. Es wurde schließlich die Geschichte des gescheiterten Journalisten Philip Winter (Rüdiger Vogler), der nach New York fährt und dort die neunjährige Alice (Yella Rottländer) trifft. Da die Mutter (Lisa Kreuzer) plötzlich verschwunden ist, muß Winter die kleine Alice nach Deutschland bringen, worauf er erst in Wuppertal, dann im ganzen Ruhrgebiet die Großmutter von Alice anhand eines Fotos ihres Hauses sucht. Ein Polizist kann ihm schließlich den richtigen Wohnort, München, verraten.

Wenders hatte mit dem dieser Geschichte entsprechenden Drehbuch wieder Mut gefaßt – die in Deutschland spielenden Teile waren noch eher unbestimmt – und begann im August 1973 die Dreharbeiten in Virginia, USA. Sie folgten dem in *Summer in the City* bereits erprobten und später immer wieder angewandten Roadmovie-Prinzip, d. h. sie folgten weitgehend der Chronologie des Films, ohne daß, wie im *Scharlachroten Buchstaben,* beim Schnitt Aufnahmen von verschiedenen Orten und Zeiten aneinandergestückelt werden mußten. Selbstverständlich wurde auch wieder Direktton eingesetzt.

In der sehr anmutig und leise erzählten Geschichte kommen einige Besonderheiten vor, auf die im folgenden kurz eingegangen werden soll. So auf Philip Winters Obsession. Philip Winter reist durch die Bundesstaaten der amerikanischen Ostküste, hat den Auftrag, ein Buch über Amerika zu schreiben, bringt aber nichts zustande. Stattdessen macht er in den vielen amerikanischen Kleinstädten und später auch noch im Ruhrgebiet wie besessen Aufnahmen mit einer Polaroid-Kamera. Es handelt sich dabei um eine damals neuartige, besonders schnell arbeitende Kamera, die Wenders eigens für diesen Film zur Verfügung gestellt worden war. Nicht nur, daß die wiederholte Darstellung der Polaroid-Fotos Wenders Möglichkeit gab, seiner Idee von Polaroid als einer Erweiterung der Malerei Raum zu geben. Der ständig gefilmte Vorgang des Schießens der Fotos und des gleich danach zu sehenden Entwickelns war auch ideal dazu geeignet, noch zwei andere, immer wiederkehrende Themen von Wenders' Filmarbeit umzusetzen. Einmal wurde daran die Kluft zwischen Wirklichkeit und Abbildung offen*sichtlich.* Zum anderen machte es den Zuschauer ganz beiläufig zum Zeugen dessen, was einmal als das Wesen der Filmkunst bezeichnet worden ist: dem Tod bei der Arbeit zuschauen. Durch die Verdoppelung des vorher Gesehenen im Foto zeigt sich die Unwiederbringlichkeit und Einmaligkeit jedes einzelnen Moments.

Von besonderem Interesse ist auch die New York-Episode. Nachdem Philip einem Verlagsagenten sein Scheitern eingestanden hat, begibt er sich noch zu einer Freundin und hält ihr einen Monolog, der auch die neuen Erfahrungen Wenders' mit Amerika umsetzt. Der melancholische mit Medienkritik gemischte Tenor ist aus dem bereits zitierten Gedicht von Wenders bekannt: »Ich hab' mich völlig verrannt. Es war eine grauenhafte Reise ... Ich bin mir selbst fremd geworden. Ich konnte mir nur noch vorstellen, daß es immer so weiter ging dort ... Und am Abend im Hotel, das aussah wie das am Abend zuvor, habe ich mir dieses unmenschliche Fernsehen angesehen. Mir ist Hören und Sehen vergangen.« Die Freundin, die er in seinem Monolog gar nicht mehr zur Kenntnis genommen hat, läßt ihn dagegen wissen, daß das Hören und Sehen einem nur dann vergehen würden, wenn man das Gefühl für sich verloren hätte. Die Freundin wird von Edda Köchl gespielt, und gleich nach der Szene mit ihr ist auch wieder die andere, für Philip ebenfalls bedeutsame Frau zu sehen: Lisa van Damm, die von Lisa Kreuzer gespielt wird. Philips Begegnung mit den beiden Frauen ist auch ein Beispiel für die Vielschichtigkeit von Wenders' Zitierkunst. Der Name Van Damm ist, wie vieles in diesem Film, eine Anspielung auf Alfred Hitchcock, in diesem Fall auf *North by Northwest* (Der unsichtbare Dritte, 1959). Im weiteren ist an der Abschiedszene mit der Freundin und an der erneuten Begegnung mit Lisa van Damm von Interesse, daß zu Zeiten des Films der endgültige Schlußspruch zur langjährigen Beziehung zu Edda Köchl gesprochen war. Jahre später wurde der Bruch mit der Scheidung aktenkundig und wirklich. Lisa Kreuzer, die im Film nach Edda Köchl ihren Auftritt hat, wurde für die nächsten Jahre Wenders' neue Lebensgefährtin. Aber auch die Frau, zu der Wenders zwischenzeitlich ein Verhältnis gehabt hatte, Didi Petrikat, ist in diesem Film – als die Unbekannte aus der Badeanstalt – zu sehen. Lebenserfahrung, der wichtigste Rohstoff des Filmkünstlers, ist in Wenders' Filmen manchmal sehr direkt umgesetzt.

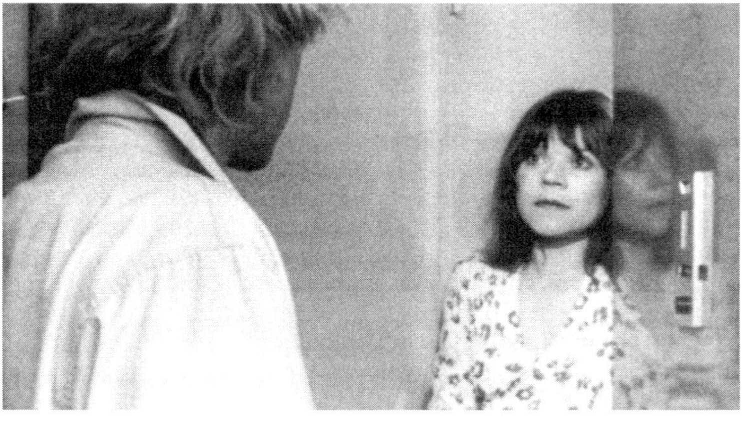

Auch wenn der Tobis-Filmverleih den Film nicht übernahm, da man an den deutschen Film nicht glauben wollte, so hatte *Alice in den Städten* seinem Regisseur wieder Selbstsicherheit gegeben. Es war ihm geglückt, seine eigenen Visionen in der Realität des Films konkret werden zu lassen. Nach der Fernseherstaufführung vom 3.3.74 und nach der ab Mai einsetzenden Kinoauswertung stellten sich auch erstmals Kritiker-Superlative ein: »... einer der besten deutschen Filme seit Jahren.« (*Süddeutsche Zeitung*); »... einer der schönsten, ruhigsten, gelassensten und eindringlichsten des neuen deutschen Kinos.« (*Kölner Stadtanzeiger*). Wenders wurde sogar zum ersten Mal auch ein Preis verliehen, der Preis der Filmkritik der Arbeitsgemeinschaft der Filmjournalisten. Vermögend war Wenders mit diesem Film nicht geworden. Im Gegenteil, er hatte sich mit der 500 000-Mark-Produktion gehörig verschuldet.

Wenders konnte froh sein, daß er kurz nach Beendigung von *Alice in den Städten* von der ARD den Auftrag bekam, für die Vorabendserie *Ein Haus für uns* die beiden Folgen *Aus der Familie der Panzerechsen* und *Die Insel* zu drehen. Es handelte sich dabei um eine Serie, in deren Mittelpunkt ein Kölner Freizeitheim steht. Wenders übernahm dafür die eine Einheit bildende 9. und 10. Folge, worin ausgeprägt um Verständnis für Psychotherapie geworben wird. Sie handeln von der kleinen Ute (Katja Wulff), die ihre Eltern wegen ihrer Verhaltensauffälligkeiten immer ratloser macht, worauf unter Einschaltung einer Praktikantin vom Freizeitheim (Lisa Kreuzer) sich ein Kinderpsychologe ihrer annimmt. Die beiden Folgen enden schließlich damit, daß Ute wegen eines Erziehungsfehlers ihres Vaters wieder in Regressionen verfällt und sich auf einen Baum flüchtet. Obwohl die beiden Folgen mit zahlreichen Nah- und Schuß-Gegenschuß-Aufnahmen dann recht fernsehgerecht ausfielen, ist Wenders' Handschrift in formaler und thematischer Hinsicht dennoch zu erkennen. Die Exposition zur *Familie der Panzerechsen* ist von den für Wenders typischen Fahrtaufnahmen, Auf- und Zufahrten bestimmt. Die Musik einer sich ›Arpad Bondy‹ nennenden Gruppe hat ausgeprägte Ähnlichkeiten mit Ry Cooders Musik im späteren *Paris, Texas* und ist typischerweise immer wieder in langen, stummen (von Michael Ballhaus gefilmten) Passagen eingesetzt. Nicht einmal auf seine Eigenzitate wollte Wenders in der Vorabendserie verzichten. In der *Insel* geht die kleine Ute ins Kino, setzt sich im Saal vor den nicht zu übersehenden Wim Wenders und schaut sich einen ›Piratenfilm‹ an – ebenfalls nicht zu unübersehen: *Der scharlachrote Buchstabe*. Auch

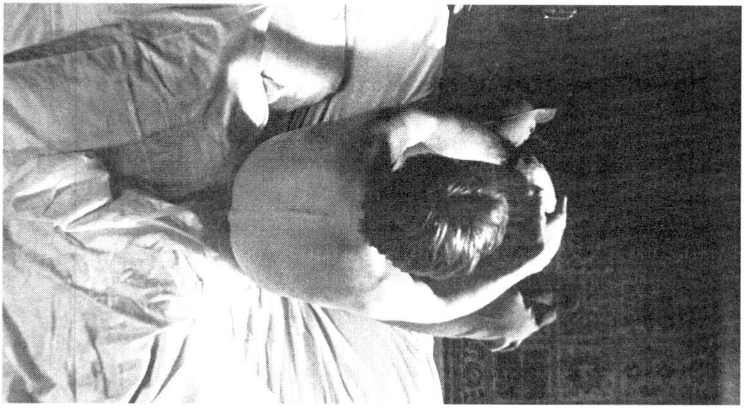

das Thema ist auf Wenders zugeschnitten. Wieder ist es ein Film, in dem ein Kind eine Hauptrolle spielt. Das mag daher kommen, daß Wenders selbst keine Kinder bekommen kann – er ist, wie er einmal im Interview gesagt hat, auf Grund einer Kinderkrankheit »infertil«. Wenders' Vorliebe für Kinder und sein talentiertes Umgehen mit ihnen mag aber auch daher kommen, daß Wenders Kindern eine größere Offenheit gegenüber der Welt zubilligt. Erwachsene wären wegen ihrer Ängste blind geworden.

Wenders nächster Film machte spiegelbildlich verkehrt so weiter, wie der letzte Kinofilm aufgehört hatte. In der Schlußeinstellung von *Alice in den Städten* schauten Philip und Alice aus dem Abteilfenster der Eisenbahn, während die (in einem Hubschrauber postierte) Kamera immer weiter von der anfänglichen Nahaufnahme wegging, bis schließlich von hoch oben das Rheintal mit dem durchfahrenden D-Zug zu sehen war. In der ersten Einstellung der *Falschen Bewegung* nähert sich die (im Hubschrauber postierte) Kamera von hoch oben wieder dem Boden, in diesem Fall dem

Marktplatz von Glückstadt, bis sie schließlich das Fenster im Visier hat, hinter dem sich der wieder von Rüdiger Vogler gespielte Hauptheld, Wilhelm, aufhält. *Falsche Bewegung*, der Film, der in diesem Buch noch ausführlich dokumentiert und zum Ausgangspunkt von zwei Aufsätzen genommen werden wird, bedeutete in Wenders' Karriere den Durchbruch. Wie zu *Alice in den Städten* stellten sich auch hier wieder Kritiker-Superlative ein, nur waren sie noch einmal größer. Hans C. Blumenberg sah in *Falsche Bewegung* zusammen mit Fassbinders *Effie Briest* (1972/74) das erste authentische Meisterwerk des Kinos der 70er Jahre. Siegfried Schober nahm gleich die ganze deutsche Filmgeschichte zum Maßstab: »... visuelle Sinnlichkeit und Nähe, ein erotischer Genuß am Menschen und eine disziplinierte, lustvolle Kamerabeherrschung, und das macht ihren Film ›Eine falsche Bewegung‹ zu einem der wichtigsten deutschen Filme seit Lubitsch, Lang und Murnau.« Auch gab es für *Falsche Bewegung* nicht nur einen, sondern zahlreiche Preise, die auch nochmals größer als der früher vom Verband der Filmjournalisten vergebene waren. Nicht nur der Regisseur des Films erhielt im Jahr 1975 das Filmband in Gold. Sensationellerweise wurde der gleiche Bundesfilmpreis auch noch für Drehbuch, Kamera, Musik, Schnitt und für das Schauspielerensemble von *Falsche Bewegung* vergeben. Lotte Eisner erhob Wenders im Vorwort der Neuausgabe der ›Dämonischen Leinwand‹ zusammen mit Schlöndorff, Herzog, Fleischmann und Kluge schließlich in den Olymp der neuen deutschen Filmemacher. Wim Wenders hatte es geschafft.

Falsche Bewegung ging wieder auf die Zusammenarbeit mit Peter Handke zurück. Schon drei Jahre zuvor hatten die beiden an der Idee Gefallen gefunden, auf der Basis von Goethes *Wilhelm Meisters Lehrjahre* einen Film zu machen, der allerdings in der Gegenwart spielen sollte. So entstand allmählich ein Drehbuch, das aber nur noch entfernt an Goethe erinnert. Geblieben ist die Suche des Hauptthelden nach seinem künstlerischen Talent. Geblieben sind auch die Namen Wilhelm, Laertes, Mignon. Geblieben ist das Reisemotiv. Peter Handke äußerte diesbezüglich: »Für mich war es etwas Normales, daß ich nur einige Sachen von Goethe übernommen habe, die mir im Gedächtnis geblieben sind. Daraus und aus dieser ganzen Bewegung habe ich das Buch geschrieben. Ich wollte keine Rekonstruktion der Historie machen, ich wollte die historische Situation, daß jemand aufbricht, unterwegs ist, um etwas zu lernen, um was anderes zu werden, um überhaupt etwas zu werden, also diese Bewegung ins Drehbuch übernehmen. Das ist es auch, – da bin ich ganz sicher – worauf es Goethe angekommen ist: Eine Bewegung, oder die Anstrengung, eine Bewegung zu unternehmen ...« Daß die dem Entwicklungsroman zugeschriebene Bewegung im filmischen Pendant, dem Roadmovie, eine besondere Rolle spielt, ist im fertigen Film angesichts der zahlreichen Fahrtaufnahmen, angesichts der beständigen Ortswechsel der Personen sogar noch offen*sichtlich* und versetzt den Weg des Helden nach innen auch noch in die entsprechende Außenwelt. Nur ist dies eben eine falsche Bewegung. Dazu Wim Wenders: »Wir haben uns unheimlich bemüht, den Wilhelm nie was ganz richtiges machen zu lassen, überhaupt alle Figuren. Auch die Beziehungen zwischen ihnen haben wir nicht eindeutig gut und falsch sein lassen, sondern immer so, wie es im Film eigentlich nie dargestellt worden ist: immer auf der Kippe zwischen falsch und richtig. Mal denkt man, Wilhelm hat was richtig gemacht, im nächsten Moment sieht man, er hat es gar nicht gemerkt, und er zerstört alles wieder. Deswegen heißt der Film FALSCHE BEWEGUNG.«

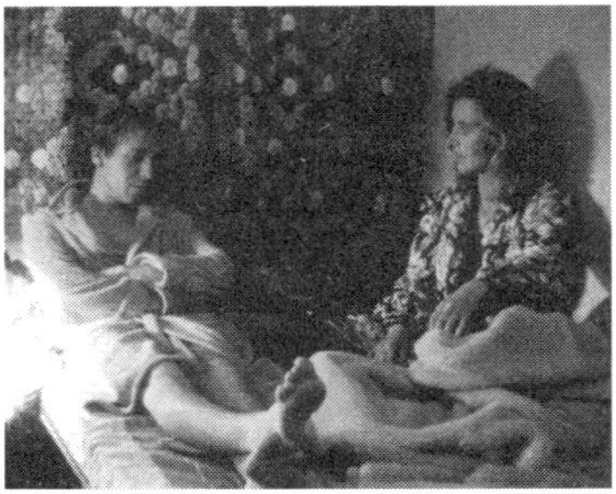

Im ursprünglichen Drehbuchentwurf war die Geschichte Wilhelms, der vom holsteinischen Glückstadt in den Süden der Bundesrepublik aufbricht und dabei die Gesellschaft von Straßenmusikanten, Poeten und Schauspielern findet, noch mehr psychologisch ausgestattet. Es ging, wie schon aus Wenders Worten deutlich wurde, noch mehr um die Beziehung der fünf Personen, die sich zufällig auf dieser Fahrt gefunden hatten. Nach einer Überarbeitung durch Wenders entstand dann aber wieder unter Handkes Feder eine neue Version, die Wenders in seiner Verfilmung noch einmal auf den Punkt brachte. Wenders interessierte immer mehr die Konfrontation des von Handke geschaffenen literarischen Systems mit dem filmischen. Zum Thema des Films wurde schließlich, nach Wenders, »wie wir die Welt mit Sprache erfassen«. Wie schon in *Die Angst des Tormanns beim Elfmeter* behielt Wenders die sehr unfilmischen, gespreizten, eben literarischen Dialoge Handkes bis auf kleine Veränderungen bei und kombinierte sie mit den für ihn typischen Bildaufnahmen. Dadurch daß nach Beendigung der Dreharbeiten die Entscheidung fiel, auch noch eine Kommentarstimme einzusetzen, wurde diese Tendenz nochmals verstärkt. An dieser Integration der Handkeschen Texte in das filmische System setzten dann auch die Kritiken an, wenn es galt, über Superlative hinaus Inhaltliches zum Film zu sagen. Hellmut Haffner schrieb: »Wenders setzt seine Sprache gegen die Sprache Handkes. Und hält ihr stand.« »Da sind Handkes Sätze«, schrieb Frieda Grafe, »die sich vorzudrängen scheinen und anbieten als Schlüssel. Man sollte sich nicht zu sehr von ihnen einnehmen lassen. Darüber könnte der Faden verloren gehen, der den Film zusammenhält. Denn die Bilder kommen, wenn die Sätze gehen.« In den *Cahiers du Cinéma* wurde anläßlich der späteren Uraufführung in Frankreich die Spannung zwischen Bild und Ton als Hauptcharakteristikum des Films herausgestellt, wobei das Bild schließlich die Sprache dementieren würde. Das Gemeinschaftswerk der Evangelischen Publizistik kürte *Falsche Bewegung* nicht nur zum Film des Monats, sondern bot auch eine ›Arbeitshilfe‹ an, in der es unter anderem hieß: »Es geht ihm (Wenders) um die Dialoge, Wilhelms Erkenntnisse und die neuen Abweichungen davon ... Dadurch hat ›Falsche Bewegung‹ sicher zu einer neuen Methode, Filme zu drehen, beigetragen, weil nicht mehr von vorn herein Drehbücher in 500-Wörter-Vokabular geschrieben werden müssen. Solche Anforderungen haben in der Geschichte des Films dazu geführt, daß Nichtkonkretisierbares im Spielfilm ausgeklammert worden ist.« Kurz, Wenders hatte nicht einfach gedankenlos eine literarische Vorlage bzw. ein Drehbuch verfilmt, sondern auf hintergründige Weise den Prozeß des Verfilmens der literarischen Vorlage, das Verhältnis von Sprache und Bild zum Thema gemacht.

Um den Inhalt von *Falsche Bewegung* etwas ausführlicher als bei den anderen Filmen wiederzugeben, da diesem Film in diesem Buch noch das komplette Protokoll und zwei Aufsätze gewidmet sein werden. Nachdem Wilhelm (Rüdiger Vogler) von seinen Schwierigkeiten mit dem Schreiben berichtet hat und bei einer Fahrradfahrt zu sehen gewesen war, bewegt ihn seine Mutter (Marianne Hoppe) dazu, vom schleswig-holsteinischen Glückstadt wegzugehen. So könnte er sein schriftstellerisches Talent finden. Im Eisenbahnabteil des abfahrenden Zuges trifft er die im ganzen Film stumm bleibende, kindliche Mignon (Nastassja Kinski) und den sich als Künstler bezeichnenden Laertes (Hans Christian Blech). Als beide bei der Kontrolle des Schaffners die Zugfahrkarten nicht bezahlen können, zahlt Wilhelm. Die Fahrt geht nach Hamburg-Altona, wo Wilhelm auf dem dortigen Bahnhof eine Frau sieht, von der sich später herausstellen wird, daß es sich um die Schauspielerin Therese Farner (Hanna Schygulla) handelt. Nachdem sich Wilhelm und Therese auf der Weiterfahrt in den nebeneinander herfahrenden Zügen lange angeschaut haben, betreten Mignon und Laertes

wieder das Abteil von Wilhelm und gehören fortan zur Begleitung von Wilhelm. Nächste Station ist Bonn. Nach der Nacht im Hotelzimmer versucht ein dicklicher Mann, der sich als Poet versuchende Landau (Peter Kern), auf ungeschickte Weise mit Wilhelm Kontakt aufzunehmen und verfolgt dann ihn und seine Begleiter auf einem Spaziergang durch Bonn. Hierbei trifft Wilhelm überraschend auf Therese. Therese wie Landau, der Wilhelm schließlich in einer verlassenen Gaststätte am Rheinufer eingeholt hat, werden weitere Begleiter von Wilhelm. Die Gesellschaft macht sich zur am Rhein gelegenen Villa eines Industriellen (Ivan Desny) auf, von dem Landau irrtümlich angenommen hatte, er wäre sein Onkel, und übernachtet bei ihm. Nach langen Gesprächen am Kamin versucht Wilhelm dann in der Nacht das Bett von Therese zu finden, liegt aber unversehens neben Mignon. Am nächsten Tag

macht sich die Gesellschaft, ohne den Industriellen, nach dem Frühstück zu einem Spaziergang in die Weinberghänge des Rheintals auf. Nachdem sie dort lange Gespräche geführt haben, fahren sie zur Villa zurück, wo sie den Industriellen tot antreffen. Er hat Selbstmord begangen. Während der hastig vorgenommenen Weiterfahrt verläßt Landau die Gesellschaft. Wilhelm, Therese, Landau und Mignon übernachten in einer tristen Hochhaussiedlung bei Frankfurt. Die Beziehung zwischen den vieren wird immer gespannter. Wilhelm versucht schließlich Laertes, dessen nationalsozialistische Vergangenheit sich allmählich herausgestellt hat, in den Main zu stoßen, läßt ihn aber doch frei, worauf Laertes flieht. Wilhelm trennt sich auch noch von Therese und Mignon und ist in der Schlußeinstellung schließlich auf der Zugspitze zu sehen, wie er über das Vergangene Resümee zieht.
Ursprünglich war der gefeierte Film des Jahres 1975 gar nicht als Kinofilm gedacht. Im wesentlichen vom WDR finanziert – für den WDR zeichnete Joachim von Mengershausen verantwortlich, für die ausführende Produktionsgesellschaft Solaris Bernd Eichinger –, war der Film mit dem Budget von 700 000 DM am 18.5.75 für eine Fernseh-Ausstrahlung vorgesehen. Um aber in der sich nach der Novellierung des Filmförderungsgesetzes 1974 langsam bewährenden und für den Neuen deutschen Film so wichtigen Kooperation von Kino und Fernsehen diesmal dem Kino und den Filmkritikern

den Vortritt zu lassen, entschloß man sich, die Kinouraufführung vorzuziehen. Sie fand am 14.3.75 in Bonn statt. Wie zu sehen, waren die Kritiken enthusiastisch.

Bei vielen Filmen des Autorenfilmers Wenders hat sich die Idee dazu aus dem vorherigen Film entwickelt. So auch bei dem Film, der auf *Falsche Bewegung* folgte. Schon der Titel *Im Lauf der Zeit* findet sich in *Falsche Bewegung*, als Wilhelm in Einstellung 26 im Traum die Worte »Im Lauf der Zeit« spricht. Für *Im Lauf der Zeit* war laut Wenders aber auch ausschlaggebend, Wilhelm alias Rüdiger Vogler nicht mehr allein auf der Zugspitze zu lassen. Einen anderen Ursprung hat *Im Lauf der Zeit* in den Dreharbeiten von *Falsche Bewegung* - Wenders hatte danach bereut, auf viel zu viele Aufnahmen zugunsten von Handkes Geschichte verzichtet zu haben. Noch eine weitere Inspiration war eine Autobahnfahrt, auf der Wenders zwei Unabhängigkeit ausstrahlende Lastwagenfahrer so sehr auffielen, daß er meinte, sie in einen Film einbauen zu müssen. Unabhängig vom vorherigen Film, aber abhängig von Wenders' Düsseldorfer Filmverleiherfahrungen stand schließlich noch an, daß Wenders einen Film über das absterbende Landkino in der Bundesrepublik Deutschland drehen wollte.
Bei diesen disparaten Ideen und Inspirationen sollte es im Fall der Vorgeschichte von *Im Lauf der Zeit* auch bleiben, genau: bis zu den Nächten vor den jeweiligen Dreharbeiten des Films. Über drei Seiten Drehbuch - für die es Wenders aber geschafft hatte, vom Innenministerium eine Förderung von immerhin 250000.- DM zu bekommen - war vor Drehbeginn nichts vorhanden. Sicher,

Wenders war die im Film eingeschlagene Reiseroute entlang des niedersächsischen, hessischen und bayrischen Zonengrenzgebietes fast dreimal abgefahren. Er hatte dafür mit Hilfe einer Kino-Landkarte der BRD zwölf Filmtheater ausgesucht, die im Film eine Rolle spielen sollten. Gemessen an den üblichen Filmvorbereitungen war dies aber so gut wie nichts – noch dazu für einen Film von schließlich 730 000.– DM Produktionskosten. Dies sollte aber auch genau so sein. Die konventionellen Filmvorausplanungen wurden bei *Im Lauf der Zeit* auf den Kopf gestellt. Es gab kein festes Drehbuch, in dessen Rahmen angesichts der Drehrealitäten – besser noch: angesichts *der* Realität – noch spontan hätte geändert und improvisiert werden können. Dafür sollten es die spontan gemachten, realen Erfahrungen selbst sein, die die Grundlage für eine noch zu konzipierende Geschichte abgeben sollten. Die für die Dreharbeiten notwendige Reise entlang der Zonengrenze war als Entdeckungsreise geplant, für die in der Geschichte der Filmgeschichten nichts Vergleichbares existiert.
Nachdem sich der für die Dreharbeiten wichtige Teil der Wenders-Familie versammelt hatte – Robby Müller, Martin Schäfer, Martin Müller, Hans Dreher, Rüdiger Vogler, Hanns Zischler, Lisa Kreuzer – nahm das Wagnis in der Zeit vom 1. Juni bis 31. Oktober 1975 seinen Lauf. Bald merkte Wenders, auf was er sich eingelassen hatte. Die Unruhe steigerte sich sogar zur Panik, als sich nach einer Woche Dreharbeiten herausstellte, daß das ganze Negativmaterial schadhaft gewesen war. Alsbald wurde die zwischen Unruhe und Panik schwankende Stimmung zur Normalität. Wenders mußte schließlich mehrere Drehtage ausfallen lassen, wenn es ihm nach einem langen Tag Dreharbeiten in der Nacht nicht mehr gelungen war, für den darauffolgenden Tag zu schreiben – und damit auch finanzielle Einbußen in Kauf nehmen. In den Nächten der ersten Wochen arbeitete Wenders für dieses sonderbare Drehbuch noch zusammen mit Rüdiger Vogler, Hanns Zischler, Robby Müller. Es war noch sehr auf einen Stummfilm mit wenig gesprochenen Sätzen zugeschnitten. Beispielsweise wurde den maulfaul konzipierten Bruno (Rüdiger Vogler) und Kamikaze (Hanns Zischler) tagelang von Lüneburg bis kurz vor Wolfsburg in der engen Fahrerkabine des Lastwagens Zeit gelassen, bis sie sich im Film überhaupt einmal mit Namen vorstellen mußten. Allmählich übernahm dann aber Wenders allein das mühselige Geschäft des Schreibens. Die später entstandenen Filmepisoden werden auch mit immer mehr Dialogen versehen – mit Dialogen, die immer

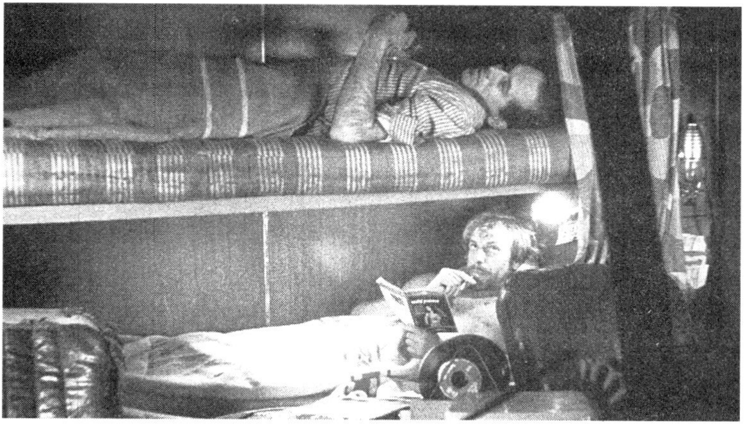

mehr ins Grundsätzliche, ins Akademische, ins *Wenders'sche* gingen. Die Schlußdialoge des Films haben dann auch kaum noch etwas mit der Handlung zu tun, sondern stellen nur die Monologe Wenders' dar. Eine Kinobesitzerin in einem kleinen oberfränkischen Dorf erzählt z. B. im besten Hochdeutsch und in Sätzen, wie man sie sonst nur von Handke gewohnt ist, von den Ideen, die Wenders im Kopf gehabt hat: »Der Film ist die Kunst des Sehens, hat mir mein Vater gesagt. Und deshalb kann ich diese Filme nicht mehr zeigen, die nur noch Ausbeutung sind von allem, was man in den Augen und Köpfen von Menschen überhaupt noch ausbeuten kann.«

Für die immer noch zahlreichen, oft von Rockmusik begleiteten dialoglosen Passagen, die entweder (in Form der Musik von *Improved Sound Limited*) selbst das Flair von Sehnsucht hatten oder (in Form der Musik aus den alten Rock'n' Roll-Zeiten) sehnsüchtig die vergangenen Tage evozierten, waren aber dann auch Wenders' Vorbilder prägend. Fotos vom Mittleren Westen, wie sie Walker Evans in der Depression der 30er Jahre gemacht hatte, standen Pate. Der von Wenders als eine Art Übervater des deutschen Films geschätzte Fritz Lang machte sich nicht nur durch seine Porträt-Fotografie, sondern auch in der besonderen Dramaturgie des Schwarzweißfilms, in der Evozierung seiner amerikanischen *films noirs* bemerkbar. Friedrich Wilhelm Murnaus deutsche Filme waren für die nächtlichen Aufnahmen auf der Rheininsel - Bacharach, das Wenders in seiner Kindheit kennengelernt hatte - vorbildhaft. Wenn Bruno dann auf der gleichen Rheininsel unter der Treppe des verfallenen Hauses die Schätze seiner Kindheit sucht, so ist das auch noch ein Zitat aus *The Lusty Men* von Nicholas Ray.

Von Anbeginn an bereitete der Schluß Schwierigkeiten, auf den die Fahrt entlang der deutsch-deutschen Grenze zusteuern sollte - womit der Film ganz nebenbei auch zum Dokument der damaligen deutsch-deutschen Teilung wurde. Über die Berufsausübung Brunos hinaus - er repariert die Projektoren der abseits gelegenen Landkinos - gab es keinen kausalen Zusammenhang im Film. Ein dramatisches Ende hätte somit in dem völlig undramatischen Film aufgesetzt gewirkt. So endet die Geschichte dann doch mit dem, was Wenders gegen Ende des Films Bruno zu Kamikaze sagen läßt: »Ich bin froh, daß wir an den Rhein gefahren sind. Ich seh mich eigentlich zum ersten Mal als jemand, der eine Zeit hinter sich gebracht hat, und daß diese Zeit meine Geschichte ist. Das ist ein ganz beruhigendes Gefühl.« Die Geschichte endet ganz unspekta-

kulär damit, daß Bruno und Kamikaze nach einer gemeinsam verbrachten Zeit wieder eigene Wege gehen. Auch die Zuschauer können beruhigt, womöglich optimistisch gestimmt nach Hause gehen. In der Schlußeinstellung sehen sie noch ein Kino namens ›Weiße Wand‹. Die zwei Anfangsinitialen des Filmtheaternamens, WW, spiegeln sich auf der Windschutzscheibe von Brunos Lastwagen. Nach einem Schwenk nach rechts oben leuchten von der Neonschrift ›Weiße Wand‹ nur noch e und nd. Letzteres war die Idee des Technikers, Hans Dreher, der die defekte Neonschrift reparieren sollte und es bei den drei Buchstaben ›end‹ beließ.

Der Film hatte allen Beteiligten das Äußerste abverlangt, konnte so aber auch nur von einem eingespielten, engagierten Team beendet werden. Das Timing von Hanns Zischler, der als damaliger Dramaturg von der Berliner Schaubühne gekommen war, entsprach nicht immer den Vorstellungen von Wenders. Im Gegensatz zu Vogler, der von der Bühnenarbeit wegkommen wollte und zu dem Zischler privat ein eher distanziertes Verhältnis hatte, wurden so zahlreiche Takes notwendig. Insgesamt sollte der Film schließlich etwa im Verhältnis 1:10 gedreht werden. Auch Robby Müllers und Martin Schäfers Aufgabe war während der insgesamt viermonatigen Dreharbeiten schwierig. Die Vorgabe von Schwarzweißmaterial tendierte zum Dokumentarischen. Um *Im Lauf der Zeit* Spielfilm-Charakter zu geben, mußte *ästethisiert* werden, d. h. es galt besondere Aufmerksamkeit auf Aufnahmewinkel, Ausleuchtung und Bildschärfe zu richten. So gehörte ein Kran zur ständigen Ausrüstung, der extreme Blickwinkel und Fahrten erlaubte. Es wurde mit zahlreichen Spiegeln und Scheinwerfern gearbeitet. Die Linsen der Kamera waren neu von Zeiss entwickelt worden und garantierten eine bis dahin ungewohnte Schärfe.

Mit allen Anstrengungen und trotz aller Anstrengungen war schließlich eine Geschichte, eine unspektakuläre Geschichte, entstanden. Ein unter der Trennung von seiner Frau leidender Kinderarzt, Kamikaze alias Robert Lander (Hanns Zischler), trifft nach einer selbstmörderischen Fahrt in die Wasser der Elbe auf den Kino-Techniker Bruno (Rüdiger Vogler), der mit seinem Lastwagen die Zonengrenze abfährt, um defekte Kino-Apparate zu reparieren. Kamikaze und Bruno fahren weiter, treffen unterwegs einen durch einen tödlichen Autounfall verwirrt gewordenen Mann, trennen sich kurzzeitig, wobei Bruno eine Kinoangestellte (Lisa Kreuzer), Kamikaze dagegen seinen Vater trifft, fahren wieder gemeinsam zum Ort von Brunos Kindheit auf einer Rheininsel, um schließlich an einem amerikanischen Grenzposten in Oberfranken wieder auseinander zu gehen.

Hanns Zischler hat in dem Film mit dieser Geschichte auch einen homophilen Film gesehen. Hinweise auf eine solche Interpretation könnten die genauso banalen wie schockhaften Momente geben, in denen die männlichen Darsteller tatsächlich beim Kotausscheiden, Urinlassen oder bei der Selbstbefriedigung zu sehen sind. Eindeu-

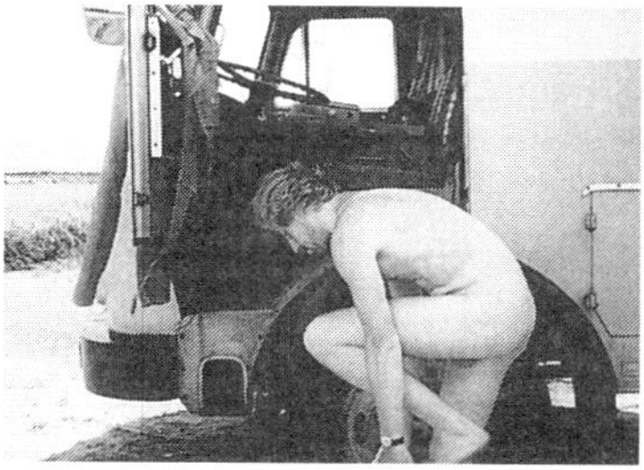

tig nachzuvollziehen ist aber, daß der Film vom Verhältnis von Männern untereinander und über die Abwesenheit von Frauen handelt. Bruno geht darauf sogar noch wortwörtlich ein: »Jede Frau macht mich sehnsüchtig, und ich glaub', daß das allen Männern so geht. Und weil ich nicht so tun kann, als wüßte ich es nicht, kann ich mich nicht mehr auf eine Frau einlassen. Ich wüßte nicht, wie man mit ihr zusammenleben könnte ... Natürlich wünsch ich mir, eins zu sein mit einer Frau. Aber genauso wünsch ich, für mich zu sein. Und das will ich nie mehr aufgeben.« Im nachhinein betrachtete Wenders den Film als eine Art Utopie. So wie Frauen im Feminismus die Möglichkeit zur eigenen Identitätsfindung entdeckt hätten, so wäre ein Pendant für Männer vorstellbar. Mehr noch: Die Menschen müßten in Zukunft überhaupt akzeptieren, allein zu sein. Insofern würde *Im Lauf der Zeit* auch einen utopischen Weg weisen, wie Männer genauso wie Frauen zu einer Identität kommen könnten.

Das Jahr 1976 hatte für den Neuen deutschen Film den internationalen Durchbruch gebracht. Die Namen Fassbinder, Schlöndorff, Syberberg, Geissendörfer, Kluge wurden weltweit bekannt. Allmählich galten deutsche Autorenfilmer in Frankreich, Großbritannien und in den USA sogar noch mehr als im eigenen Land. Deutsche Filme wurden ein begehrter Artikel auf den etablierten Filmfestivals. *Newsweek* widmete dem Neuen deutschen Film Anfang 1976 die Titelstory. Nach einem seit dem Oberhausener Kurzfilmfestival von 1962 währenden, langen Anlauf hatte der

deutsche Film internationales Renommee gewonnen – das erste Mal in der Nachkriegszeit und bislang auch das letzte Mal.
Wenders war an diesem Aufschwung beteiligt gewesen, und so war es nur logisch, daß er davon profitierte. *Im Lauf der Zeit* wurde auf dem Filmfestival in Cannes gezeigt und prompt mit einem Kritikerpreis bedacht. Kurz danach wurde der Film, allerdings ohne Erfolg, in Paris gespielt. Die französische Filmzeitschrift *Positif* widmete aus diesem Anlaß Wenders erstmals eine Ausgabe. Eric Rohmer erklärte, daß Wenders der beste deutsche Regisseur und *Im Lauf der Zeit* der beste deutsche Film wäre. Nachdem dort schon im Jahr 1975 *Alice in den Städten* von Verina Glaessner als »Kristallisationspunkt eines neuen europäischen Bewußtseins« gefeiert worden war, kam *Im Lauf der Zeit* in London auch beim Publikum gut an. Jan Dawson, die versierte Kennerin des deutschen Films, brachte daraufhin ein Heft über Wim Wenders heraus. In den großstädtischen Zentren der Bundesrepublik war der wenig dramatische und fast drei Stunden lange Film aber zum Kultfilm des Jahres 1976 aufgestiegen. Er wurde zeitweise mit immerhin 15 Kopien vertrieben und erreichte damals an die 120000 Zuschauer. Im Münchner Arri-Kino gab es Hausrekord. Gegenüber Jan Dawson bilanzierte Wenders, der *Tormann* hätte gerade 8000, *Alice* 20000 *Falsche Bewegung* 80000 *Im Lauf der Zeit* aber 300000 Mark gebracht. Dies und der sich anbahnende internationale Erfolg bildeten anscheinend eine gewaltig aufsteigende Linie. Am Maßstab der gewöhnlichen Profitorientiertheit der Filmindustrie, am Maßstab der Differenz von Produktionskosten und Einspielergebnissen ging sie aber ins Bodenlose.
Der Erfolg von Wenders und von seinen Kollegen war buchstäblich teuer erkauft. Was dem deutschen Film zur internationalen Anerkennung verholfen hatte, war das Autorenprinzip gewesen, für das eine möglichst weitreichende finanzielle Unabhängigkeit nur von Vorteil sein konnte. Der *Filmverlag der Autoren* hatte dies für einige Zeit, bis 1974, zu garantieren versucht, war aber alsbald hoch verschuldet, die Gesellschafter zerstritten. 1974 waren es nur noch sieben Autoren, die als Gesellschafter des Verlags zeichneten, unter ihnen Wenders. Man einigte sich darauf, nur noch Verleihaufgaben wahrzunehmen, während die Produktion von den Regisseuren selbst in die Hände genommen werden mußte. Ein neuerlicher Bankrott des Filmverlags wurde 1976 nur durch die Intervention des *Spiegel*-Herausgebers Rudolf Augstein abgewendet. Die Regisseure mußten jetzt selbst versuchen, aus den

verschiedenen sich seit 1974 eröffnenden Töpfen – staatliche Mittel, Fernsehen, Abschreibungsmodelle – an Gelder zu kommen. Wenders gründete in dieser Situation im Jahr 1976 *Road Movies* – ein weitererTeilhaber war übrigens Peter Handke. So blieb zwar die weitgehende Autonomie und der Vorrang des Regisseurs gewahrt, was gerade im Fall des unkonventionellen Kinos von Wenders von entscheidender Bedeutung war. Andererseits hieß dies, daß sich der Regisseur hoch verschulden konnte und schon sehr viel Zuversicht für den Erfolg seiner künftigen Filme aufbringen mußte. Auch der internationale Durchbruch des deutschen Films brachte in dieser Hinsicht keine grundlegende Besserung. Die Wertschätzung des Neuen deutschen Films blieb hauptsächlich auf das intellektuelle Publikum der großen Metropolen Paris, London und New York beschränkt. Die überwältigende Marktherrschaft von Hollywood war nie angetastet worden und im Gegenteil weiter expansiv. Beispielsweise lag der Vertrieb der deutschen Filme auf dem besonders profitablen Markt der USA nur in Händen eines kleinen Spezialfilmverleihs, der *New York Film Release*. So spielte sich der Erfolg von Wenders in den Kritikerspalten der großen Zeitungen, nicht aber an der Kinokasse ab.

Die Abfolge von Wenders' Filmen durchzieht sowohl das Anknüpfen der einzelnen Filme an die jeweils vorherigen wie auch der Widerspruch dazu. Für den *Amerikanischen Freund* gilt dies nicht nur gegenüber dem vorherigen Einzelfilm, sondern, besonders was

den Widerspruch betrifft, auch noch gegenüber allen vorherigen. Gemeinsam war dem *Amerikanischen Freund* mit dem vorherigen das Verhältnis zweier Männer. Worauf die im *Amerikanischen Freund* vorkommenden Worte »keine falsche Bewegung« verweisen, ist auch klar, und ebenso gibt es eine Art Innerer Monolog, der hier nur in den Kassettenrecorder gesprochen wird. Keine linerare Anknüpfung, sondern einen Wiederspruch gibt es aber für die Machart des Films und seine auf ›action‹ setzende Geschichte. Sieht man vom verunglückten *Scharlachroten Buchstaben* ab, so waren es, entsprechend Wenders' Maxime, persönlich gefärbte Filme gewesen, die deswegen auch zur Identifikation, zum Wiedererkennen herausforderten. Seit den Tagen des ›Münchner Sensibilismus‹ bis zum Abschluß der Reisefilm-Trilogie hatte sich Wenders' Ruf, ein esoterischer, introvertierter Regisseur zu sein, gefestigt. Wenders, für den ausgerechnet der Mythos Amerika immer zentral gewesen war – aber vielleicht war das auch nur eine Art ›blaue Blume‹ -, wurde als sehr deutsch, sehr romantisch eingeschätzt. »... deutsch bis auf den Grund der Seele ...« war beispielsweise für die Kritikerin der Münchner *Abendzeitung*, ›Ponkie‹, *Falsche Bewegung* gewesen. Mit dem *Amerikanischen Freund* überraschte Wenders das Publikum dagegen mit einem Film, in dem er sich ausgeprägt auf die Genre-Regeln des Kriminalfilms eingelassen hatte, der sehr stark auf einer vorgegebenen Geschichte beruhte und der das breite Publikum mehr an einen Hollywood-Film denken lassen mußte, als an die Arbeit eines als ›sensibel‹ deklarierten deutschen Filmemachers. *Der amerikanische Freund* war der Film, mit dem Wenders den von ihm geschätzten amerikanischen Vorbildern bislang am nächsten gekommen war.
Ursprünglich sollte der Film *Der Rahmen* oder auch *Der kaputte Rahmen* heißen. Dies hatte mit dem einen Hauptheldes des Films, Jonathan Zimmermann, zu tun. Wim Wenders hatte für den Filmhelden eine Tätigkeit ausgesucht, die seiner eigenen verwandt sein sollte: Bilder rahmen. Der ursprüngliche Titel umschreibt aber auch sehr gut, daß dem neuen Film mit einer ausgefeilten Literaturvorlage enge Grenzen gesetzt worden waren, die wenig Vorwände für Überschreitungen ins Impressionistische zuließen. Patricia Highsmith, die in Texas gebürtige und bei Paris lebende Kriminalschriftstellerin, war von Wenders schon längst für eine Verfilmung ins Auge gefaßt worden – auch deshalb, weil gerade sie es, Wenders zufolge, vermag, Kriminalgeschichten aus der Persön-

lichkeit der Helden zu entwickeln, ohne für eine abstrakte Geschichte Vollzugshelfer erfinden zu müssen. Jahrzehnte zuvor hatte sie schon für Alfred Hitchcock die Vorlage zu *Strangers on a train* (Der Fremde im Zug, 1951) geschrieben. Handke hatte ihre literarische Arbeit im *Spiegel* so gekennzeichnet: »Seit Dostojewski hat kein Schriftsteller mehr dem durchschnittlichen Leser so viel freundlichen Kundendienst erwiesen mit Mitteilungen über die Körpergröße der jeweiligen Helden, wie Augenfarbe, wie Berufstätigkeit, seine Hobbys, seinen bisherigen Lebenslauf.« Und wiederum Handke hatte Wenders auch den Kontakt zu Patricia Highsmith ermöglicht. Zwar bot sie ihm keine Rechte für die bisher erschienenen, dafür eines für einen zu erscheinenden Kriminalroman an. *Ripley's Game*, aus der Reihe der Ripley-Romane (*Der talentierte Mr. Ripley, Ripley Underground*), ging zum Preis von 30 000 Dollar an Wim Wenders.
Was konnte ein Regisseur mehr wollen, gerade wenn er sich im Tormann noch mit einer erfundenen Kinoreklame zu Highsmiths *Das Zittern des Fälschers* hatte behelfen müssen? Höchstens dies, daß es günstig wäre, den durch *Ripley's Game* abgesteckten Rahmen zu erweitern. Das Finale sollte weniger blutrünstig werden. Jonathans Wohnort mußte von Paris nach Hamburg verlegt werden. Für die Rolle der Ehefrau von Ripley schien es dagegen günstig, sie überhaupt zu streichen. Vor allem aber schien es gut, Ripley nicht nur als amoralischen, nihilistischen Kriminellen erscheinen zu lassen, sondern ihn auch mit menschlicheren, der Lust am Spiel zugewandten Zügen auszustatten.
Wenders machte sich unter Mithilfe von Joachim von Mengershausen daran, diese Änderungen ins Drehbuch einzubringen. Im Kern wurde es dann die Geschichte des todkranken Bilderrahmers Jonathan Zimmermann, der von seinem amoralischen ›amerikanischen Freund‹, Tom Ripley, in eine böse Intrige einspannt wird. Sie hat zum Inhalt, daß Jonathan mit dem smarten Gangster Minot zusammengebracht wird, der ihn für Geld und medizinische Hilfeleistungen bald dazu bringt, in Paris und auf der Bahnfahrt München-Hamburg zwei Morde zu begehen. Während sich zwischen Jonathan und Ripley gegen alle Voraussicht ein immer freundschaftlicheres Verhältnis anbahnt, zerbricht allmählich Jonathans Ehe mit Marianne.
Jonathan und Ripley schaffen es auch noch, ihre Verfolger auszuschalten. Schließlich stirbt Jonathan am Steuer seines Wagens an seiner tödlichen Krankheit.

Unterdessen wurde auch die Frage der Rollenbesetzung gelöst. Wenders' Freundin Lisa Kreuzer sollte die Marianne spielen. Der vor allem theatererfahrene Bruno Ganz von der Berliner Schaubühne bekam die Jonathan-Rolle. Für die zahlreichen Gangster-Rollen wurden vor allem Filmregisseure ausersehen. Gérard Blain spielte Minot. Andere Gangster-Nebenrollen wurden unter anderem von Nicholas Ray, Samuel Fuller, Peter Lilienthal, Daniel Schmid und Jean Eustache gespielt. Zu dieser eigenartigen Wahl sagte Wenders: »Deshalb habe ich die Gangster auch fast alle mit Regisseuren besetzt, weil das die einzigen richtige Gauner sind, die ich kenne, und die einzigen, die über Leben und Tod ähnlich lässig verfügen wie die Mafia.« Nicholas Ray war übrigens für die Rolle des Kunstfälschers gar nicht vorgesehen gewesen. Nicholas Ray, der zu diesem Zeitpunkt gerade seine Alkoholabhängigkeit überwunden hatte und hoffnungsfroh ein neues Filmprojekt in Angriff nehmen wollte, übernahm die schon gestrichene Rolle des Malers Derwatt nur deshalb, weil Samuel Fuller für die New Yorker Dreharbeiten seinen Termin nicht eingehalten hatte und kurzfristig eben mit Hilfe von Nicholas Ray eine Drehbuchänderung erfolgte.

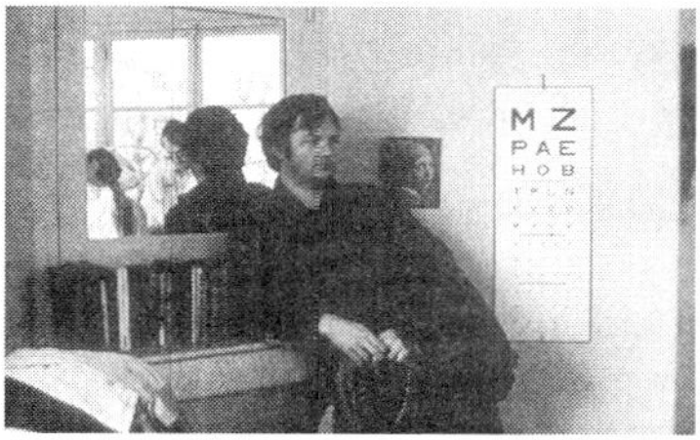

Am bemerkenswertesten und folgenreichsten war aber die Wahl des Regisseurs und Schauspielers Dennis Hopper für die Rolle des amoralischen Tom Ripley. Dennis Hopper hatte sich bereits in den 50er Jahren an der Seite von James Dean einen Namen gemacht, hatte es gegen alle Voraussagen mit – dem von Wenders in der *Filmkritik* gefeierten – *Easy Rider* (Easy Rider, 1969) zu Weltruhm gebracht, um dann mit seinem ehrgeizig verfolgten Projekt *The Last Movie* (1972) elend zu scheitern. Auch wenn ihm Francis Coppola damals in *Apocalypse Now* (Apocalypse Now, 1976–79) eine Chance gegeben hatte, so galt Dennis Hopper zum Zeitpunkt des *Amerikanischen Freundes* in Hollywood als nicht mehr vermittelbar. Zum einen hatte dies mit seinem ausgeprägten Egozentrismus zu tun, mehr noch mit dem enormen Drogenkonsum, der den in seiner Land-Kommune in Taos, New Mexico, lebenden Dennis Hopper tatsächlich den Helden von *Easy Rider* angeglichen hatte. Dennis Hopper konnte froh sein, daß Wenders ihm die Ripley-Rolle in Cannes angeboten hatte. Als er dann mit buntem Indianerschmuck von den phillipinischen Dreharbeiten an *Apocalypse Now* in Hamburg eingetroffen war, wirkte er laut Wenders wie eine Handgranate. Schon zu Anfang gab es schlagkräftig ausgetragene Konkurrenzkämpfe mit Bruno Ganz, die aber, wie im Film, einem mehr freundschaftlichen Verhältnis Platz machten. Bruno Ganz bewunderte insbesondere Hoppers Professionalität, die es ihm gestattete, von einer zur anderen Sekunde die Rollen zu wechseln.

Wichtig für den Film wurde aber auch, daß der extravertierte Hopper soviel Aufmerksamkeit für sich beanspruchte, daß sich der Blickwinkel der Geschichte immer mehr auf sein Verhältnis zu Jonathan verengte. »Die Wirkung dieser Handgranate«, sagt Wenders, »hat mir gut gefallen. Sie hat zwar große Löcher gerissen, aber die mußten geflickt werden und dadurch hat der Film wieder einen entscheidenden Schritt in Richtung Improvisation und Umbau getan.« Wenders hatte zu dem für Dreharbeiten ausgesprochen schwierig geltenden Hopper ein ausgezeichnetes Verhältnis. Dies beruhte hauptsächlich auf Wenders' Schauspielerführung, die dem Schauspieler im genauen Gegensatz zum autoritären Regiestil immer sehr viel Freiheit für die Gestaltung seiner Rolle läßt. Wim Wenders wurde einer der ganz wenigen Filmregisseure, für die sogar ein Dennis Hopper Wertschätzung empfinden konnte: »Ich denke, Wim Wenders ist einer der besten Regisseure, mit dem ich je zusammengearbeitet habe, vor allem bezogen auf seine Arbeitsweise. Er hat eine Zärtlichkeit im Umgang mit den Leuten, man fühlt sich beschützt und sicher. Wim Wenders vermittelt seine Vorstellungen klar, aber er klebt nicht an Ideen fest, er kann sofort umdenken.«

Das letzte Zitat stammt aus dem Presseheft zum Film. Hoppers Anerkennung, die als durchaus wahrheitsgemäß aufgefaßt werden kann, war in einen Werbefeldzug eingebaut, der für einen Film in der Größenordnung von 2,7 Millionen Mark, die hauptsächlich von

Renée Gundelach in mühevoller Kleinarbeit zusammengebracht worden waren, unumgänglich war. Über die Agentur *Cinepromotion* waren die Redaktionen der einschlägigen Zeitungen und Fernsehanstalten zu den Dreharbeiten auf die Zugfahrt von München nach Hamburg eingeladen worden, und so erschienen schon längst vor dem Kinostart Feuilletonberichte, die das anvisierte Publikum nicht nur mit dem Geschäft der Dreharbeiten, sondern vor allem auch mit dem *Amerikanischen Freund* bekannt machten. Zum Kinostart wurde noch eine Münchner Werbeagentur zugezogen, die der Kinoreklame folgendes Motto zur Hand gab: »Du reibst Dir die Augen und kannst es nicht fassen. Du schaust auf die Pistole. Du hast geschossen. Dir ist zum heulen und zum lachen. Verdammte Scheiße, wer bist du?« Der Hamburger Verlag *medien & märkte* kürte sie gleich zur Anzeige der Woche. Dem gleichfalls in Hamburg erscheinenden *Spiegel* war sie dagegen einen Platz im ›Hohlspiegel‹ wert. Für die etablierte Kino-Kritik waren solche Vorarbeiten aber sicher unnötig. Es ist nicht nötig, die durchgehend positive Kritiker-Resonanz anhand von Textzitaten wiederzugeben.

Titel wie »Ein liebevoller Kraftakt« (*Die Welt*), »Le coup d'éclat de Wim Wenders« (*Le Monde*) oder auch »Lautlose Spannung« (*Tip*), »Ein Film voll morbider Schönheit« (*Badisches Tagblatt*), »Die Sprache des Films« (*Rheinpfalz*) sprechen für sich und zeigen an, daß sich Wenders (neben Fassbinder) endgültig als gefeierter Hoffnungsträger des deutschen Films etabliert hatte.

Nicht zuletzt durch den Einsatz der ›menschlichen Handgranate‹ war es ein Film geworden, der sehr viel ›action‹, sehr viel Spannung bot. Unter der Oberfläche war es aber immer noch ein Wenders-Film. Wieder sind die vielen Kamerafahrten zu erwähnen, die durch das Einsetzen des sogenannten La Louma-Verfahrens in einigen Einstellungen auch noch zu höchster Raffinessee getrieben wurden. Auch das überlegte Einsetzen der Farbe ist typisch. Der vormalige Schwarzweißfilmer machte nicht einfach einen Farbfilm, sondern nützte diese Qualität, um insbesondere der Farbe Rot besonderes Gewicht zu geben. Die mit Lisa Kreuzer verbundenen Szenen zeigen ein Rot, das oft genug an Blut denken läßt. Und in den vielen optischen Spielzeugen verbirgt sich das Wenders'sche Medien-Thema.

Im folgenden soll nur noch auf ein für den Film typisches Wenders-Thema, nämlich die Amerikanisierung der europäischen Lebenswelt, ausführlicher eingegangen werden. Wenn Bruno Winter am

Ende von *Im Lauf der Zeit* kichernd sagt »Die Amis haben unser Unterbewußtsein kolonialisiert.«, so hat er damit auch eine mögliche kryptische Interpretation für diesen Film vorgegeben. Noch deutlicher wird dieses Thema im *Amerikanischen Freund.* Hier sind die Amerikaner tatsächlich nach Deutschland gekommen – als Gangster. Hier funktioniert der Schnitt zwischen New York, Hamburg und Paris auch schon deshalb tadellos, weil die Stadtarchitektur sich dem amerikanischen Ideal angeglichen hat. Hier sind die Amerikanismen in die deutsche Sprache eingedrungen. Amerika war für Wenders seit je eine Utopie. Amerika stellte sich ihm aber auch seit je als Aushöhlung der alten europäischen Tradition dar. Und für die Bundesrepublik schätzte er, wie er gegenüber Jan Dawson äußerte, die amerikanische Kolonisation auch noch als Akt einer typisch deutschen Verdrängung der Geschehnisse zwischen 1933 und 1945 ein. Die Deutschen hätten in der Bundesrepublik an Stelle der verlorengegangenen Tradition einfach das amerikanische Modell gesetzt und es begierig imitiert. Damit stellt sich allerdings die Frage, ob sich hinter der von Wenders so aufgefaßten deutschen Misere nicht auch eine persönliche verbirgt. Wie schon die Protagonisten der Nouvelle Vague vor ihm, hat er insbesondere das Kino Amerikas als Vorbild genommen, es jedoch nicht imitiert, sondern als Versatzstück für einen sehr persönlichen Stil eingesetzt – und so den Blick für dessen Tugenden geöffnet. An der Oberfläche ist gerade *Der amerikanische Freund* ein Film, der in Hollywood hätte entstanden sein können. Und die Oberfläche, das Vitale, war dort schon immer das Entscheidende gewesen. War *Der amerikanische Freund* so nicht doch ein Kraftakt, mit dem es Wenders daran gelegen war, seine Reputation als verinnerlichter deutscher Künstler vergessen zu machen? Hatte er nicht in einer Virtuosität, wie man sie in der Bundesrepublik bislang nicht gekannt hatte, eine gekonnte Imitation des amerikanischen Kinos vorgelegt? Hans C. Blumenbergs am *Amerikanischen Freund* vorge-

nommene Gleichung »Hitchcock + Ray + Scorsese = Wenders« weist in diese Richtung.
Eine Antwort sollte das Filmprojekt geben, mit dem sich Wenders in den nächsten fünf langen Jahren beschäftigen mußte. Es zeigte Wenders und auch seinem immer gespannteren Publikum, was Hollywood-Filme im Gegensatz zu einem Film wie *Der amerikanische Freund* in Wirklichkeit ausmacht.
1977 ging unter deutschen Filmregisseuren die Lust am Umziehen und Auswandern um. Wegen des politischen Klimas in Bayern hatte sich schon ein kleiner Exodus der hauptsächlich in München ansässigen Filmregisseure nach Hamburg angebahnt. Fassbinder und Schlöndorff äußerten, daß sie wegen der besseren Produktionsbedingungen Amerika nicht abgeneigt wären. Schlöndorff führte seine Absicht Jahre später auch tatsächlich aus. Ebenso vollzog Hans Noever den Schritt nach Amerika, um dort *Der Preis fürs Überleben* (1979) zu drehen, gleichfalls Erwin Keusch mit *Soweit das Auge reicht* (1979). Für Wolfgang Petersen sollte dieser Schritt einige Jahre später auch - ausnahmsweise - erfolgreich werden. Mit *Stroszek* (1976) hatte Werner Herzog dieses Terrain schon früher erkundet. Und Wim Wenders?
Wenders hatte sich zusammen mit Lisa Kreuzer in einer alten Villa in der gutbürgerlichen Idylle von München-Harlaching eingerichtet. Die durch Wenders bekannt gewordene Lisa Kreuzer wollte zwar nicht ganz zufrieden damit sein, sah sich auch Hilfsdienste verrichtend in seinem Schatten, war Wenders aber durch eine, wie sie sagte, »gemeinsame Phantasie« doch sehr verbunden. An Auswandern war nicht zu denken. Auf dementsprechende Gelüste angesprochen, antwortete Wenders: »Nein. Ich werde zum Beispiel auf jeden Fall auch den nächsten Film mit Amerikanern zusammen machen. Trotzdem bin ich sicher, daß ich in Deutschland bleiben werde. Ausgerechnet aus denselben Gründen, aus denen heraus andere das Gefühl haben, daß man hier nicht arbeiten kann, meine ich, daß man hier erst recht bleiben müßte.«
Mit dem »nächsten Film« war ein Science-Fiction-Film gemeint, der später den Arbeitstitel *Bis ans Ende der Welt* erhielt und unter anderem in Australien spielen sollte. Genausowenig wie dieser Film als nächstes realisiert werden sollte, genausowenig sollte Wenders in Deutschland bleiben.
Der Bundesrepublik blieb Wenders die nächsten Jahre nur noch dadurch verbunden, daß er über *Road Movies* verschiedene Filme produzierte, allein schon um die Preise und Prämien für die

vorangegangenen zu reinvestieren: Handkes *Linkshändige Frau* (1977), Przygoddas ... *als Diesel geboren*(1978), Chris Petits *Radio On* (1979).
Ende 1977 war Wenders mit Lisa Kreuzer wegen seines Filmprojekts zuerst nach Südostasien, dann nach Australien gefahren. Die Reise ging vom tropischen Darwin ins Landesinnere zum Ayers Rock. Wenders war schon bei den ersten Drehbuchentwürfen für den neuen Film, als ihn ein Telegramm erreichte. Francis Ford Coppola fragte leibhaftig an, ob er in Amerika einen Film über den Kriminalschriftsteller Hammett drehen wollte. Allein schon weil Dashiell Hammett ein Lieblingsschriftsteller von ihm war und er sogar zwei seiner Romane im fernen Australien dabei hatte, legte Wenders die eigenen Drehbuchentwürfe auf der Stelle ad acta und flog postwendend nach USA. Die Idylle in München-Harlaching war zuende. Lisa Kreuzer ging zurück nach München, schon weil sie in den USA keine Chancen für sich sah, und war Wenders danach nur noch durch eine Rolle in *Radio On* verbunden. Was aber Wenders selbst betraf, so deutete alles darauf hin, daß er wie einst Sternberg, Murnau oder Lang ein weltberühmter deutscher Filmregisseur aus Hollywood werden würde.
Zunächst war es schon einmal nicht Hollywood, sondern San Francisco. Wenders sollte für Coppolas Filmgesellschaft *American Zoetrope* arbeiten, die eine ganz eigene Geschichte hinter sich hatte. Bereits seit 1969 hatte Coppola in San Francisco ein Studio eingerichtet, um jungen Filmenthusiasten die technischen Möglichkeiten zur Filmherstellung zu bieten. George Lucas, zum Beispiel, war mit seinem Erstling *THX-1138* (1970) ein solcher Filmenthusiast gewesen. Im Hintergrund stand die Idee, das alte Studiosystem wieder aufleben zu lassen und alte Genrefilme mit modernstem Equipment zu produzieren, nachdem das Hollywood-Filmgeschäft längst in die Hände von branchenfremden Agenten, Produzenten, Studioleitern, Bankern und Industriefirmen gelangt war. Coppola investierte einen Großteil der Gewinne aus seinen eigenen Filmen in das Projekt, kaufte Immobilien, Kinos, einen Filmverleih, eine Zeitung, einen Teil der MGM-Studios und vor allem die neueste technische Ausrüstung hinzu. Auch engagierte er sich für nichtamerikanische Regisseure: Herzogs *Stroszek* wurde durch Coppola in den USA bekannt gemacht und daraufhin erst richtig beachtet; Kurosawa erhielt später für *Kagemusha* (Kagemusha – der Schatten des Kriegers, 1980) weitreichende Unterstützung; später band Coppola auch noch Syberberg

an sich, als er die Rechte für *Hitler* (1976/77) kaufte; er beteiligte Godard an einem Filmprojekt über Bugsy Siegel und nahm auch dessen Assistenz für den späteren *One from the Heart* (Einer mit Herz, 1981) in Anspruch. Seinen Traum hatte er 1975 so formuliert: »Mein ganzes Leben wollte ich eigentlich in La Bohème leben. Am liebsten würde ich morgens aufstehen, drei Stunden lang schreiben, mich dann ins Café setzen und Mauriac, der neben mir sitzt, lustige Geschichten über Proust erzählen. Dann würde ich zum Theater rübergehen, um zu sehen, was los ist, dann zur Zeitung, um zu sehen, was die Jungs da so treiben, und dann noch einen Kaffee trinken...« Die Crux an diesem phantastischen Plan lag im chronischen Geldmangel. Obwohl Coppola mit seinen beiden *Godfather-Filmen* (Der Pate, Teil I und II, 1971 und 1972) enorme Gewinne gemacht hatte, und obwohl Warner Bros. Geld zugeschossen hatte, reichte es nicht einmal zur branchenüblichen Bezahlung der eigenen, nur durch ihren Enthusiasmus zusammengehaltenen Leute. An die Produktion eines Films mit studioeigenem Geld war überhaupt nicht zu denken. Die Schwierigkeiten und der damit verbundene psychische Druck nahmen zu, als Coppola um 1976 sein Prestige-Objekt *Apocalypse Now* in Angriff genommen hatte. Als das Projekt am philippinischen Drehort zu scheitern drohte, riß Coppola das Ruder wutentbrannt herum. Man hört seine Wut aus dem damaligen Memorandum an seine Mitarbeiter laut und deutlich heraus: »Ich erwarte, daß sich die Leute so anziehen und benehmen wie bei irgendeiner anderen Firma. Es ist sehr wichtig für mich, daß es ein Ende hat mit diesem Hippie-Treffpunkt, den die alte American Zoetrope sieben Jahre lang darstellte und der eine gewisse Art von jungen Leuten anlockte, die unbedingt im Filmgeschäft arbeiten wollen...« Nur noch zwei Projekte sollten abgeschlossen werden. Dann sollte Zoetrope nur noch für Francis Coppola da sein. Bei diesen zwei Projekten handelte es sich einmal um *Black Stallion* (Der schwarze Hengst, 1979), bei dem Carroll Ballard Regie führen sollte. Das andere Projekt war ein Film über Dashiell Hammett nach einem Roman von Joe Gores. Nachdem hintereinander Nicholas Roeg und Francois Truffaut wegen Terminschwierigkeiten abgelehnt hatten, wurde der Hammett-Film - auch weil man wegen des *Amerikanischen Freundes* auf ihn aufmerksam geworden war - dem Deutschen Wim Wenders angeboten. Daß kein Amerikaner ins Auge gefaßt worden war, hatte übrigens damit zu tun, daß die Geschichte Hammetts, der mit seinen Detektivromanen eine

amerikanische Mythologie geschaffen hatte, von außen, aus der Sicht eines Ausländers, erzählt werden sollte.
Wenders begann im Frühjahr 1978 in San Francisco mit den Filmvorbereitungen. Er versuchte, eine Inspiration zu bekommen. Er studierte nochmals die bekannten und unbekannten Erzählungen Hammetts. Weil er überzeugt war, keinen Film über Hammett machen zu können, ohne die Filmgeschichte zwischen 1928 und 1978 zu berücksichtigen, nahm er sich die Filme der Schwarzen Serie vor. Im weiteren suchte er zusammen mit dem ehemaligen Detektiv und nunmaligen Schriftsteller Joe Gores, der für den Hammett-Roman jahrelang recherchiert hatte, die für den Film wichtigen Originalschauplätze auf. Es gelang sogar, die immer noch lebende Witwe Hammetts ausfindig zu machen, die aber dann später, genauso wie Hammetts langjährige Geliebte Lilian Hellman, die Mitarbeit verweigerte. Anfangs wohnte Wenders auch in dem winzigen Appartement, in dem Hammett 1928 gelebt hatte. In diesem Apartment hatte Hammett nach seiner Detektiv-Arbeit bei Pinkerton und nach einer Tuberkulose-Erkrankung eine Karriere als Kriminalschriftsteller anvisiert, die Anfang der 30er Jahre ihren Höhepunkt erreicht hatte und schließlich nach Hammetts schlimmen Erfahrungen in der McCarthy-Zeit endgültig ihr Ende im Alkoholismus fand. Als Wenders dann ein mit vielen Hammett-Andenken ausstaffiertes Büro in Downtown San Francisco bezog, konnte er sich langsam daran machen, am Drehbuch zu arbeiten. Wie er damals gegenüber Walter Adler in einem Fernsehinterview äußerte, fühlte er sich inmitten der neuen und fremdartigen Umgebung sehr selbstsicher. Coppola selbst hatte ihm für die auf acht Millionen Dollar veranschlagte Produktion seine volle Unterstützung versprochen. Nicht einmal beim Schnitt würde ihm jemand dazwischenreden. Wenders war sich auch sicher, deutsche Schauspieler, etwa Rüdiger Vogler, einsetzen zu können. Er war sogar einigermaßen sicher, daß der Film schwarzweiß gemacht werden würde. Was die Übernahme von Robby Müller anbelangte, war er schon skeptischer, da es die Abmachungen mit den amerikanischen Gewerkschaften eher unwahrscheinlich erscheinen ließen, daß ein ausländischer Kameramann akzeptiert werden würde. Die Dreharbeiten sollten im März 1979 beginnen.
Natürlich kam alles anders, und schließlich sollte sich auch noch fast eine persönliche Tragödie entwickeln. Daß Wenders gut vierzig Jahre nach Einführung des Farbfilms als Neuling in den USA nicht an einem Schwarzweißfilm festhalten konnte, war vorauszusehen.

Genauso war klar, daß Robby Müller nicht akzeptiert wurde. In Hinsicht auf diese beiden Änderungen stellte es sich aber als eine großzügige Entschädigung heraus, daß Wenders den Kameramann Joseph Biroc einsetzen konnte, der in den alten Kinozeiten schon für Griffith und später für Capra gearbeitet hatte. Wer war besser imstande, die für den Film wichtigen alten Zeiten auch wieder aufleben zu lassen? Für die musikalische Leitung bekam der aus James-Bond-Filmen bekannte John Barry gegen Wenders' Wunschkandidaten Ry Cooder den Zuschlag. Und nachdem deutsche Schauspieler sowieso keine Chance hatten, konnte Wenders für die Titelrolle auch nicht seinen anderen amerikanischen Wunschkandidaten, Sam Shepard, durchsetzen. An seiner Stelle sollte Frederick Forrest spielen.
Viele dieser Änderungen gingen auf die eigentlichen Geldgeber des Films, die *Orion-Pictures*, zurück. Dabei handelte es sich um eine völlig neue Filmgesellschaft, die von den ehemaligen fünf obersten Managern von *United Artists* gegründet worden war. Äußerer Anlaß für deren Trennung von United Artists war übrigens die Weigerung gegenüber der Weisung des neuen Eigners *Transamericana* gewesen, daß die Führungscrew in Zukunft ausschließlich Ford-Autos zu fahren hätte. *Hammett* war mit die erste Produktion für *Orion*, und deshalb trachtete man danach, aus diesem Film einen großen Erfolg mit den in Hollywood publikumswirksam erprobten Zutaten zu machen: berühmte Schauspieler, eine einfache und spannende Action-Geschichte.
Obwohl er Wenders persönlich sehr zugeneigt war und ihm sogar ein Restaurant im Norden San Franciscos mit dem Namen *Wim's* gewidmet hatte, hatte auch das Verhältnis von Coppola zu Wenders seine Ecken und Kanten. Francis Ford Coppola, der reiche Mäzen mit dem wenigen Geld, Francis *Ford* Coppola, der nur scheinbar Bombast abgeworfen hatte, indem er sich fortan nur noch ›Francis Coppola‹ nennen ließ – war mit dem Drehbuch zu *Hammett* unzufrieden. Joe Gores war schon längst durch den Drehbuchschreiber Thomas Pope ersetzt worden, als den drehbucherfahrenen Coppola Skrupel befielen, ob es nicht doch mehr ein Film über einen Detektiv, als selbst ein Detektiv-Film werden würde. Auch befürchtete er, daß die von Gores und später Pope geplante Korruptionsgeschichte über den Bau der Golden Gate Bridge viel zu sehr Polanskis *Chinatown* (1974) ähneln könnte. Auch dort waren Chinesen und (die mit der städtischen Wasserzufuhr verbundene) Korruption Dreh- und Angelpunkt gewesen.

Coppola setzte in diesem Stadium auf sein Steckenpferd Technik. Thomas Pope und Wenders sollten ganz einfach ein Hörspiel entwickeln, das von entsprechenden, im Computer gespeicherten Story-Board-Zeichnungen visuell begleitet werden sollte. Somit konnte man im vornherein ein Hörbild vom fertigen Film gewinnen. Für das perfekte, mit Musik und Geräuschen unterlegte Hörspiel wurden niemand anders als Gene Hackman (Jimmy Ryan) und Sam Shepard (Hammett) verpflichtet. Das Resultat war dann für alle Beteiligten ernüchternd. Als der mit Schnitt und Tonmischung von *Apocalypse Now* beschäftigte Coppola Zeit fand, das fertige, zweieinhalbstündige Produkt zu begutachten, hat er, Wenders zufolge, das Drehbuch aus dem Fenster geworfen. Im weiteren berichtet Wenders in *Die Logik der Bilder*, daß anschließend Coppola und er selbst Mühe hatten, wiederum Thomas Pope daran zu hindern, den Computer aus dem Fenster zu werfen. Wenders hatte jedenfalls seine Hollywood-Lektion lernen können, daß nämlich das Drehbuch, egal in welch ausgefeilter Form, das Entscheidende am Entwickeln eines Films ist. Es macht die letztendliche Umsetzung in Bild und Ton während der kostspieligen Dreharbeiten kontrollierbar. Die Tage von *Im Lauf der Zeit* hätten eigentlich zur grauen Vergangenheit zählen müssen.
In einer Zeit sich anbahnender Enttäuschungen schien sich aber

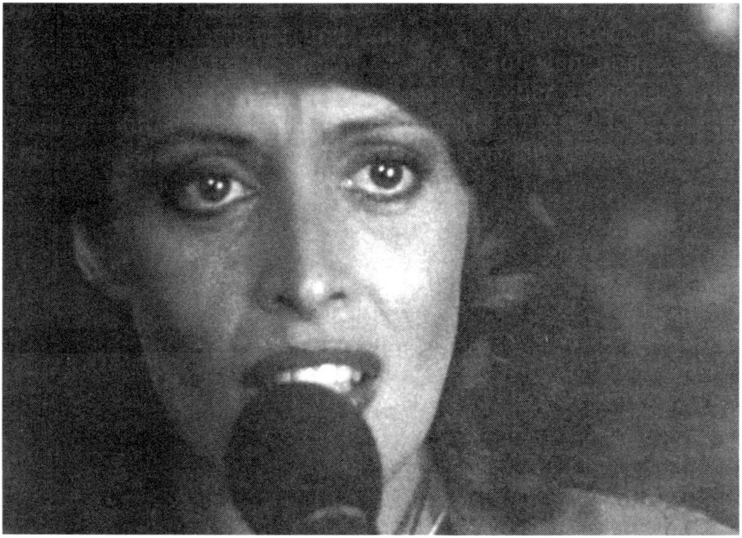

zumindest für Wenders' Privatleben ein völlig neuer Anfang zu ergeben. In einer seiner letzten, nur noch sporadisch geschriebenen Filmkritiken hatte es 1976 zu Altmans *Nashville* geheißen: »Ronnee Blakely spielt die Sängerin Barbara Jean, den strahlenden Star von Nashville... Ihre Geschichte ist die von fortwährenden NERVOUS BREAKDOWNS und den Anstrengungen, trotzdem ihrer Öffentlichkeit gerecht zu werden. Dadurch ist sie aufs äußerste verletzlich, und sie spielt das so empfindlich, daß man in jeden Moment um sie bangt. Bei einem Konzert gerät sie, ganz selbstvergessen, außer sich und erzählt, wie ein Kind plappernd, Geschichten aus ihrer Kindheit.« 1979 wurde Ronnee Blakely die Ehefrau von Wim Wenders. Trotz Anlaufschwierigkeiten schien Wenders' Start in Amerika durch die Heirat mit einer ehrgeizigen, ehemaligen Country & Western-Sängerin, die mit *Reynaldo and Clara* von Bob Dylan und *The Driver* von Walter Hill sich auch als Filmschauspielerin einen Namen gemacht hatte, genau dem zu entsprechen, was man sich von Hollywood schon immer gedacht hatte.
Eine andere, schon mehr den Realitäten angenäherte Tuchfühlung mit Hollywood gab es, als Wenders parallel zu seinem Hammett-Projekt versuchte, ein von Jonathan Toplin entwickeltes Drehbuch bei MGM durchzusetzen. Es hatte den Titel *Trapdoor* und handelte, ein filmisches Hauptthema der 80er Jahre vorwegnehmend, von einem jungen Informatikprofessor, der in einer Bank zufällig einen Fehler gefunden hat. Der als Superman bekannt gewordene Christopher Reeves sollte die Hauptrolle spielen. Um das Ergebnis vorwegzunehmen. Das Drehbuch wurde in die engere Auswahl gezogen, aber dann entsprechend einem Schlüssel abgelehnt, den Wenders einmal mit 100:10:1 angegeben hat, d.h. es war unter hundert vorhandenen Drehbüchern eines, das mit neun anderen für eine engere Auswahl in Betracht gezogen worden war, wovon dann letztlich eines - aber nicht Wenders - ausgewählt wurde.

NICK'S FILM (Lightning Over Water)

Es sollte ein ganz anderer Film werden, den Wenders dann letztendlich anderthalb Jahre vor *Hammett* abschloß. Als das Hammett-Projekt ins Stocken geraten war, hatte er wieder mit

Nicholas Ray in New York Kontakt aufgenommen. Seit den Tagen des *Amerikanischen Freundes* hatte es immer wieder Treffen gegeben, und es war sogar ein gemeinsames Filmprojekt vage ins Auge gefaßt worden. Im Jahr 1979 war aber dann absehbar, daß es nur noch wenige Treffen und noch weniger Projekte geben würde. Nicholas Ray war von einer tödlichen Krebserkrankung gezeichnet. Genau darüber wollten Ray und Wenders noch einen Film machen.

Ursprünglich sollte es ein Spielfilm werden, der da weiter machte, wo der von beiden gemeinsam entworfene New York-Teil des *Amerikanischen Freundes* aufgehört hatte. Nicholas Ray kam auf diese Idee auch in dem Film zurück, der schließlich *Nick's Film – Lightning Over Water* hieß: »Dies ist ein Film über einen Künstler, der sechzig Jahre alt ist. Er hat mit seinen früheren Bildern sehr viel Geld gemacht. Es gelingt ihm jedoch nicht, seine laufende Produktion zu verkaufen ... Er ist unheilbar an Krebs erkrankt und weiß das. Um wieder in den Besitz seiner alten Bilder zu kommen, stiehlt er sie und fälscht sie ... Mit seiner jetzigen Freundin lebt er seit fünf Jahren zusammen. Er ist vierzig Jahre älter als sie. Trotzdem leben sie glücklich und zufrieden in einer Etage an der Ecke Spring Street und Broadway ...« Die Karriere von Nicholas Ray war nach dem über *The true story of Jesse James* (Rächer der Enterbten, 1956) vollzogenem Bruch mit Hollywood allmählich zu einem Ende gekommen. Ab 1963 arbeitete er als Professor für Film an der New

York State University und lebte später mit der vierzig Jahre jüngeren Susan Ray zusammen. Wim Wenders sagt denn im Film zum Projekt von Nicholas Ray: »Warum der Umweg, und aus ihm einen Maler machen ... Das bist du, Nick! Warum davon Abstand nehmen?« Zu dieser Filmidee, gab es auch noch den Entwurf eines Films über einen von Ray und Wenders gemeinsam ausgeführten Raub der Negative von *We can't go home* – eines unvollendeten experimentellen Films von Nicholas Ray aus den 70er Jahren, der in *Nick's Film* auch kurz zu sehen ist. Ein sich aus einem Traum von Wenders entwickelnder Film wurde ebenfalls erwogen. Dann sollte es noch ein Film über eine Reise von West nach Ost werden, auf einer Dschunke, bei der ein Mittel gegen Krebs gesucht wurde. Schon wegen Rays Gesundheitszustand wurde es schließlich ein Dokument über das Sterben des Nicholas Ray, in dem zahlreiche Dialogteile und der Ablauf der Szenen wie in einem Spielfilm festgelegt und inszeniert wurden. Susan Ray hatte dann auch noch die Idee, daß Wenders selbst mitspielen sollte.
Es kam zu dem Wagnis, *Nick's Film – Lightning Over Water* zu drehen – ein Film, in den das wirkliche Sterben eines Menschen inszenatorisch eingebaut ist. Es war ein Film, für den die Gefahr bestand, daß er als Ausbeutung des Sterbens eines großen Regisseurs für die voyeuristischen Bedürfnisse des Publikums verstanden werden konnte. In diese Richtung argumentierte dann der aus dem Projekt verabschiedete John Jost, als er später in einem Racheakt eine Hintergrundgeschichte zum Film aus seiner Sicht veröffentlichte. Es war ein Film, während dessen Wim Wenders in einer Video-Szene zu Nicholas Ray sogar sagt, daß möglicherweise der Film selbst ihn umbringen könnte: »Für mich hat der Druck eine Menge verändert. Seit ich das Gefühl habe, daß dieser Film dir schadet. Und seit ich dieses ... dieses Ödipusgefühl habe, daß dieser Film dich umbringen könnte.«
Die erste Einstellung des Films stammt vom 8.4.1979. Genau wie Dennis Hopper im *Amerikanischen Freund* steigt Wenders aus einem New Yorker Taxi aus und geht die enge Treppe zum Loft von Nicholas Ray hoch. Nach der Flugreise legt er sich schlafen und trifft erst am nächsten Morgen den vom Tod gezeichneten Ray. Bald werden in den in seinen inszenierten Teilen mit 35-mm-Material gedrehten Film Video-Szenen eingebaut, die von Tom Farrell gedreht worden sind. Die dokumentarisch erscheinenden Video-Szenen unterstreichen auch im späteren das Spielfilmartige der anderen Szenen und geben ein Gefühl für den Unterschied

zwischen medial Abgebildetem vom Wirklichem. Während der Titelmusik von Ronnee Blakely ist dann vom Hubschrauber aus eine Dschunke auf dem East-River zu sehen – eine Szene, die immer wieder eingeblendet werden wird und von der sich am Schluß herausstellt, daß in der Dschunke die Urne der sterblichen Überreste von Nicholas Ray mitgeführt werden. Wieder ist Nicholas Ray zu sehen, wie er in Begleitung von Susan Ray und

Wenders zum Vassar-College fährt, wo er einen Vortrag zu seinem Film *The Lusty Men* (Arena der Cowboys, 1952) hält. Eine weitere Szene mit Ausschnitten aus *We can't go home again*, die in Rays Wohnung gezeigt werden, schließt sich an. Nicholas Ray wird überraschend ins Krankenhaus eingeliefert, wo er Wenders sein Tagebuch für dessen Reise zurück zu den Filmvorbereitungen von *Hammett* mitgibt. Als Wenders mit seiner Frau Ronnee Blakely in New York zurück ist, werden sie Zeugen einer Theaterprobe für Kafkas *Ein Bericht für eine Akademie.* In der letzten Szene, in der Nicholas Ray noch zu sehen ist, soll eine freie Adaption von Shakespeares *König Lear* mit Ronnee Blakely und Wenders geprobt werden. Wenders zufolge waren dabei gerade die Teile zwischen Blakely und Ray die künstlichsten des ganzen Films. Allerdings konnte Ray, wie Wenders später sagte, auch nur in Künstlichkeit von seiner Krankheit sprechen. Die Proben bringen Ray letztlich an das Ende seiner Kräfte. Ray: »Aber ich bin krank. Und du machst mich krank. Aber nicht deinetwegen. Nun, ich weiß nicht warum, ich muß jetzt gehen. Ich fang schon an zu sabbern. Ach, merde. Merdeschmerz. Okay, okay, ich bin fertig, ja? Was machst du jetzt?« Wenders: »Ich sag ›cut‹.« Ray: »Du sagst ›cut‹? Mach zu!« Wenders: »Sag du ›cut‹!« Ray: »Also los. Cut! Cut! Nun mach schon! Cut! Mach weiter! Cut!« Wenders: »Kein ›cut‹.« Ray: »Kein cut! Cut!« Nicholas Ray ist am 16.6.1979 gestorben. Im Epilog ist die Filmequipe auf der Dschunke mit der Urne Rays bei einer improvisierten Abschiedsfeier zu sehen. Ursprünglich hatte Ray vorgehabt, selbst auf der Dschunke mitzufahren.

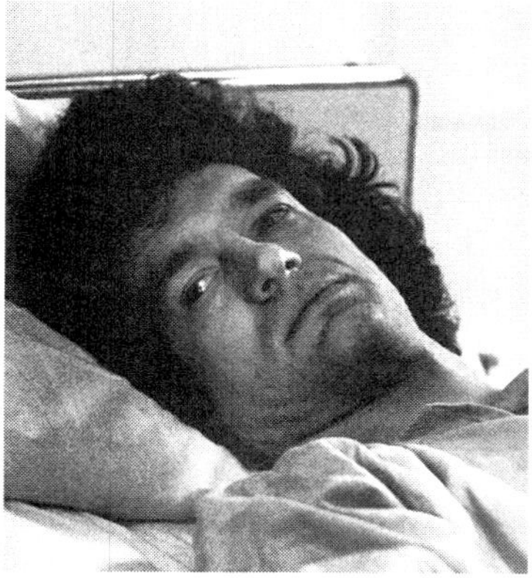

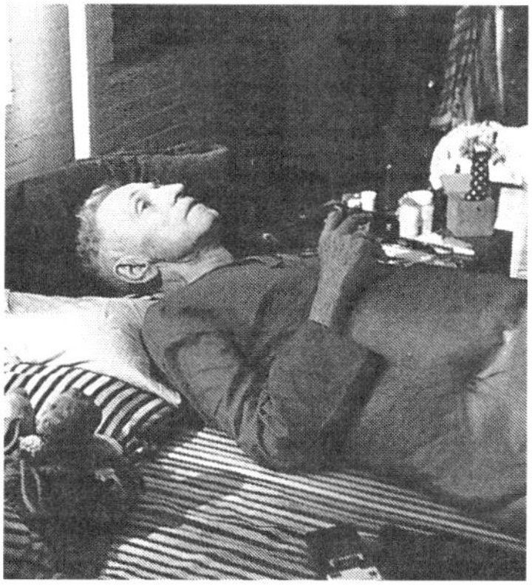

Als *Lightning Over Water* im Mai 1980 erstmals beim Filmfestival von Cannes gezeigt wurde, ließ er das Publikum betreten und stumm zurück. Nur Bernardo Bertolucci fand Worte, um seiner Bewunderung Ausdruck zu geben.
Wenders selbst war mit diesem Ergebnis seiner allerletzten Arbeit mit Nicholas Ray allerdings völlig unzufrieden. Die von Peter Przygodda geschnittene Fassung hatte dokumentarischen, den Vorwurf des Voyeurismus bestätigenden Charakter. Wenders entschloß sich deshalb zu einer radikal neuen Fassung. Er machte einen neuen Schnitt – was auch für ihn eher Neuland war. Noch einschneidender wirkte sich aber aus, daß Wenders den Film in der Ich-Form kommentierte. Durch den Ich-Erzähler wurde das Inszenierte des Films viel stärker herausgetrieben. Insbesondere wurde der Film auf die Perspektive von Wenders zugeschnitten und die dokumentarfilmspezifische Suggestion vermieden, das Gezeigte wäre mit dem identisch, was wirklich geschehen war. Möglicherweise hat Susan Ray aus diesem Grund später auch gemeint, der Film hätte viel zu viel mit Wenders' eigenen Todesvorstellungen zu tun gehabt. Bei den Hofer Filmtagen von 1980 wurde die überarbeitete und auf neunzig Minuten gekürzte Fassung unter dem Titel *Nick's Film – Lightning over water* dann uraufgeführt. Wenders hatte sich damit auch in der Bundesrepublik wieder zurückgemeldet. Der Film wurde mit besten Kritiken bedacht. Ein Kassenerfolg wurde es wie üblich nicht, und das sollte *Nick's Film – Lightning over water* wohl auch nicht sein.

Nach dem Ende der Dreharbeiten an *Nick's Film* machte sich Wenders wieder an seine Alltagsgeschäfte. In New York gründete er zusammen mit Chris Sievernich seine mittlerweile dritte Filmgesellschaft, *Gray City Inc.*, von der er sich für seine eigenen Filmprojekte eine bessere Fühlung zum amerikanischen Markt versprach. Und in San Francisco wartete immer noch das allmählich zum Alptraum werdende Hammett-Projekt. Nachdem das letzte Drehbuch von Coppola aus dem Fenster gefeuert worden war, wurde sein Verfasser Thomas Pope entsprechend dem im amerikanischen Filmbusineß verbreiteten Slogan »This is a fantastic script. Who can we get to rewrite it?« ebenfalls gefeuert. Man gewann Dennis O'Flaherty als Popes Nachfolger. Seine Arbeit blieb vorerst unbeanstandet, nur war man sich wegen des Schlusses immer noch im unklaren. Die Idee, den Schluß um die mit dem Bau der Golden Gate Bridge verbundene Korruption aufzubauen, war jedenfalls fallengelassen worden. Dennoch begannen dann am 4.2.1980 nach mittlerweile schon zwei Jahren Wartezeit die Dreharbeiten – für zwei Wochen in San Francisco und acht Wochen im ehemaligen General Studio in Hollywood, das Coppola für sieben Millionen Dollar übernommen hatte. Wim Wenders hatte in dieser Zeit Möglichkeit, sich mit amerikanischen Dreh-Usancen vertraut zu machen.
Natürlich wurde ihm, wie jedem Hollywood-Regisseur, von Assistenten jede nebensächliche Arbeit abgenommen. Neu für Wenders war auch, daß er endlich einmal keine unmittelbare Verantwortung für die Produktionsgelder übernehmen mußte. Für europäische Verhältnisse eher kurios war dagegen, daß den Hauptbeteiligten eigene Limousinen mit eigenen Fahrern zur Verfügung gestellt wurden. Der Kameramann, Joseph Biroc, stand nicht hinter der Kamera, sondern gab seine Weisungen aus dem Hintergrund. Neu waren für Wenders auch die Aufnahmen in einem perfekt eingerichteten Studio, in dem der Bühnenbildner Dean Tavoularis das Zimmer von Hammett wie in *The Maltese Falcon* (Die Spur des Falken, 1941) ausgestattet hatte und sich ansonsten von den Titelbildern des Groschenmagazins *Black Mask* inspirieren hatte lassen, für das Hammett einst gearbeitet hatte. Die amerikanischen Dreh-Usancen hatten aber auch ihre anderen Seiten. Obwohl er gerade mit seinen eigenen Dreharbeiten zu *One from the heart* begonnen hatte, war Coppola immer wieder auf dem Set. Wenn ihm die Aufnahmen nicht gefallen hatten, blieb Wenders nichts anders übrig, als nochmals zu drehen. Allmählich kamen auch Klagen auf,

daß die Rolle von Wenders' Ehefrau Ronnee Blakely immer ausufernder wurde. Noch ernster waren aber Klagen darüber zu nehmen, daß für das Drehbuch immer noch kein Schluß vorlag. Wenders und der gelernte Drehbuchschreiber Coppola persönlich arbeiteten dann auch gleichzeitig an einem Schluß. Erfolg hatten auch sie nicht.

Schon nach zehn Wochen hatten Wenders' Erfahrungen mit amerikanischen Dreh-Usancen ein Ende. Mitten während der Dreharbeiten wurde ihm mitgeteilt, daß er aufzuhören habe. Offiziell waren die Dreharbeiten gestoppt worden, um Zeit für das Schreiben am Schluß zu gewinnen. Wenders sollte in dieser Zeit auch den Rohschnitt des bisher gedrehten Materials herstellen. Alsbald schien es aber so, als sollten dies auch die letzten Erfahrungen Wenders' mit amerikanischen Produktionsbedingungen werden. Als Francis Coppola den von Wenders geschnittenen Film sah, soll er, wie in Deutschland von *Cinema* kolportiert wurde, geschrien haben: »Das ist der schlechteste Film, den ich je gesehen habe.« Er war jedenfalls mit der von ihm gesehenen Filmfassung von *Hammett* überhaupt nicht zufrieden und befürchtete dafür ein ähnliches Schicksal wie im Fall des anderen Zoetrope-Projekts *Black Stallion* - ein zwar respektabler Jugendfilm, der aber in finanzieller Hinsicht die damit verbundenen Hoffnungen nicht hatte erfüllen können.

Noch unzufriedener war man bei *Orion*. Nachdem Millionen von Dollars verbraucht waren, gab es noch immer keinen fertigen Film, nicht einmal ein fertiges Drehbuch. Von *Orion* sind im Gegensatz zu Coppola keine großen Worte überliefert, die auf die in solchen Fällen übliche Konsequenz hinwiesen. Wenders sollte entlassen werden.

Da sprang Coppola Wenders loyal und hilfreich zur Seite. Er brachte *Orion* dazu, den Entschluß zurückzunehmen. Noch dazu heuerte er einen weiteren Drehbuchautor an, den Kriminalschriftsteller Ross Thomas. Wenders seinerseits vergrößerte dagegen wieder die Schwierigkeiten. Zweimal wollte er den Film aufgeben. Das eine Mal wurde er von Coppola davon abgebracht, das andere Mal zog er die Kündigung selbst zurück. Darüberhinaus wurde der Hauptdarsteller Frederick Forrest für Coppolas eigenen Film, *One from the heart*, gebraucht. Ob der Film tatsächlich beendet werden würde, rückte in die Sterne. Auch Wenders' Ehe mit Ronnee Blakely näherte sich dem 1981 endgültig vollzogenen Ende. Die Dinge standen schlecht.

In dieser Situation verfuhr Wenders wie schon 1979 bei *Nick's Film*. Er bewies eine Spielernatur und setzte einfach auf eine neue Karte. Hatten sich früher die neuen Filmprojekte fast organisch aus den alten entwickelt, so entwickelte er jetzt das neue, um trotz des alten und paradoxerweise auch für das alte einen neuen Weg zu gewinnen. Wenders fuhr nach Zürich und nahm Recherchen für einen Film auf, der nach dem Roman *Stiller* von Max Frisch entstehen sollte.
Da spielte der Zufall eine entscheidende Rolle im Spiel von Wim Wenders. Auf dem Rückweg in die USA machte er nämlich noch einen Abstecher nach Portugal, um Vincent Cottrel und Isabelle Weingarten, zu der sich eine Liaison angebahnt hatte, bei den Dreharbeiten zu *Le territoire* von Raoul Ruiz nahe dem Küstenort Sinta zu besuchen. Er übergab Raoul Ruiz dabei auch noch für dessen in Finanznöten steckendes Projekt schwarz-weißes Filmmaterial aus Berliner Beständen. Da kamen aus den USA die verdrießlichen Nachrichten, daß die letzten (geplanten) zehn Tage von Hammett erst im April gedreht werden könnten. Zumindest hatte Wenders so Muße, etwas anderes zu machen und sich bei den portugiesischen Dreharbeiten von Ruiz umzusehen. Er entdeckte an der Küste ein großes Hotel, von dem die Atlantikstürme bald nach seiner Fertigstellung nur noch eine Ruine hinterlassen hatten. Wenders kam eine Idee. In *Die Logik der Bilder* hat er sie folgenderweise beschrieben: »Dort sagte ich mir: Es ist alles

vorhanden, um einen Film zu machen. Der Ozean, ein großartiger Ort, der westlichste Punkt von Europa, sozusagen der nächste zu Amerika. Ich wollte einen Film machen, ausgehend von meiner eigenen Situation zwischen den Kontinenten, und von dieser Angst sprechen, von der Angst, einen Film in Amerika zu machen.« Der Entwurf zu *Stiller* verschwand in der Schublade und in kürzester Zeit kam *Der Stand der Dinge.*

Wenders verfaßte ein dreiseitiges Exposé und übernahm kurzentschlossen die Filmcrew von *Le territoire* für den beabsichtigten Film. Für die Ausarbeitung des Exposés zum Drehbuch wurde noch der in USA als linkslastig gescholtene und längst in Paris lebende Dokumentarfilmer Robert Kramer verpflichtet. Joshua Wallace sollte mit ihm zusammenarbeiten, was aber nach kurzem zu einem Ende kam. Patrick Bachau, dessen letzter Film *La Collectioneuse* (Die Sammlerin, 1967) von Eric Rohmer schon dreizehn Jahre zurück lag, wurde für die männliche Hauptrolle gewonnen. Samuel Fuller, das große Vorbild europäischer Autorenfilmer, sollte jetzt zum zweiten Mal in einem Wenders-Film spielen, in der Rolle des Kameramanns Corby. Michel Boujut hat darauf hingewiesen, daß dieser Name ein Anagramm für Biroc darstellt und als Hommage an diesen Kameramann aufzufassen ist. Der Film stellte aber auch die Generalprobe für Chris Sievernich und für *Gray City* dar. Sievernich schaffte es, für die spontan entstandene Filmidee innerhalb kürzester Zeit 1,2 Millionen Mark aufzutreiben.

Nach der beispiellos kurzen Vorbereitungszeit von zwei Wochen wurden die Dreharbeiten bereits Anfang Februar 1981 in Angriff genommen. Die traumatische Erfahrung mit den Vorarbeiten zu *Hammett* wurde so auf den Kopf gestellt. Unterbrechungen entstanden nur, weil es ähnlich wie im dann vollendeten Film immer wieder am schwarzweißen 35-mm-Filmmaterial mangelte. Es mußte mühevoll rund um die Welt Geld aufgetrieben werden. Auch stellten sich noch Schwierigkeiten mit dem Drehbuch ein, das in mittlerweile bester Wenders-Manier parallel zu den Dreharbeiten geschrieben wurde. Natürlich herrschte wieder Unsicherheit über den Schluß. Als aber der Monat Mai am letzten Drehort des Films, Los Angeles, zu Ende gegangen war, waren auch die Dreharbeiten zum Film schon vorbei. Parallel zu den amerikanischen Dreharbeiten entstand dann übrigens noch ein ›Film zum Film‹, *Report from Hollywood* von Edward Lachman, der ein anschauliches Bild von Wenders' Vorgehen bei Dreharbeiten gibt.

Vor allem in den Dialogen und Monologen des düsteren Schwarz-Weiß-Films hatte Wenders so etwas wie die Summe seiner bisherigen Erfahrungen mit dem Erzählen von Filmgeschichten erarbeitet – womit Wenders nicht nur für seine eigene Person Schwierigkeiten gehabt hatte, sondern wobei ihm bei *Zoetrope* auch große Schwierigkeiten bereitet worden waren. Die zwei wichtigsten Passagen des Films seien im folgenden wiedergegeben. Die eine ist in einer Rede des Regisseurs enthalten, in der von Zwischenrufen und dem Kichern der Zuhörer begleitet und damit notdürftig relativiert, folgendes vorkommt: »Also wie dem auch sei. Vor allem wollte ich über Geschichten reden. Geschichten, Geschichten, existieren überhaupt nicht, außer in Geschichten selbst. Dem Leben ist es völlig wurscht, und ich zitiere mich selbst, ob es zu Geschichten wird oder nicht.« Die andere Passage kommt am Filmende im Gespräch zwischen dem von seinen Geldgebern verfolgten Produzenten und seinem Regisseur vor. Produzent: »Du sprichst von der Realität. Scheiß doch auf die Realität. Wach doch endlich auf. Im Kino geht's nicht zu wie im Leben. Davon haben die Leute schon genug. Die wollen Ablenkung.« Während dann der Produzent seine Missa solemnis über den Zustand Hollywoods anstimmt, antwortet der Regisseur: »Ich habe zehn Filme gemacht. Und immer die gleiche Geschichte erzählt. Am Anfang war es ganz leicht. Da ging's von Einstellung zu Einstellung. Aber jetzt habe ich Angst am Abend vorher. Jetzt weiß ich, wie das Erzählen geht – und unweigerlich läuft den Geschichten das Leben aus und sie sind tot. Geschichten haben einfach zu viel Regeln, Mechanismen. Tod, das ist die große Geschichte. Davon handeln sie alle. Todesboten. Der Tod, darum dreht sich doch alles. Nur Liebesgeschichten sind größer.«

Der Film mit dem Titel ›Der Stand der Dinge‹, den Wenders schon seit Jahren für einen neuen Film im Kopf gehabt hatte, ist dreigeteilt. Er beginnt mit einem ›Film im Film‹, der wiederum auf Alan Dwans *The Most Dangerous Man Alive* (1961) zurückgeht und die Flucht einer futuristisch gekleideten Gesellschaft aus einem nuklear verstrahlten Gelände zeigt. Übrigens kannte Wenders den

damals schon achtzigjährigen Dwan von New York her sehr gut und war von ihm ausführlich mit seinen bis zu Griffith zurückgreifenden Filmerfahrungen vertraut gemacht worden. Als der Film dann plötzlich zur Realebene kommt, ist das Aufnahmeteam zu sehen, das damit konfrontiert wird, daß für die Dreharbeiten kein Filmmaterial mehr zur Verfügung steht, daß die Finanzierung in Schwierigkeiten und daß der Produzent verschwunden ist. Es kommt zu einer endlosen und den langen Mittelteil des Films einnehmenden Wartezeit im Hotel, in dem die verschiedenen Schauspieler ihren diversen künstlerischen Neigungen nachgehen. Schließlich fliegt der Regisseur Friedrich Munro im dritten Teil in die USA zum Produzenten Gordon, um eine Lösung herbeizuführen. Dabei kommt erst einmal heraus, daß der von Paul Getty III. gespielte Drehbuchautor Dennis 200000 Dollar in den Film investiert hat. Als Munro in Los Angeles nach langem Suchen Gordon gefunden hat, stellt sich im weiteren heraus, daß die Geldgeber für den Film, vermutlich Leute von der Mafia, mit dem Ergebnis unzufrieden waren. Geradezu unglaublich hätten sie es gefunden, daß es sich um einen Schwarzweißfilm handelt. Sie wollen das Geld zurück und verfolgen Gordon. Nach einem langen Dialog mit der oben zitierten Passage werden Friedrich Munro und Gordon von den Verfolgern gestellt und erschossen.

Wenders bemühte sich nach Erscheinen des Films, der im Presseheft als »ein beinahe dokumentarischer Film über eine fiktive Situation« angekündigt worden war, die Unterschiede zu seiner tatsächlichen Lage herauszustellen. Es wäre keine Rache an Hollywood gewesen, sondern eine Kritik, und Coppola hätte damit nichts zu tun gehabt. Der im Film vertretenen These von der Unmöglichkeit von Geschichten wäre schon dadurch widersprochen, daß der Film ja selbst eine Geschichte erzählt. Was diesen Unterschied von Realität und Fiktion betrifft, so tut man gut daran, sich als Maßstab den Unterschied von Wenders' realer Biografie zur Biografie von Friedrich Munro vor Augen zu halten, wie sie auf dem Computerfilmschirm erscheint. Der Unterschied ist nicht allzu groß: »Munro, Friedrich / ... / Born: August 13, 1942 Geneva Switzerland / Films: / 69: Schauplätze / 70: Der lange Brief / 71: A stranger here myself / 72: Le visage vert / 73: Mes amis / 74: Rule without exception / 76: The shadow of a man / 77: No incident / 78: Trapdoor / 80: The american hunter.« Anhand der tatsächlichen Titel, geplanten Titel und Rollennamen sind die Anknüpfungen an Wenders' eigene Filme gut nachvollziehbar. Es ist auch nichts Neues, daß Wenders weniger aus mangelndem Talent, sondern eher aus prinzipiellen Erwägungen im Umgang mit Geschichten schon immer skrupulös war und dies seinen Filmen anzusehen ist. Daß die Mafia tatsächlich Fühlung zu Hollywood hat - MGM ist beispielsweise mit großem Aufwand in Las Vegas engagiert -, ist jedenfalls ein weit verbreitetes Gerücht. Wie im Verhältnis von Munros Filmographie zu Wenders Filmographie, so sind auch im Film die Spuren, die vom Fiktiven auf Wenders' eigene Erfahrungen verweisen könnten, nur augenzwinkernd und mit Witz notdürftig verwischt.

Wie das bei einem ›Film im Film‹ öfter der Fall ist - beispielsweise *Le mèpris* (Die Verachtung, 1963) von Godard oder *La nuit americaine* (Die amerikanische Nacht, 1972/73) von Truffaut -, hatte der Film mit dem bezeichnenden Titel *Der Stand der Dinge* Wenders zur Selbstbesinnung auf sein eigenes Metier verholfen und ihm darüber hinaus Kraft für die noch anstehenden, leidvollen Erfahrungen mit *Hammett* gegeben. Daß er damit einen Erfolg erzielen sollte, der den Mißerfolg von und mit *Hammett* mehr als wett machen würde, konnte er allerdings erst im folgenden Jahr wissen. Im September 1982 wurde *Der Stand der Dinge* auf dem Filmfestival von Venedig nämlich in Konkurrenz zu Filmen wie *The Blade Runner* (Blade Runner, 1982), *Heaven's Gate* (Heaven's Gate, 1982) oder *Querelle* (1982) gezeigt. Auch wenn der Jury-Präsident Marcel Carné für *Querelle* plädiert hatte, wurde in der nur mit Regisseuren besetzten Jury *Der Stand der Dinge* mit dem Goldenen Löwen ausgezeichnet. Der längst mit öffentlicher Anerkennung und offiziellen Preisen überschüttete Wim Wenders hatte seinen bislang größten Erfolg errungen.

Wie gesagt, standen bis dahin leidvolle Erfahrungen bevor. In der Zwischenzeit hatte der von Coppola engagierte, gelernte Kriminalschriftsteller Ross Thomas die letzte Drehbuchfassung zu *Hammett* umgeschrieben und zu zwei Drittel völlig verändert. Mit dem ursprünglichen Roman von Gores hatte es bis auf die Hauptperson Hammett nichts mehr zu tun. Anstatt nun die letzten zehn Minuten zur bisherigen Fassung zu drehen, kam man deshalb zu dem Ergebnis, daß es ökonomischer wäre, die letzte Fassung auf zehn Minuten zu reduzieren und ansonsten einen völlig neuen Film zu

drehen. Die Arbeit der letzten drei Jahre war also fast völlig umsonst gewesen. Ein neuer Kameramann, Philip Lathrop, wurde engagiert. Die Schauspieler wurden ausgewechselt. Ronnee Blakely war nicht mehr dabei. Und Wim Wenders war eigentlich nur noch dabei, weil die bisherige Mühe nicht umsonst sein sollte. Ende November 1981 war es dann nach langer Wartezeit soweit. Wenders hielt sich bei den Dreharbeiten ziemlich genau an die Drehbuchvorlage von Ross Thomas, und Coppola kontrollierte sie ab und zu durch den Videomonitor, der direkt mit dem Sucher der Arriflex-Kamera verbunden war. Nach nur vier Wochen war der Film um die Weihnachtszeit 1981 *im Kasten.* In New York wurde der Schnitt gleich mit drei unabhängigen Teams ausgeführt, wovon dann in *Reverse Angle* auch Ausschnitte zu sehen sein sollten. Wie dies in den USA oft üblich ist, wurde die entstandene Filmfassung noch einem willkürlich ausgewählten Publikum vorgestellt, um anhand dessen Reaktionen die Marktchancen des Films zu testen. Es verging noch einmal über ein ganzes Jahr, bis der fertige Film bei den Filmfestspielen von Cannes am 22.5.1982 schließlich uraufgeführt wurde. Sechs Jahre nach Wenders' Umzug nach Amerika lief der Film ab Januar 1983 endlich auch noch in der Bundesrepublik. Schon in Cannes war *Hammett* eher zwiespältig aufgenommen worden. Von Wenders' eigenem Stil konnte man jedenfalls nicht viel entdecken. Auch Wenders selbst wollte mit dem Ergebnis nicht zufrieden sein und war eigentlich nur darauf stolz, daß er den Film trotz aller Widerstände doch noch zu einem Ende gebracht hatte. Rückblickend sagte Wenders, daß er sich durchgesetzt hätte. Natürlich blieb in den USA auch der erhoffte Kassenerfolg für die Produktion mit den zuletzt zehn Millionen Dollar aus.
Für Coppolas *Zoetrope* war dies aber nur noch nebensächlich. Nach dem Fehlschlag mit dem übertechnisierten und überteuerten *One from the heart* war Coppola mit sieben Millionen Dollar Hypothekenschulden auch so bankrott. So wie Wenders während seiner Dreharbeiten, so schien auch Coppola am Ende zu sein. Mit *Outsider* (Die Outsider, 1982), *Rumblefish* (Rumblefish, 1983) oder *Cotton Club* (Cotton Club, 1984) belehrte er das schadenfrohe etablierte Hollywood, genauso wie das Wenders gelungen war, noch einmal eines besseren. Coppolas Erfolg hielt aber nur bis zum Jahr 1989, als er wieder einmal bankrott war. Es sind vermutlich sehr handfeste Gründe gewesen, aus denen heraus Coppola im Jahr 1989 Wenders das Amt des Jury-Präsidenten bei den Filmfestspielen von Cannes überließ.

Zurück zu *Hammett.* Nach Wenders war die erste Fassung seines Hollywood-Films mehr an Hammett, die zweite mehr an dem von Hammett Geschriebenen und so am Unterschied von Beschreiben und Wirklichkeit orientiert. Die endgültige Fassung beginnt denn auch mit mit den von Hammett geschriebenen letzten Sätzen zu einem Kriminalroman, die im Manuskript zu lesen sind, worauf dann gleich die diesen Sätzen entsprechende Realität visualisiert wird: auf einem dunklen Hafenkai durchschaut der Detektiv Hammett das intrigante Spiel einer Frau. Kurz zuvor hat sie einen Mann erschossen. Der Schluß des Film wird dann wieder dieser Anfangsszene entsprechen, nur erscheint es dann so, als ob es sich wirklich zugetragen hätte.

Zwischen diesem Anfang und diesem Schluß entwickelt sich die Geschichte, die schon öfter mit *Maltese Falcon* von Huston verglichen worden ist und auch sonst sehr viele Anklänge an die Schwarze Serie aufweist. Nachdem Hammett seinen Beruf als Detektiv aufgegeben hat und endlich als Kriminalschriftsteller arbeitet, wird er von seinem ehemaligen Kollegen Jimmy Ryan (Peter Boyle) noch einmal in sein altes Metier gedrängt. Ryan bestürmt ihn, die chinesische Prostituierte Chrystal Ling (Lydia Lei) zu finden. Als sie dann in einer Spelunke im Chinesenviertel einen Verfolger abschütteln wollen, verliert Hammett aber sowohl Ryan als auch sein mühselig geschriebenes Manuskript aus den Augen. Auf der Suche nach Ryan, Chrystal Ling und dem Manuskript gewinnt Hammett im weiteren zahlreiche Helfer, aber auch mordlustige Gegner. Nach vielen, teilweise verblüffenden Wendungen stößt Hammett zum Kern der undurchsichtigen Geschehnisse vor. Chrystal Ling hatte sich den einflußreichsten Geschäftsleuten von San Francisco für deren ausgefallenen Sexualwünsche zur Verfügung gestellt, wobei diese aber heimlich fotografiert und dann erpreßt wurden. Als Hammett das erpreßte Geld übergeben soll, kommt Chrystal Ling und später noch Ryan aus dem über den Hafendocks liegendem Nebel zum Vorschein. Ryan erzählt, daß er längst mit Chrystal Ling zusammengearbeitet hat und seinen Verfolgern durch die Einschaltung von Hammett eine falsche Spur legen wollte. Chrystal Ling erschießt nun aber plötzlich den untreu werdenden Ryan. Die Polizei wartet. Nachdem seine Freundin zu Hammet noch resümierend gesagt hat »So ging's in keinem deiner Romane zu.« und Hammett geantwortet hat »Tja mein Schatz, das Leben ist eben anders.«, ist es schließlich in der letzten Einstellung wie am Anfang. Hammett schreibt auf der Schreibmaschine.

Eigentlich ist der Film sehr kunstvoll aufgebaut. Kunstvoll ist das Spiel mit der Ebene des vom Schriftsteller Beschriebenen mit der ›Realebene‹, auf der es, laut Hammett, »anders sein soll«. Die ständigen Volten der Handlung bringen ständige Überraschungen und nehmen selbstironische Formen an, etwa wenn bei der Flucht Hammetts aus dem Verließ des Chinesen Fong die Fluchtträume Hammetts zur wirklichen Flucht werden. Die Handlungslogik von *Hammett* kann sich mit der von *The big sleep* (Tote schlafen fest, 1946) messen, was möglicherweise auch Resultat der Schwierigkeit sein mag, das Jahre zuvor gedrehte Zehntel mit den später gedrehten Teilen zu kombinieren. Auch mit den raffiniert angeordneten Studiobauten von Dean Tavoularis, bei denen gemalte Schatten eingesetzt wurden, wurde ein ganzes Genre, der film noir, beschworen, und in der Kameraführung nochmals besonders herausgestellt, manchmal fast parodiert. Nicht nur daß die Kamera noch extremer in die im film noir übliche Untersicht ging. Genauso und letzteres bemerkbar machend, gab es auch die extreme, manchmal direkt über den Köpfen der Protagonisten inszenierte Aufsicht. Das düstere, oft schummrige, oft kontrastreiche Licht war

äußerst kunstvoll eingesetzt und beschwor in dem Farbfilm *Hammett* die spezifischen, wiederum dem deutschen Stummfilm der 20er Jahre abgeschauten Schwarzweißkontraste des film noir. Auch Ross Thomas hatte gute Arbeit geleistet und Dialoge geliefert, die den Wortgefechten in nichts nachstanden, die einst dem *hard boiled* erscheinenden Humphrey Bogart in den Mund gelegt worden waren, wenn er seine Gegner mundtot machte. Hammett zu seinem beständigen Verfolger, der so tut als würde er Zeitung lesen: »Das ist eine gute Tarnung, so ein Schmierblatt, und sehr originell. Ich kannte einmal einen, der sich als Hydrant verkleidet hatte. War aber nicht sehr praktisch. Er hatte immer Probleme mit den Hunden . . .« Der Verfolger: »Laß dich lieber mal fotografieren, Mann. Wenn ich mit dir fertig bin, erkennt dich deine eigene Mama nicht wieder.« Hammett: »Übrigens – du hältst die Zeitung verkehrt rum.« Mit noch vielen anderen Künsten, wie die Besetzung von Nebenrollen durch Elisha Cook jr. oder Samuel Fuller, nahmen sich die vielen an *Hammett* Beteiligten den film noir zum Thema, zitierten ihn, ironisierten ihn – konnten ihm aber wohl kein Leben mehr geben.

Hammett spielt mit technisch perfekten Mitteln liebevoll und auch ironisch mit einem Genre – mit einem abgestorbenen Genre, das in den 80er Jahren das breite Publikum nicht mehr interessiert hat. Das Kunstvolle am Film war so schon immer der Gefahr ausgesetzt, als künstlich zu erscheinen. Daß die vielen Künste von einem letztendlich ausgelaugten und in seiner Entscheidungsgewalt sehr eingeschränkten Regisseur unter einen Hut gebracht werden sollten, machte dieses Resultat nur wahrscheinlicher. Daß dem Film dann noch in Schnittechnik und Dialogführung eine voranpuschende Handlung aufgepropft wurde, die unentscheidbar läßt, ob der Schwerpunkt bei ›action‹ oder bei einer Beschwörung eines Genre liegt, machte ihn dann synthetisch – schlecht synthetisch.

Nach dem Abschluß der Dreharbeiten zu *Hammett* setzte Wenders seine filmische Arbeit mit dem fort, was er ab Mai 1981 abgebrochen hatte. Er beschäftigte sich wieder mit dem Stand des Kinos und seiner eigenen filmischen Arbeit. Der französische Fernsehsender *Antenne 2* hatte ihm das Angebot unterbreitet, für die höchst renommierte Reihe *Cinéma-Cinémas* einen Film zu drehen. Wenders sagte zu und machte im März 1982 eine Art filmisches Tagebuch, in dem zum einen von seiner gegenwärtigen Lage – insbesondere von den Schneidearbeiten zu *Hammett* – und zum anderen von seinen grundsätzlichen Überlegungen zum Kino die

Rede war. Im Einsatz der New Wave-Musik erinnert der Film sehr an *3 Amerikanische LP's.*
Besonders interessant ist der Film deshalb, weil er aufschlußreich für Wenders' Verständnis des zeitgenössischen Kinos und noch aufschlußreicher für Wenders' Arbeitsweise ist. Ein schönes Beispiel ist die einleitende Sequenz. Während Bilder von einer Rolltreppe und von den glitzernden Fassaden der 42nd Street in Manhattan zu sehen sind, spricht Wenders folgenden Kommentar: »Als ich vor ein paar Wochen gefragt wurde, ob ich nicht Lust hätte, für eine Filmsendung des französischen Fernsehens eine Art Tagebuch, einen Brief aus New York, zu drehen, hat mich an der Idee die Gelegenheit gereizt, nach langer Zeit wieder einmal selbst eine Kamera in die Hand zu nehmen, um etwas außerhalb jeder Geschichte zu drehen, um nur Bilder zu machen. Man sollte meinen, daß ich das nach zehn Spielfilmen als meinen Beruf verstehen sollte, Geschichten in Bildern zu erzählen. Ich habe das allerdings wirklich nie glauben wollen, vielleicht weil mir im Grunde genommen Bilder immer mehr bedeutet haben als Geschichten, ja, Geschichten mitunter nicht mehr als Vorwand waren, um Bilder zu finden. Aber auch Bildern kann man nicht rückhaltlos vertrauen. Sie stellen sich nicht immer prompt und zuverlässig ein. Im Gegenteil. Von Zeit zu Zeit scheinen sie sich mir geradezu entziehen zu wollen, über Wochen, manchmal über Monate. Dann sehe ich einfach überhaupt nichts mehr, was mir auffiele oder was mir aufhebenswert erschiene. Ich verliere in einer solchen Zeit völlig den Sinn dafür, selber Bilder zu entwerfen. Und wenn ich es dann versuche, entsteht etwas völlig Beliebiges, Bilder ohne jede Form, weil der Blick gefehlt hat, der eine Form hätte stiften können. Und dann kann sich der schlimmste Blick einstellen, der einem passieren kann, der des Touristen – der böse Blick. Und auch jetzt wieder, ohne den Halt einer Geschichte, wollen mir die Bilder auswechselbar und beliebig erscheinen.«

CHAMBRE 666
Cannes May '82

Zwei Monate später, im Mai 1982, brachte Wenders die Frage nach dem Stand des Kinos noch einmal auf den Punkt. Wiederum für

Antenne 2 machte er eine Auftragsarbeit, in dem verschiedene, bei den Filmfestspielen von Cannes anwesende Filmregisseure in ein Hotelzimmer, nämlich das Zimmer 666, gebeten wurden. Während im Hintergrund in einem Fernsehapparat verschiedene Sendungen liefen, konnten sie einen von Wenders verfaßten Text lesen und dazu ein Statement abgeben, indem sie die fest installierte Kamera und das Tonbandgerät einschalteten. Der Text hatte folgenden Wortlaut: »Immer mehr Filme sehen aus, als seien sie von vornherein schon für das Fernsehen gemacht, was das Licht, die Kadrierung und den Rhythmus betrifft. Eine Fernsehästhetik hat, so will es scheinen, die Filmästhetik ersetzt. Eine große Zahl neuer Filme beziehen sich nicht mehr auf irgendeine Realität außerhalb des Kinos, sondern nur noch auf Erlebnisse in anderen Filmen, so als ob ›das Leben‹ keinen Stoff für Geschichten mehr hergäbe. Es werden immer weniger Filme gemacht. Die Tendenz: immer großartigere Superproduktionen auf Kosten der ›kleinen‹ Filme. Und dazu kommen viele Filme auch sogleich auf Videokassetten heraus. Dieser Markt wächst rasend schnell. Viele Leute sehen sich schon lieber Filme zu Hause an als im Kino. Die Frage deshalb: Ist das Kino eine Sprache, die uns verlorengeht, eine Kunst, die schon im Untergang begriffen ist?«
Antworten kamen der Reihe nach von Jean-Luc Godard, Paul Morrisey, Mike de Leone, Monte Hellman, Romain Goupil, Susan

Seidelman, Noel Simsolo, Rainer Werner Fassbinder, Werner Herzog, Robert Kramer, Anna Carolina, Mahroun Bagdadi, Steven Spielberg, Michelangelo Antonioni. Wenders selbst war zu sehen, wie er ein Tonband mit der Stimme von Yilmaz Güney vorspielte, da jener sich vor der türkischen Geheimpolizei versteckt halten mußte. Einige der Befragten waren offensichtlich von dieser Interviewmethode sehr überrascht und verließen nach ein paar Worten fluchtartig das Zimmer. Werner Herzog zog sich dagegen die Schuhe aus, weil das, wie er sagte, eine Frage wäre, die man ohne Schuhe beantworten müßte. Zumeist erzählten die Angesprochenen aber nur von ihrer eigenen Filmarbeit und den damit verbundenen Problemen. Mit am interessantesten war das von Jean-Luc Godard gegebene ›Kolleg‹, in dem auch folgendes vorkommt: »Filme entstehen, wenn niemand zuschaut. Sie sind das Unsichtbare. Was man nicht sieht, ist das Unglaubliche – beim Kino geht es darum, dies zu zeigen. Ich sitze hier vor der Kamera, aber in Wirklichkeit, mit meinem Kopf, bin ich hinter ihr. Meine Welt ist das Imaginäre, und das ist eine Reise zwischen vorn und hinten, hin und her. Und wie Wim bin ich ein großer Reisender.« Im nachhinein fast gespenstisch wirkt aber die Einstellung, in der Rainer Werner Fassbinder sein Statement abgibt und die in der Langfassung auch noch durch die Überblendung mit einer Libanonzeder besonders inszeniert worden ist. Es dürfte sich um die letzte dokumentarische Filmaufnahme dieses Regisseurs handeln. Gut drei Wochen später, am 10.6.1982, war er tot.
So hat *Chambre 666* auch noch eine ganz andere Antwort auf Wenders' Frage parat. Das Kino war 1982 nicht gestorben. Mit Fassbinders Tod war aber die Zeit des Neuen deutschen Films und auch die Zeit des damit verbundenen ästhetischen Anspruchs zu Ende gegangen. Viele andere deutsche Kollegen von Wenders wurden allmählich museal und ihre in den 80er Jahren entstandenen Filme Flops. Einige von ihnen konnten höchstens durch erfolgreiche Einzelfilme wieder auf sich aufmerksam machen: Edgar Reitz mit seinem Fernsehepos *Heimat* (1981–1984) oder Peter Fleischmann mit *Es ist nicht immer leicht, ein Gott zu sein* (1986–1989). Neue Filmemacher konnten sich in den 80er Jahren nicht durchsetzen. Allmählich wurde das deutsche Kino wieder zweit- und drittklassig und fand angesichts der Konkurrenz durch die neuen Medien und vor allem in Konkurrenz zu den amerikanischen Großproduktionen nicht einmal mehr seine Zuschauer. Für die Autorenfilmer stellt Wim Wenders eine große Ausnahme dar. Er

blieb (höchstens noch zusammen mit Volker Schlöndorff) weiter international bedeutsam.
Nur kann man seit seinem amerikanischen Abenteuer auch nicht mehr bedenkenlos vom ›deutschen‹ Filmemacher sprechen. Mit den fein gesponnenen Netzen aus persönlichen Bekanntschaften und geschäftlichen Beziehungen war »der große Reisende«, wie Godard ihn tituliert hatte, mittlerweile mit vielen anderen Filmkulturen verbunden. Mit seinen Fernsehsendungen für *Antenne 2* war er damals gerade dabei, sich auch in Frankreich zu etablieren, um dort als ›Bon ange du cinema‹ bald mindestens so viele Anhänger wie in der Bundesrepublik zu finden. Immer mehr wurde sein Name mit einer doch noch möglichen Zukunft und Weiterentwicklung der besonderen filmischen Ausdrucksmittel verbunden.
Das Jahr 1982 brachte aber auch für Wenders erst einmal das Ende zweier Filmprojekte. Der Film nach Max Frischs *Stiller* konnte endgültig nicht in Angriff genommen werden, da die Rechte bei amerikanischen Privatleuten lagen, die diese ungern vergeben wollten und auch noch auf der Besetzung der Hauptrolle mit Anthony Quinn bestanden. Für die am Schluß von *Reverse Angle* angekündigte und schon zum 180-Seiten-Drehbuch angeschwollene Handke-Verfilmung *Langsame Heimkehr* wurde wiederum klar, daß sie selbst ein Wenders bei der Drehbuchkommission des deutschen Innenministerium nicht durchbringen konnte. Die Zeiten der Bevorzugung von Literaturverfilmungen waren in den 80er Jahren vorbei.
1982 kam es aber doch wieder zu einer Zusammenarbeit mit Peter Handke. Handke hatte ihn schon zu Jahresanfang gefragt, ob er die Regie für *Über die Dörfer* anläßlich der Salzburger Festspiele übernehmen wollte. Es handelte sich dabei um ein vierstündiges Stück über einen aus Übersee in sein heimatliches Alpendorf zurückgekehrten Mann, der dort mit der Verdinglichung der Lebensverhältnisse konfrontiert wird und schließlich in den Worten einer ›Nova‹ genannten Fabelgestalt Hoffnung findet. Aus freundschaftlichen Gefühlen, aber auch aus Neugierde am Stoff übernahm Wenders die für ihn ungewohnten Theaterproben für die Uraufführung am 8.8.1982. In der Presse wurde das ›dramatische Gedicht‹ vom Zuschnitt eines homerischen Epos' dann einhellig verrissen. Allein Wim Wenders bekam für seine Regie-Premiere ein paar Worte der Anerkennung. Er hätte dem Handke'schen Epos etwas von seinem weihevollen Ton genommen. Auch hätte er es verstanden, die riesige Bühne mit filmähnlichen Mitteln in Griff zu

bekommen. Ansonsten wollte man in dem Stück nur einen unzeitgemäßen Gottesdienst sehen. Der *Spiegel* fand für die Rezension von *Über die Dörfer* die Überschrift *Der blanke Haß der schönen Seelen* und untertitelte ein Foto von Wenders mit *Mittlere Reife in höherer Vernunft.*
Wenders hat die Kritik, die seine Person auch nur mittelbar betraf, gut verkraften können. Einen Monat nach der Salzburger Uraufführung wurde ihm, wie gesagt, in Venedig für *Der Stand der Dinge* der Goldene Löwe zugesprochen. Er hatte letztendlich im Pokerspiel um seine filmerische Zukunft gewonnen und konnte sich an sein neues Projekt machen. Zuerst hieß es ›Transfiction‹, am Ende ›Paris, Texas‹.

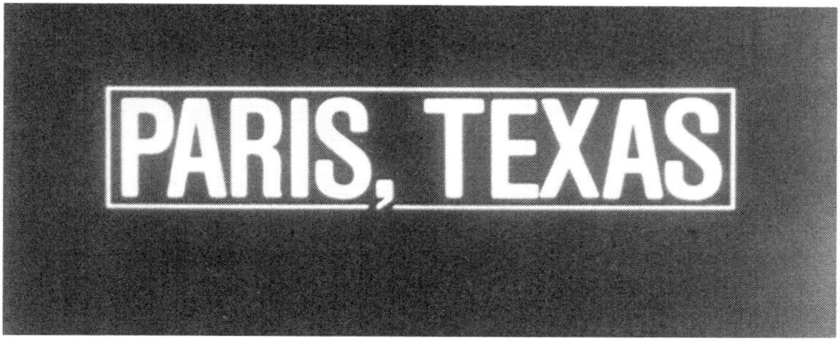

Paris, Texas geht auf die Begegnung von Wim Wenders mit Sam Shepard zurück. Sam Shepard, 1943 geboren, hatte unter anderem schon an Antonionis *Zabriskie Point*(1969) mitgeschrieben. Er war als Schlagzeuger für die *Holy Modal Rounders* und für Patti Smith tätig gewesen.
Auch war er immer wieder als Schauspieler, etwa in *Renaldo and Clara* (Renaldo und Clara, 1977), zu sehen gewesen. Die besondere Spezialität des amerikanischen Universalgenies sind aber die seit 1964 entstandenen und oftmals auf dem New Yorker Broadway aufgeführten Theaterstücke, in denen er den Mythos des amerikanischen Westerners hat aufleben lassen.
Allein schon wegen dieser Thematik ist es kein Wunder, daß Wenders und Shepard aufeinander zugegangen sind und Wenders Shepard als Hauptdarsteller für *Hammett* verpflichten wollte. Auch wenn aus diesem Vorhaben wegen des Widerstands der Produzenten nichts wurde, so sollte doch das Manuskript zu einem Erzählband mit dem geplanten Titel ›Transfiction‹, das Shepard

Wenders überreicht hatte, doch noch Ausgangspunkt für ein gemeinsames Projekt werden. Wenders wollte die Erzählungen, Skizzen und Notizen, wie sie in dem dann *Motel Chronicals* betitelten Band versammelt waren, in ein Drehbuch integrieren. Shepard sollte ihm dabei helfen. Als beide sich dann nach Wenders' Salzburger Theaterarbeit in San Francisco getroffen hatten, wurde aber bald klar, daß das Filmprojekt auf einer völlig neuen Idee aufbauen müßte. Erster Ausgangspunkt für die Drehbuchidee wurde die Vorstellung von einer Person, die scheinbar aus dem Nichts in der Wüste auftaucht. In einer anderen, später fallen gelassenen Version sollte sich die Geschichte aus einem Unfall in der Wüste entwickeln. Shepard verfolgte besonders die Idee, die weibliche Hauptdarstellerin mit ihrem übermächtigen Vater zu konfrontieren, den übrigens John Huston spielen sollte. Mehr Ähnlichkeit mit der endgültigen Fassung hatte aber dann die Idee, die Geschichte um zwei ungleiche Brüder herum aufzubauen. Allmählich kristallisierte sich die Idee vom sprachlosen Fremden in der Wüste heraus, der von seinem Bruder gefunden wird und sich dann auf die Suche nach seiner Frau macht. Ausgangspunkt der Geschichte sollte auf den Vorschlag von Shepard der Bundesstaat Texas sein - weil er die USA en miniature darstelle.

Als die Entwicklung des Drehbuchs in diesem Stadium war, machte sich Wenders 1983 für drei Monate nach Texas auf und schaute sich nach geeigneten Filmschauplätzen um - schon weil er ungern an unbekannten Plätzen filmt. Nebenprodukt dieser Suche war übrigens ein Fotobuch, das Jahre später in Deutschland unter dem Titel *Written in the West* herausgebracht wurde. Es kam auch noch eine andere Reise hinzu, die die Vorbereitungen kurz unterbrach. Wenders war zur Präsentierung seiner Filme nach Japan eingeladen worden, wobei er gleich seinen nächsten Dokumentarfilm, *Tokyo-Ga*, in Angriff nahm. Dennoch konnten bereits im August 1983 die letzten Vorbereitungen für *Paris, Texas* abgeschlossen werden. Auf Vorschlag von Shepard wurde als männlicher Hauptdarsteller des Films der ansonsten auf Nebenrollen spezialisierte Harry Dean Stanton gewonnen, dessen eigene Lebensgeschichte von der von Travis gar nicht so weit weg war und der zu Filmanfang so wirkt, als käme er gerade von einem seiner letzten Einsätze in Ridley Scotts *Alien* (1979). Die weibliche Hauptdarstellerin, Jane, sollte Europäerin und möglichst jung sein - Eigenschaften die Nastassja Kinski, die mit *Falsche Bewegung* debütiert, dann bei Lee Strasberg studiert und mit *Tess* (Tess, 1979) und *One from the heart* reüssiert hatte, sicherlich aufwies. Chris Sievernich bewies wiederum sein Talent, als er in kürzester Zeit die finanziellen Mittel für die letztendliche Fünf-Millionen-Mark-Produktion zusammenbekam. Wenders konnte auch wieder mit dem Kameramann Robby Müller und dem Schnittmeister Peter Przygodda zusammenarbeiten. Und um sich *alle* Wünsche zu erfüllen, die Wenders bei *Hammett* versagt worden waren, blieb eigentlich nur noch die Verpflichtung von Ry Cooder für die Musik übrig.

So konnten bereits am 29.9.1983 die Dreharbeiten am ersten texanischen Schauplatz, Devil's Graveyard, aufgenommen werden. Wiederum waren es Dreharbeiten, die sich in typisch Wenders'scher Manier vollzogen. Die Ausgangsidee und sogar die erste Hälfte des Drehbuchs standen fest. Schlecht stand es aber um den Schluß, überhaupt um die Ereignisfolge nach Travis' Rückkehr zu seinem Bruder in Los Angeles. Wiederum schrieb Wenders noch während der Dreharbeiten am Drehbuch, diesmal mit Unterstützung von Kit Carson, dem Vater von ›Hunter‹, und Claire Denis – die Dialoge wurden Sam Shepard überlassen -, bis sich der endgültige Film herausgeschält hatte. Besonders Nastassja Kinski verlangte dieses Drehbuch dann für ihre langen Schlußmonologe höchste Konzentration ab. Eine weitere Schwierigkeit ergab sich, als das Geld vor allem wegen des schlechter werdenden Dollar-Kurses ausging und die Dreharbeiten ausgesetzt werden mußten –

ebenfalls nichts Neues für Wenders. Innerhalb von fünfzehn Tagen gelang es aber Chris Sievernich, u. a. anderem mit Hilfe von John Huston, der gerade an seinem *Under the vulcano* (Unter dem Vulkan, 1984) arbeitete, vorerst die weitere Finanzierung auf die Beine zu stellen. Als für die letzte Drehwoche, in der die Reise von Los Angeles nach Houston nachgedreht werden mußte, dann wieder kein Geld da war, verzichteten die übrig gebliebenen acht Beteiligten auf die Bezahlung.

Paris, Texas bekam bei den Filmfestspielen von Cannes die Goldene Palme. Es war ein Film entstanden, der nach seiner Uraufführung in Cannes bei den Zuschauern auf höchste Bewunderung stieß. Wie mit *Hammett* war ein Film entstanden, in dem alle Einzelleistungen auch von höchster Kunstfertigkeit waren. Robby

Müllers Kameraarbeit brachte Bilder hervor, wie man sie im Kino bisher kaum gesehen hatte. Ry Cooders teilweise atonale, teilweise mit mexikanischen, teilweise mit Country & Western-Stilelementen versetzte Musik gab dem Film eine Dimension, die die dargestellten Einzelschicksale wie Sphärenmusik begleitete und ins Mythische erhob. Es war aber auch ein Film entstanden, in dem diese Einzelleistungen – im Gegensatz zu *Hammett* – stimmig zu einem homogenen Ganzen vereint worden waren. Nach Wenders passte etwa Ry Cooders Musik ausgezeichnet zur Schnittech-

nik von Peter Przygodda. Die einzelnen Einstellungen wurden diesmal auch durch klassischen Schuß-Gegenschuß oder durch ein signifikantes, zuweilen von Weit- zu Großaufnahmen führendes Überlappen des Tons ineinander geführt. Bis auf den von der Autobahnbrücke schreienden Mann waren alle Nebenlinien der Handlung getilgt worden. Es war ein Film entstanden, den Wenders damals als seinen bisher besten einschätzte. *Paris, Texas* gewann nicht nur die Goldene Palme. Zahlreiche weitere Preise kamen aus Großbritannien, Frankreich und der Bundesrepublik hinzu. *Paris, Texas* war das Filmereignis des Jahres 1984.

Wenn man sich nur den Fortlauf der Geschichte von *Paris, Texas* vergegenwärtigt, mag sie allerdings märchenhaft bis kitschig erscheinen. Mitten in der Wüste taucht ein sprachloser und verstörter Fremder auf. Sein Name, Travis, stellt sich erst später heraus. Allmählich zu Worten findend, wird er von seinem Bruder Walt mit dem Auto nach Los Angeles gebracht und trifft dort nach Jahren wieder seinen kleinen Sohn Hunter, den Walt wie seinen eigenen behandelt hatte. Als Walts Frau Anne – die direkt aus Edward Hoppers Bildern auferstanden zu sein scheint – Travis erzählt, daß die von ihm verlassene Jane wahrscheinlich in Houston wohnt, macht sich Travis gemeinsam mit Hunter auf und findet sie in einer Art Peep Show. Travis, Jane und Hunter haben zusammen gefunden, wobei es das Filmende auch beläßt.

Wenn sich zu einem Film, wie *Paris, Texas* es war, so viel öffentliches Lob einstellt, das sich in den Pressekritiken auch noch zu zahllosen Sumpf- und auch Orchideenblüten auswuchs, dann läßt negative Kritik nicht lange auf sich warten. Renommierte Filmkritiker der USA warfen *Paris, Texas* vor, daß er eine überzogene Mythologisierung des amerikanischen Westens wäre, daß die am Filmanfang entwickelte Erzähllinie nicht fortgeführt würde und, natürlich, daß hier ein Amerikabild in der Vorstellungswelt eines Europäers entworfen würde. Immerhin wird kolportiert, daß Wenders sich diese Kritik so zu Herzen genommen habe, daß er schließlich seinen New Yorker Wohnsitz aufgab.
Insbesondere der für Amerikaner immer naheliegende Kritikpunkt, daß in den USA lebende Ausländer nie das wirkliche Amerika verstehen könnten, hat aber im nachhinein doch etwas Pikantes. Das eigentliche Filmereignis des Jahres 1989, Levinsons *Rain Man* mutet in weiten Teilen, insbesondere in der Figurenkonstellation, Figurenzeichnung und in der Geschichte, wie ein Remake von *Paris, Texas* an.
Die vielen Fahrtszenen dieses amerikanischen Hollywood-Films sehen sogar wie Kopien von denen aus *Paris, Texas* aus. Vermutlich führt sowohl die mit ethnologischen Argumenten betriebene Verteidigung der angeblichen Besonderheit des Hollywood-Kinos wie auch die gerade von Wenders betriebene Suche nach der

Besonderheit von Hollywood nirgendwohin. Hollywood ist ein Ort, in dem die finanzstärksten und deshalb technisch versiertesten und deshalb naturalistischsten und deshalb populärsten Filme hergestellt werden. Es hat dort noch nie Skrupel gegeben, sich der Erfindungen, Stoffe und Personen anderer Filmländer zu bedienen. Nirgendwo anders findet sich eine solche Perfektion, die soviele Legierungen im Geist amerikanischer Zivilisation - und dies wäre vermutlich doch noch etwas Spezifisches, wenn auch nichts Filmspezifisches - in sich verschmilzt.
Soziologisches Geschütz wurde in Deutschland aufgefahren. Bei dem in der Werbung auch noch als »Liebesfilm« etikettierten *Paris, Texas* liegt es in der Tat nahe, ihn als Verherrlichung von Familien-Ideologie aufzufassen. Dem Film wurde darüberhinaus Verantwortungslosigkeit vorgeworfen, da die Geschichte eines Mannes erzählt werde, der erst sein Kind verlassen habe und es dann wieder rücksichtslos aus seiner neuen Familie heraushole. Dieter Wellershof fühlte sich in der *ZEIT* an Brechts *Kaukasischen Kreidekreis* erinnert und sah in dem - von ihm so aufgefaßten - Thema des Films, daß Kinder nämlich zurück zu ihren biologischen Müttern gehören, einen Skandal.

Sicher ist Wenders mit solchen Kritiken ein Spiegel vorgehalten worden, der ihn auf ganz andere Aspekte und Implikationen eines von ihm manchmal obsessiv, manchmal zitathaft beiläufig verfolgten Themas stoßen konnte. In vielen Filmen Wenders' ist das Haupt- oder Nebenthema die Konfrontation mit Kindheit und Familie, die Suche nach der verlorenen Zeit - eine die Züge einer psychoanalytischen Untersuchung annehmende Suche. In *Alice in den Städten, Im Lauf der Zeit*, aber auch in *Der amerikanische Freund* oder *Nick's Film* sind die Spuren dieser Suche zu finden. Travis, der Held von *Paris, Texas*, hat sogar die Züge des ruhelos und sinnlos vorwärts eilenden *Massenmenschen*, wie ihn Edgar Allan Poe schon 1843 in der gleichnamigen Novelle beschrieben hat und der in den 80er Jahren des 20. Jahrhunderts mehr denn je umging. Nur ist diese Suche bei Wenders, anders als bei Poe, nicht unter dem Gesichtspunkt moderner Konfusion zu sehen, sondern neben anderen Gründen auch als Suche nach der einmal erfahrenen und immer wieder gesuchten Unschuld und Lust, wie es sie anscheinend nur in der Kindheit gegeben hat. Paris, Texas, ist der Ort, von dem Travis meint, daß er dort gezeugt worden ist, und sowohl Hunter wie Jane sind Personen, mit denen er einmal verwurzelt war und zu denen er sich wieder auf die Suche macht. Eine Suche nach solchen Wurzeln hat ihr Ideologisches und bestätigt auch noch die neue Familienseligkeit der 80er Jahre. Im Fall von *Paris, Texas* wird dies auch noch von den vielen, zum Schluß zunehmend melodramatischen Zutaten unterstützt. Im Formalen ist auch keine Distanz zum Erzählten mehr auszumachen. Dennoch hat diese Suche nach der Kindheit auch ihre Wahrheit. Wie immer bei großen Filmen hat beides Gültigkeit, und die Spannung zwischen den beiden Polen macht das Packende des über seiner unmittelbaren Entstehungszeit stehenden Films *Paris, Texas* aus.

So sehr der hauptsächlich zwischen New York, Paris und Berlin rastlos hin und her eilende Wenders nationalstaatliche Grenzen hinter sich gelassen hatte, so war er doch mit der deutschen Filmpolitik und dem deutschen Filmmarkt verbunden und versuchte, mit seinem ganzen Renommee darauf Einfluß zu nehmen. Sein 1984 anläßlich der Verleihung der Goldenen Palme ausgesprochener Dank an Bundesinnenministerium, Filmförderungsanstalt und Westdeutschen Rundfunk war auch so zu verstehen, daß die in den 70er Jahren begangenen Wege immer noch besser wären als die sich abzeichnenden, rein markwirtschaftlichen. Ausgerechnet in einem Interview mit der französischen *Le Monde*, zu der er ebenso wie zu den *Cahiers du Cinèma*, wie schon längst zu *Positif*, immer bessere Beziehungen aufnehmen sollte, hakte er noch in dieser Richtung nach. Wenders war mit dem deutschen Filmmarkt aber auch noch anders verbunden. Diese Verbindungen waren nicht von feinen Zwischentönen bestimmt, sondern ausgesprochen spektakulär.

Paris, Texas war nicht nur, wie bisher immer, ein Presse-, sondern auch ein Kassenerfolg gewesen. In den USA wurde er von *20th Century Fox* übernommen und zu einem finanziell passablen Ergebnis gebracht. In Frankreich war er nicht umsonst mit 150 Kopien gestartet worden und kam in wenigen Wochen auf 1,5 Millionen Zuschauer. In Deutschland wurde der nach Paris und Texas benannte Film aber bis zum 11.1.1985 nicht gezeigt. Hintergrund der achtmonatigen Verzögerung, die sein Erscheinen um so spannender machte, war die Auseinandersetzung zwischen dem Eigner des *Filmverlags der Autoren*, der längst Rudolf Augstein hieß, und, auf der anderen Seite, *Road Movies-Filmproduktion*, die Wenders gehörte und als deren Prokurist mittlerweile Chris Sievernich auftrat. Sowohl der *Filmverlag* wie *Road-Movies* waren an *Paris, Texas* finanziell beteiligt gewesen. Wenders, immer noch Gründungsmitglied des *Filmverlags*, wollte für die deutsche Erstaufführung eine bessere Auswertung durchsetzen. Ursprünglich waren zwischen *Road Movies* und dem *Filmverlag* für den deutschen Markt 40 Erstkopien ausgemacht worden. Nachdem aber der Film in Cannes so sensationell Erfolg hatte, wollte man von Seiten von *Road Movies* die Verdoppelung der Kopien und die Auswertung in ausgesucht großen Kinos. Zwischen dem *Spiegel*-Herausgeber und *Filmverlag*-Eigner Augstein hatte es über die tendenziell ungünstigen Kritiken zu den letzten Wenders-Filmen schon unausgesprochene Spannungen gegeben, und dies verdichtete sich zum offenen Konflikt, als der weitere Vertrieb von *Paris, Texas* über den Gerichtsweg geregelt werden sollte. Klagen und Gegenklagen gingen hin und her. Mittlerweile kamen auch vom Fachorgan *Die Feder* lancierte Gerüchte zutage, daß die Regie des sonst so werbefeindlichen Wim Wenders sich auch auf Schleichwerbung, neuerdings ›Product Placement‹ genannt, einließ. Wenders und Sievernich hatten über die Münchner Agentur Kultur und Werbung mit *Marlboro* ein Geschäft über 60 000 DM abgeschlossen, wovon allerdings wegen ungenügender und in deutschen Fernsehkopien auch nicht zu sehender Ausführung nur 41 000 DM ausgezahlt wurden – um einiges besser war allerdings eine Schokoladenreklame zu sehen. Der Streit zog sich weiter in die Länge. Findige Busunternehmer in Tübingen organisierten Fahrten in die Schweiz, wo der Film auch mit größtem Erfolg angelaufen war.

Bohm, Brandner, Geissendörfer appellierten am 4.12.84 an Wenders öffentlich, doch noch einzulenken, wonach aber Hans W. Geissendörfer und Uwe Brandner plötzlich umschwenkten und ihre Anteile am *Filmverlag* zehn Tage später zur Verfügung stellten. Das Ergebnis war, daß der *Filmverlag der Autoren* zum Ende der einst ambitionierten Autorenfilm-Ziele gekommen war, unter Theo Hinz kommerziellere Wege einschlug, Wim Wenders aus dem Filmverlag austrat und *Paris, Texas* doch noch mit 67 Kopien gestartet wurde. Allein für die erste Woche wurden 135 000 Besucher gemeldet. Anläßlich der deutsch-deutschen Erstaufführung zog es Wenders allerdings vor, in der Ost-Berliner *Akademie der Künste* einem ausgewählt kleinen Publikum vor allem auf die Fragen nach seinen Reisegelüsten Rede und Antwort zu stehen.

Ein kurzer Sprung zurück. Nach *Im Lauf der Zeit*, 1976, hatte Wenders im Gespräch mit der 1980 verstorbenen Jan Dawson die eigenwillige Absicht anklingen lassen, ein Kino kaufen wollen, um darin nur noch die Filme des Japaners Yasujiro Ozu zu spielen. Wenders war erstmals um 1972 mit Ozus Filmen bekannt geworden. Bis dahin waren sie in Europa oder USA nur sehr selten zu sehen gewesen, schon weil sich die japanische Exportindustrie vom japanischsten aller japanischen Regisseure wenig Absatzchancen ausgerechnet hatte. Wenders hatte von Anfang an eine starke Verbundenheit für Ozus Stil und Themen entwickelt. Jener hatte schon längst das eingesetzt, was Wenders erst für sich hatte finden müssen: lange Einstellungsdauern, die Zeit für das Sehen des Gezeigten ließen. Ozu bevorzugte Aufnahmen mit starrer, an

einem einzigen Ort postierter Kamera, vor der sich die dramatischen Abläufe allmählich entwickeln. Das Hauptthema von Ozus Filmen ist bei Wenders aber nicht so oft virulent. Der Junggeselle Yasujiro Ozu, der bis zu deren Tod nur bei seiner Mutter gelebt hat, hat fast ausschließlich die in einem langsamen Verfall begriffene japanische Familie behandelt. Wie er Jan Dawson erzählte, waren Wenders Ozus Familien und Familienmitglieder auch viel lieber als die amerikanischen, da sie in ihrer Desintegration gezeigt worden sind und Raum zum Atmen gelassen wurde. Es ist nicht verwunderlich, daß Wenders seinen Japan- und Ozu-Film *Tokyo-Ga* scheinbar hausbacken dann ›seinem Vater und seiner Mutter und seinem Bruder‹ widmete, auch schon weil deren gegenseitiges Verhältnis, symptomatisch für die Nachkriegsgeneration, nicht ›integrativ‹ war. In der Einleitung zum fertigen *Tokyo-Ga* hieß es: »So japanisch diese Filme auch sind, so allgemeingültig sind sie zur gleichen Zeit. Ich habe darin alle Familien in aller Welt wiedererkennen können, auch meine Eltern, meinen Bruder und mich. Für mich war das Kino nie vorher und nie mehr seitdem so nah an seinem Wesen und seiner Bestimmung – ein Bild des Menschen des 20. Jahrhunderts zu geben, ein brauchbares, ein wahres und gültiges Bild, in dem er sich nicht nur wiedererkennen, sondern in dem er vor allem über sich lernen konnte.«
Wie gesagt, war der Dokumentarfilm *Tokyo-Ga* anläßlich einer Einladung an Wenders durch das Tokioter Goethe-Institut im Frühjahr 1983 parallel zu den Arbeiten an *Paris, Texas* begonnen worden. 1984 wurden in Tokio noch nachträglich einige Aufnahmen gedreht und in Berlin die endgültige Schnittfassung hergestellt. *Tokyo-Ga* ist in der Tradition von *Reverse Angle* und *Chambre 666* zu sehen. Es handelt sich um ein filmisches Tagebuch, das seinen Fokus im Inneren Monolog Wenders' hat, der von seinen Empfindungen und Erlebnissen berichtet. In Musik und Schnitt weist der Film einen ausgeprägten Stilwillen auf. In den Fahrtaufnahmen erinnert der Film oft an *Falsche Bewegung*, die Bildfarben lassen oft an den *Amerikanischen Freund* denken. *Tokyo-Ga*, wie die anderen filmischen Tagebücher, sind das Gegenstück zum gewöhnlichen Fernseh-Feature: sie lassen Zeit, zuzuschauen. Sie weisen eine überlegte Bild-Text-Kombinatorik auf.
Tokyo-Ga geht zum einen auf die Reiseerlebnisse Wenders' ein, der, neu in Tokio angekommen, von außen das Tokioter Alltagsleben bestaunt und im nachhinein kommentiert: das Verkehrsleben; die fetischisierte Golfbesessenheit der Japaner; die Herstellung von

Wachsattrappen für die Schaufensterdekorationen der Restaurants; Tokioter Rock'n Roll-Fanclubs. Durch wenige sprachliche Brücken verknüpft steht daneben die Hommage an Yasujiro Ozu, die hauptsächlich durch Filmausschnitte aus seinen Spielfilmen und durch Interviews mit den zwei wichtigsten Mitgliedern der Ozu-Familie geleistet wird: Chishu Ryu und Yuharu Atsuta. In der Tradition japanischen Familiendenkens stehend, beschwört der erstere, der Schauspieler Chishu Ryu, von einer statischen Kamera aufgenommen, den außerordentlichen Glücksfall, von Ozu entdeckt worden zu sein. Yuharu Atsuta, der übrigens, wie es eine

Anekdote will, zum Kameramann der späteren Ozu-Filme aufrückte, weil sein Vorgänger die hauptsächlich im Liegen vorzunehmende Kameraarbeit körperlich nicht mehr ertragen konnte, erzählt von den technischen Details und vor allem von den vielen Finessen einer Kameraarbeit wenige Zentimeter über dem Erdboden. Für Wenders eigene Wertschätzung für Ozu mögen folgende Worte aus seinem Kommentar stehen, die von fern auch noch Wenders' andere Wertschätzung für den Filmtheoretiker Béla Balàzs anklingen lassen: »Man ... hält es inzwischen für so selbstverständlich, daß das Kino und das Leben so weit auseinander liegen, daß einem der Atem stockt und man zusammenzuckt, wenn man auf einer Leinwand plötzlich etwas Wahres oder Wirkliches entdeckt – und sei dies bloß die Geste eines Kindes im Hintergrund oder ein Vogel, der durch das Bild fliegt, oder eine Wolke, die ihren Schatten für einen Moment über das Bild wirft. Es ist selten geworden in dem heutigen Kino, daß solche Augenblicke der Wahrheit stattfinden, daß Menschen oder Dinge sich so zeigen, wie sie sind.«
Von der Wahrheit des Films, wie er sie versteht, sprach auch noch ein Wenders verwandter, nämlich in der Traditionslinie der deutschen Romantik stehender Regisseur. Auf dem Weg zu den australischen Dreharbeiten zu *Wo die grünen Ameisen träumen* (1984) erläuterte Werner Herzog auf dem Tokioter Fernsehturm seine eigenen Visionen. Angesichts der »beleidigten Landschaft«, wie er die unter ihm liegende Tokioter Stadtszenerie bezeichnete, wären keine Bilder mehr möglich. Herzog fuhr fort: »Wir brauchen ganz unbedingt Bilder, die mit unserem Zivilisationsstand und unserem Innersten, Allertiefsten übereinstimmen ... Man muß also richtig suchen, und ich würde auch auf den Mars fliegen oder auf den Saturn, mit der nächsten Rakete, wo ich einsteigen könnte . .. Ich würde gern mit einer Kamera dabei sein, und zwar weil es nicht mehr leicht ist, hier auf der Erde, etwas zu finden, was die Durchsichtigkeit von Bildern ausmacht.« Nachdem *Tokyo-Ga* im Juni 1985 in der Bundesrepublik uraufgeführt worden war, erntete Herzog eher Gelächter für seine mehr verunglückten als verstiegenen Worte.
Die auf die Berliner Uraufführung im ›Arsenal‹ folgenden Vorstellungen haben Herzog allerdings kaum Schaden zufügen können. *Tokyo-Ga* wurde in Deutschland nur vereinzelt in künstlerisch ambitionierten Kinos gezeigt. Filme, die zumindest den Anspruch haben, Menschen oder Dinge so zu zeigen, wie sie sind, insbeson-

dere Dokumentarfilme, haben für gewöhnlich auf dem Filmmarkt wenig Chancen. Das Renommee des Namen ›Wenders‹ war dafür ausschlaggebend, daß der eineinhalbstündige Dokumentarfilm *Tokyo-Ga* überhaupt in deutsche Kinos gelangen konnte.

Während in der Bundesrepublik die Auseinandersetzungen zwischen dem *Filmverlag* und *Road Movies* wegen *Paris, Texas* hin und her gingen, war Wenders schon mit seinem nächsten Film beschäftigt, der aber dann, mittlerweile traditionsgemäß, doch nicht der nächste Film wurde. Mit seiner neuen Lebensgefährtin, der französischen Schauspielerin Solveig Dommartin, war er 1984 wieder nach Australien gefahren, um *Bis ans Ende der Welt* vorzubereiten. Es waren dann noch, so Wenders, Reisen zweimal rund um die Welt nötig, um die Vorbereitungen für einen Film voranzutreiben, der in nicht weniger als fünfzehn Ländern spielen sollte. In gemeinsamer Arbeit mit Dommartin war bis 1986 auch schon ein Drehbuch entstanden, als sich herausstellte, daß der immer gigantischer werdende Film nicht so schnell finanzierbar war. Andererseits war Wenders' Produktionsfirma *Road Movies* schon für drei ganze Jahre untätig gewesen. Die Pläne wurden geändert, und Wenders stürzte sich auf eine andere, seit den Tagen von *Paris, Texas* gehegte Idee. Er wollte in möglichst kurzer Zeit einen Film über Berlin machen.

Nachdem er sich in Kreuzberg nahe der Mauer ein Apartment gemietet hatte, war Berlin neben Paris und zwischen den vielen Reise-Odysseen seit 1984 ein von Wenders immer wieder angesteuerter Ort geworden. Berlin war die Stadt von Wenders' *Road Movies*, die ihm jetzt allein gehörte, nachdem er sich von der New Yorker, allein in den Besitz von Chris Sievernich übergegangenen *Gray City* getrennt hatte. Berlin war die Stadt, in der Wenders nach seinem Griff nach der Hollywood-Karriere wieder mit einem Bein in Deutschland Fuß zu fassen versuchte. Berlin war die Stadt, in der er nach der konkreten Erfahrung des amerikanischen Traums wieder zu seinen deutschen Wurzeln zurückfinden konnte.

Wenders hat in einem in *Die Logik der Bilder* abgedruckten Aufsatz die Entstehungsgeschichte, seine diesmal ganz deduktive Herangehensweise, die Kopfgeburt des Films *Der Himmel über Berlin* detailliert beschrieben. Völlig atypisch für Wenders und später sicher auch überraschend für das an Wenders-Filme gewohnte Publikum war es demzufolge ein Film, der nicht aus der Erfahrung der physischen Realität, sondern aus der Spekulation über die metaphysische entstanden ist. Nach der von Wenders beschriebenen Entstehungsgeschichte kam als erste Assoziation zu einer ins Auge gefaßten Berlin-Geschichte nämlich die Vorstellung von einem – Engel. Gespeist wurde diese Vorstellung aus Leseerfahrungen mit Rilkes *Duineser Elegien*, Walter Benjamins *Engel der*

Geschichte und nicht zuletzt durch den Anblick des Berliner Friedensengels. Allmählich entspann sich für Wenders eine Film-

idee, für die ihn sicherlich niemand eines Remakes bezichtigen wird.
Es sollte um arbeitslose Engel gehen, die, nachdem sich Gott von den Menschen zu Ende des 2.Weltkriegs abgewandt hatte, doch noch an die Menschheit glaubten und ihr in Berlin teilnahmslos zuschauten und die inneren Gedanken hören konnten. Somit war eine grandiose und den letztendlichen Film bestimmende Ausgangsbasis entstanden, die filmspezifische Unmöglichkeit der bildlichen Abbildung innerer Gedanken und Vorstellungen zu überwinden und wie in einem Roman das Denken und Empfinden der beteiligten Personen bloßzulegen. Diese in einer Inneren Stimme repräsentierten Gedanken der gewöhnlichen Menschen konnten auch in der Alltagssprache vergegenwärtigt werden. Für die Engel bedurfte es aber einer überhöhten, einer den üblichen alltagssprachlichen Mustern entgegengesetzten, einer poetischen Sprache. Wer anders als Peter Handke, mit dem er zum letzten Mal 1982 bei den Salzburger Festspielen zusammen gearbeitet hatte, hätte diese Sprache umsetzen können?
Wenders fuhr nach Salzburg und überzeugte den eigentlich widerstrebenden Handke zu einem weiteren gemeinsamen Film. Handke sollte nur Dialoge zu der unbestimmt entwickelten

Filmidee liefern. Wenders wollte sich um das Erzählgerüst und die Entwicklung des Films im Detail kümmern.
Die Deduktion nahm ihren weiteren Fortlauf. Wenders wollte einen Film, der auch auf die Perspektive von Engeln zugeschnitten war. Passend für die einem Engel entsprechende, untrügliche Sicherheit schien Schwarzweißfilm und für die mit Engeln verbundene Vorstellung von Poetizität wiederum der Kameramann Henri Alekan zu sein, der es, nach Wenders, immer verstanden hatte, mit Licht Magie zu erreichen. In Jean Cocteaus *La Belle et la bete* (Es war einmal, 1946) hatte Alekan seine Meisterschaft für diese Form von Kameraarbeit schon mit höchster Raffinesse bewiesen. Allmählich entwickelte sich auch noch die Idee, daß in dem Film eine sehr bekannte Persönlichkeit eine Rolle spielen müßte. Nachdem die Idee fallengelassen war, Willy Brandt zu verpflichten, kam Wenders auf Peter Falk. Er war Schauspieler, war mit der Serie *Colombo* weltbekannt geworden und hatte darüberhinaus das Renommee, menschenfreundlich zu sein. Für die Besetzung einer anderen Rolle, diejenigen der weiblichen Hauptdarstellerin, war weniger Deduktion nötig. Wenders hatte schon immer die ihm verbundenen Frauen in seinen Filmen eingesetzt. Solveig Dommartin sollte die Marion von *Der Himmel über Berlin* werden, und nach viermonatigem Unterricht am Trapez war sie reif für die Rolle. Die gemeinsame Arbeit war, nach Wenders, auch die Feuerprobe für die gemeinsame Beziehung.

Es wurden noch einige Mitglieder der Wenders-Familie engagiert – Bruno Ganz, Jürgen Knieper, Peter Przygodda. Der schon lange mit Bruno Ganz befreundete Schaubühnen-Schauspieler Otto Sander kam als Interpret des Cassiel hinzu. Curt Bois spielte den Homer. Sehr viele andere im endlosen Abspann Genannte waren in dem auf Komparsen und Nebenrollen zugeschnittenen Film Neuentdeckungen. Die Deduktion reichte aber nicht aus, um, wie immer bei Wenders, ein endgültiges Drehbuch zu gewährleisten. Handke schickte zwar seine Dialoge aus Salzburg. Es wurden insgesamt neun Texte. Nur konnten sie nicht als Vorlage für den Film dienen. Es wurde im Gegenteil immer problematischer, sie in Wenders' Film-Vorstellungen zu integrieren. So kam es zur üblichen Prozedur, daß nämlich die endgültigen Texte und das endgültige dramatische Gerüst von Wenders zusammen mit Claire Denis und Richard Reitinger erst kurzfristig vor Drehbeginn festgelegt wurden. In den ersten Drehtagen wurde sogar mit besonderen, schweißtreibenden Engels-Rüstungen experimentiert, wovon man aber bald abkam. Schwierigkeiten bereitete auch noch, ob die Geschichte nicht doch ins Komödiantische umschwenken sollte – was bei ›Engel-Filmen‹, man denke an *Heaven can wait* (Ein himmlischer Sünder, 1942), seit je nahe gelegen hat. Es wurde dann doch, wie alle Wenders-Filme, ein ernsthafter Film.

Im Medium des sprachlichen Nacherzählens fällt es schwer, den Film in seiner szenischen Vielfalt und in seiner ernsthaften Stimmung wiederzugeben. Wenders selbst hat in seinen Berichten darüber immer gern das Anekdotische gesucht. *Der Himmel über Berlin* ist ein Film mit dem städtischen Hauptdarsteller Berlin, in dem für die Menschen unsichtbare Engel zugange sind, die alles beobachten und hören, ohne von diesen Menschen beobachtet und gehört zu werden. Zwei Engel haben in Wenders' Film Sonderstellung: Damiel und Cassiel. Eine exponierte Rolle hat auch noch der greise Dichter Homer. Nachdem die beiden Engel bei ihrem endlosen Tagwerk, dem teilnahmslosen Zuhören der inneren Gedanken der Menschen von Berlin gezeigt worden sind, stellt sich heraus, daß Damiel seiner vollkommenen Passivität leid ist und selbst am menschlichen Leben teilhaben will. Die Trapez-Künstlerin Marion hat es ihm angetan. Damiel wird Mensch – lernt zu schmecken, fühlen, lieben. Er macht auch noch Bekanntschaft mit einem anderen abgefallenen Engel, der als Filmregisseur in Berlin tätig ist. Nachdem Damiel und Marion schließlich menschliche Gefühle zueinander entwickelt haben, ist in der letzten Einstellung der Titel 'Fortsetzung folgt' zu sehen – ein expliziter, und nicht, wie sonst oft bei Wenders, ein impliziter Verweis darauf, daß mit der letzten Einstellung das Vorspiel auf den nächsten Film einsetzt.

Wenders selbst hat den Film für sich insofern als wichtig erachtet, als hier erstmals eine Frau, Solveig Dommartin, eine wichtige, fordernde Rolle eingenommen und nicht die ansonsten ausschließlich übliche Männerperspektive vorgeherrscht hätte. Nachdem Wenders nach Stand der Dinge verkündet hatte, keine Zitatfilme mehr machen zu wollen, war *Der Himmel über Berlin* auch der Film, der allein schon wegen seiner Geschichte am wenigsten die Filmgeschichte oder die eigene Filmgeschichte repetierte. Daß der Film aber dennoch ein Verbindungsglied mit den bisherigen hat, liegt trotz und wegen aller katholischen Metaphysik auf der Hand. Das Hauptthema von *Der Himmel über Berlin* ist wieder die Kindheit. Die Engel variieren und personifizieren die Wenders'sche Grundidee von der Genauigkeit und Unschuld des kindlichen Blicks, der in den Farbszenen dann die Lebendigkeit menschlichen Erlebens und Tuns weicht. Die einleitenden von Handke geschriebenen Worte Damiels sind nicht nur als Motto des Films, sondern als dessen dramatischer Ausgangspunkt zu verstehen: »Als das Kind Kind war, ging es mit hängenden Armen, wollte, der Bach sei

ein Fluß, der Fluß sei ein Strom und diese Pfütze das Meer. Als das Kind Kind war, wußte es nicht, daß es Kind war, alles war ihm beseelt, und alle Seelen waren eins. Als das Kind Kind war, hatte es von nichts eine Meinung, hatte keine Gewohnheit, saß oft im Schneidersitz, lief aus dem Stand, hatte einen Wirbel im Haar und machte kein Gesicht beim Fotografieren.«
Ein ganz anderes Bild ergab sich einige Jahre später. *Der Himmel über Berlin* sollte Wenders' Idee wieder einmal recht geben, daß der Film auch zur Dokumentation des Vergangenen existiert. Es ist nämlich auch ein Dokumentarfilm über die noch durch die Mauer geteilte Stadt Berlin. Wenders' Engel hatten anscheinend recht, ihre Hoffnung auf die Menschheit nicht zu verlieren.

Bei seiner Uraufführung im Mai 1987 bei den Filmfestspielen von Cannes konnte diese historische Funktion des Films allerdings noch nicht klar sein. Wieder einmal wurde ein Wendersfilm von den Kritikern gerade wegen Handkes Texten beargwöhnt. Die im gesprochenen Zustand noch um vieles elegischer wirkenden Texte boten, wie bei allen früheren Zusammenarbeiten, Gelegenheit, Wenders und Handke gegeneinander auszuspielen. Verstörend war der keiner gewöhnlichen Geschichte folgende Handlungsablauf. Befremdend war den Kritikern die Engelsthematik. In New Yorker Zeitungen war von postmodernem Kitsch die Rede. Statt Euphorie herrschte bei diesem Wenders-Film, der die Kritiker wieder einmal überrascht hatte, Ratlosigkeit. Die völlig außerhalb des gängigen Kinogeschmacks stehende Fünf-Millionen-Mark-Produktion, die inzwischen wohl nur noch ein Wim Wenders hat durchsetzen können, hatte aber dennoch Erfolg. In den USA wurde Wenders' Film eine Oscar-Nominierung zuteil. In Frankreich wurde sie mit 40 Kopien gestartet und kam – hauptsächlich auf Grund der Pariser Erfolge – auf Platz 4 der bestverkauften Filme. Im fernen Tokio hatte der Film in einem einzigen Kino, dem Chanter Cine 1, nicht weniger als 100 000 Besucher und 1,2 Millionen Mark Einnahmen.

Der Himmel über Berlin war als eine Art Vorrede auf dem viel aufwendigeren Film *Bis ans Ende der Welt gedacht.* Wieder einmal sollte es aber ein anderer Film sein, der das Oeuvre fortsetzte: *Nachrichten zu Kleidern und Städten.* Er steht in der Reihe der filmischen Tagebücher und stellt eine Auftragsarbeit des Pariser

Centre Pompidou dar, das Wenders gebeten hatte, einen Film über Mode zu machen. Was hatte näher gelegen, als einen Film über Yashiro Yamamoto zu drehen, den japanischen Couturier, der mit einfarbigen, oft schwarzen, manchmal asymmetrischen Kreationen weltweit auf sich aufmerksam gemacht hatte. Wenders hatte schon längst ein Faible für dessen Kleider und Anzüge entwickelt. Er habe in seinen Kleidern das erste Mal ein Gefühl von Kleidung gehabt, sei sich geschützt wie in einer mittelalterlichen Rüstung vorgekommen, erzählt er. Auch das leuchtend rote Kleid von Solveig Dommartin, das sie in der Schlußszene von *Himmel über Berlin* trug, war von Yamamoto gewesen. Es blieb nur noch, den sehr scheuen japanischen Modemacher dazu zu bringen, sich bei der Arbeit von der Kamera über die Schulter blicken zu lassen. Im Sommer 1988 konnten in Tokio und Paris die Dreharbeiten zu dem Film mit dem sperrigen und kryptischen Titel in Angriff genommen werden.

Natürlich ist es kein üblicher Modefilm und auch kein üblicher Portraitfilm geworden. Zwar steht Yamamoto immer im Mittelpunkt. Er erscheint als sensibler und zurückhaltender – *Künstler. Modemacher* wäre, so wie Wenders in porträtiert, zuwenig. Ebenfalls bildet eine fast wie ein Videoclip gefilmte Modenschau den Höhepunkt des Films. Dennoch ist es ein Wenders-Film. Es ist ein Film geworden, in dem die Bilder zur Projektionsfläche von

Wenders' Innerem Monolog werden, Yamamoto zum Alter Ego von Wenders stilisiert wird, Tokio und Paris im Filmschnitt zur Megapolis transformiert werden und die vielen disparaten Fahrt-

und Modeaufnahmen durch die Musik von Laurence Petitgand dramatisiert werden. Und wieder einmal hat Wenders auch in diesem Film einen Überraschungseffekt parat. Er steckt in den Split-Focus-Einstellungen, nämlich im Zusammenführen und Entgegensetzen von Video- und herkömmlichem Filmmaterial. Bild-im-Bild-Effekte kommen zwar fast schon in jeder dritten Fernseheinstellung vor. So wie sie Wenders einsetzt, durch Abfilmen von Monitoren, in denen vor dem Hintergrund der Tokioter Stadtautobahn Interviews mit Yashiro Yamamoto laufen, sind sie vollkommen neu. Was Wenders in *Nick's Film* in der sukzessiven

Konfrontation von Video und 35-mm-Film gemacht hat, geschieht hier in der Simultaneität beider Medien. Ausgerechnet in den Händen eines Kinopuristen zeigt sich, daß in ihrer Konfrontation der herkömmliche Film gelackt und Video realistisch wirkt. Schießlich gibt Wenders auch im Kommentar seine Abneigung gegen das neue Medium Video auf und nimmt es als das Zukünftige hin.
Unverkennbar sind wieder die für Wenders typischen langen Fahrtaufnahmen, gegenläufigen Bewegungsrichtungen, langen Einstellungsdauern. Auch das ›Gespräch beim Billardspielen‹, wie es Wenders mit Yamamoto führt, kennt man bereits. Nur beherrscht Wenders dieses Spiel seit den Tagen von *Summer in the City* offensichtlich besser. Im Grunde genommen geht es aber gar nicht um Mode. Mode hat mit persönlicher Befindlichkeit zu tun, und so ist dieses Thema zum Aufhänger für ein viel grundsätzlicheres geworden, das Wenders im einleitenden Kommentar auch anspricht. Es geht um *Identität.* Wenders projiziert seine persönlichen Erfahrungen mit seiner Kunst, insbesondere sein Selbstverständnis als Autor, auf den ›Mode-Autor‹ Yashiro Yamamoto. Aber vermutlich ist Yamamoto im Bereich der Mode tatsächlich das, was Wenders im Bereich des Films ist.
Der Film wurde von Wenders noch eigens für eine englische,

französische und deutsche Fassung überarbeitet, d. h. Wenders sprach für diese Fassungen den jeweiligen englischen, französischen und deutschen Kommentar. Am 25.4.1989 war Uraufführung im Pariser Centre Pompidou. In Deutschland ist der Film seit März 1990 zu sehen.

»Fortsetzung folgt.« hieß es am Schluß von *Der Himmel über Berlin.* Was unmittelbar darauf folgte, war, daß Wenders für Kaurismäkis *Helsinki-Napoli* (1987) eine Gangster-Rolle annahm. Was noch folgte, war, daß Wenders allmählich in den Himmel erhoben wurde und den Rang eines Schutzengels zugesprochen bekam. Ende der 80er Jahre wurde offenkundig, worüber Wenders schon 1974 seinen Helden Philip Winter hatte klagen lassen. Das ›menschenverachtende‹ Fernsehen, mit der, wie es in *Alice in den Städten* auch hieß, ›widerwärtigen Ausstrahlung und angeberischen Verachtung seiner Bilder‹, ist übermächtig geworden. Und wie in *Chambre 666* beklagt, ist auch die Entwicklung einer spezifisch kinematographischen Ästhetik zu einem Ende gekommen. Nur die massenwirksamen Kinofilme haben sich *nicht* zum Fernsehen hin entwickelt, wie Wenders auch noch gemutmaßt hat. In offensiver Abkehr davon haben sich vielmehr die den Markt bestimmenden amerikanischen Produktionen dem computergesteuerten Jahrmarktrummel angeglichen. Um das Kino steht es seit Ende der 80er Jahre schlecht. Auf Grund seiner bisherigen Arbeit und auf Grund seiner Fortführung kinematographischer Tradition ist es nur logisch, daß Wenders so nun auch noch als Schutzengel gefragt wurde.

Wenders gilt als ein möglicher Garant der ursprünglichen Sprache der Bilder. Wurden bisher nur seine Filme mit Ehrungen überhäuft, so galten die Ehrungen jetzt immer mehr auch seiner Person und seinem Gesamtwerk. Im Oktober 1987 fuhr er nach Leningrad und Moskau, wo er anläßlich der Retrospektive seines Gesamtwerks gefeiert wurde. Im Herbst 1988 galt Wenders eine Ausstellung im Frankfurter Filmmuseum, bei der er auch als Fotograf zu entdekken war. Einem Kritiker mutete die Ausstellung schon so museal an, daß er fürchtete, Wenders wäre nicht mehr unter den Lebenden. Im November 1988 war Wenders Mittelpunkt bei der Preisverleihung des neu gegründeten Europäischen Filmpreises in Berlin, wo er sich nachhaltig für eine Stärkung der europäischen Kinoindustrie einsetzte und gleichfalls Preise für seinen letzten Spielfilm entgegennehmen konnte.

1989 gab es noch mehr Ehre. Im Januar wurde Wim Wenders die Ehrendoktor-Würde verliehen. Das wäre bei der üblichen Vergabe-

Praxis eigentlich nichts sonderliches. Nur geschah es in diesem Fall in der Aula der Pariser Sorbonne, und die mit ihm Ausgezeichneten waren der Linguist Richterich, der Indologe Lienhard und – Umberto Eco. Obwohl er bei der Verleihung der Ehrendoktor-Würde für seine ›lange Meditation über das Kino‹ kein Wort sagte – Umberto Eco dafür um so mehr -, galt natürlich vor allem Wenders der Applaus des Publikums.
Im Mai 1989 fuhr der Star-Regisseur wieder einmal nach Cannes. Diesmal ging es aber nicht darum, Preise zu bekommen, sondern Preise zu verteilen. Der eigentlich vorgesehene Francis Coppola hatte abgesagt und Wim Wenders zum Jury-Präsidenten der 42.Filmfestspiele von Cannes vorgeschlagen. Wenders sagte zu. Weitere Jury-Mitglieder wurden die Regisseure Hector Babenco und Krzysztof Kieslowski, die Schauspielerin Sally Field, verschiedene Produzenten und Komponisten, die 25jährige Filmstudentin Renée Blancha Richard – und schließlich niemand anders als Peter Handke. Brachte ihm die Durchsetzung dieses Wunschkandidaten noch süffisante Kritik ein, so wurde die Art und Weise, wie er sein Amt ausfüllte, mit Beifall aufgenommen. Daß er hauptsächlich französisch sprach, mag Wenders dann in Cannes auch noch zusätzliche Pluspunkte eingebracht haben. In der Eröffnungsrede gab er dem Festival auch gleich das eigentliche Motto vor: »In einer Zeit, wo viele junge Leute das Gefühl für Kino auf einer großen Leinwand verloren haben, gehören wir zu den Privilegierten, wenn wir in Cannes in dieser technisch hervorragenden Projektion zwei Wochen lang Filme sehen können.« Hinter den Kulissen ging es nämlich darum, dem Kino, insbesondere dem europäischen Kino, Lebenschancen zu sichern. Der Vorjahrs-Präsident Bernardo Bertolucci fand beim Symposium ›Cinèma et libertés‹, für das hundert Filmregisseure eigens von Cannes nach Nizza eingeflogen worden waren, noch drastischere Worte: »Am Ende des Dritten Weltkriegs, dem niemals erklärten zwischen dem Kino und dem Fernsehen, ist das eigentliche Opfer das Publikum.« Auch Wettbewerbsfilme wie Ettore Scolas *Splendor* oder *Nuevo Cinema Paradiso* von Giuseppe Tornatore gingen nostalgisch auf das Kinosterben ein. Den Hauptpreis verlieh die Jury aber einem Regisseur, der die Zukunft noch vor sich hat. Für ein Werk, das, nach Wenders, »uns alle überrascht«, ging die Goldene Palme an Steven Soderbergh mit *Sex, Lies and Videotape*, der damit zum jüngsten Preisträger unter der Ägide des bislang jüngsten Jury-Präsidenten wurde. Als bester künstlerischer Beitrag wurde Jim Jarmuschs *Mystery Train* nominiert –

eigentlich der Geheimtip, der es aber schwer hatte, weil ausgerechnet Robby Müller sein Kameramann gewesen war und seine Nominierung für die Goldene Palme protektionistisch hätte erscheinen müssen. Dadurch, daß *Jésus de Montréal* von Denys Arcand ebenfalls mit einem Preis, dem Preis der Jury, bedacht worden war und der Film des jungen Giuseppe Tornatore mit dem großen Spezialpreis der Jury, hatte die Jury unmißverständlich zu erkennen gegeben, daß sie jungen, unkonventionellen und künstlerisch ambitionierten Filmemachern eine Bresche schlagen wollte. Im Gegensatz zu Entscheidungen, wie sie in den vergangenen Jahren in Cannes gefällt worden waren, wurde kaum Kritik laut. Wenders hatte das wie immer turbulente Festival gut über die Runden gebracht.
Weniger gut stand es aber um seine persönlichen Angelegenheiten. An einem Ort, wo selbst die oft mit wertlosem Pressematerial vollgestopften Pressefächer aufgebrochen werden, blieb auch der Jury-Präsident nicht ungeschoren. Sein Auto wurde aufgebrochen und wertvolle Unterlagen für das Prestige-Objekt *Bis ans Ende der Welt* verschwanden durch Diebeshand.
Für Wenders persönlich stand die Zeit seit *Paris, Texas* hauptsächlich unter dem Zeichen von *Bis ans Ende der Welt* – der Arbeitstitel des Spielfilms, der 1991 in die Kinos kommen soll. Er hatte ihn schon in Angriff genommen, als Francis Ford Coppola 1977 in Australien anfragte, ob er einen Film über Hammett drehen wolle. Nach 1984 hatte er weiter am Drehbuch geschrieben und die grundlegende Geschichte zusammen mit Solveig Dommartin festgelegt. Fotos von den möglichen australischen Schauplätzen waren entstanden. 1989 wurde ein fertiges Drehbuch zusammen mit dem australischen Romancier Peter Carey beendet. Viel mehr noch als das Hammett-Projekt hat sich dieser Film im Kopf von Wenders festgesetzt. Es soll die Quintessenz dessen werden, was er in anderen Filmen hat erzählen wollen. Aber ebenso wie das Hammett-Projekt ist *Bis ans Ende der Welt* immer wieder auf finanzielle Schwierigkeiten gestoßen – nur waren sie nicht ganz so substanziell, wie damals in Hollywood. *Der Himmel über Berlin* und *Aufzeichnungen zu Kleidern und Städten* sind Zwischen- und Nebenarbeiten zu dem Film mit dem einprägsamen Titel. Seit 1986 gibt es für jedes Jahr Interviews, in denen der Drehbeginn für das nächste Jahr angekündigt wird. Wenders hat aus den tatsächlichen Schwierigkeiten auch eine Tugend gemacht und in seinen Interviews eine Spannungsdramaturgie entworfen.

So gibt es denn verschiedene Versionen zum Inhalt des Films, die einander aber nicht notwendigerweise ausschließen. So soll es ein im Jahr 2000 angesiedelter Science-fiction-Film werden, der rund um den Erdball geht, in zwölf Ländern und fünfundzwanzig Städten spielen soll, wobei Australien und insbesondere der Ayers Rock eine wichtige Rolle einnehmen sollen. Ein Wissenschaftler würde darin einen besonderen Rang einnehmen, dem es inmitten eines endzeitlichen Szenariums gelungen ist, Träume und Erinnerungen audiovisuell aufzuzeichnen, was zur Folge haben würde, daß im Film nicht weniger als das 20. Jahrhundert Revue passiert. Es soll die Geschichte einer Liebe werden, gegen die sich alle Welt verschworen hat. Der Film würde von einer Frau handeln, die einen Mann mit einem Geheimnis verfolgt und selbst von einem Detektiv verfolgt wird. Es sei geplant, die Geschichte als Umkehrung des Odysseus-Mythos zu konzipieren.
»Umkehrung insofern«, sagt der Homer-Kenner Wenders, »als Penelope in diesem Fall nicht zuhause sitzen bleibt, sondern ihm hinterher reist. Und das ändert natürlich so einen alten Mythos erheblich.« So könnte man den Film auch als Umkehrung der Geschichte von Peer Gynt auffassen. »Der hat sich also mit diesem Mädchen verlobt«, erläutert Wim Wenders, »Solveig heißt die. Und dann macht er sich auf eine Reise und sagt ihr, sie soll auf ihn warten, und kommt wieder als achtzigjähriger Mann. Und sie hat also die ganze Zeit gewartet.«
Der Stand des Jahres 1989 war jedenfalls, daß anders als bei Homer und Ibsen nicht gewartet wird. Das Mädchen »reist ihm jetzt hinterher. Dann reist ihr jetzt jemand anders hinterher, nämlich einer, der die Frau nach wie vor liebt. Dann sind die beiden schon zu dritt. Und dann reist diesen dreien ein Detektiv hinterher, der seine triftigen Gründe hat, den vorwegreisenden Ödipus zu erwischen. Und allen vieren reisen nochmals zwei Gauner hinterher. Und dann weiß man nicht mehr, wer folgt wem und wer ist vorneweg und wer ist hintendran. Und dann stoßen schließlich alle – wieviel sind es jetzt? Fünfe. – auf den Grund, warum alles in Bewegung ist. Aber das ist dann eine Science-fiction-Geschichte, die kann ich nicht erzählen.« In jedem Fall ist eine höchstgradige Konfusion eingeplant, die sich dann ganz einfach auflösen soll: »Und letztendes ist das, was man sich als konfus oder ungeheuer kompliziert vorgestellt hat, letztenendes im Sinn doch ganz klar. Es ist ja auch manchmal umgekehrt so, daß man sich denkt, es ist alles ganz klar, und dann versteht es kein Mensch. Wie der Howard Hawks immer beim

Raymond Chandler anrufen mußte, wie in *Big Sleep* eigentlich alles zusammenhängt. Das ist auch bei mir so.«, sagt Wim Wenders. Der endgültige Drehbeginn des bewußt Konfusion in Kauf nehmenden Films war für den 2.4.1990 eingeplant. Von der Wenders-Familie sollen Robby Müller, Peter Przygodda, Rüdiger Vogler – und natürlich auch Solveig Dommartin mitspielen. Als weitere Schauspieler sind William Hurt, Jeanne Moreau, Max von Sydow und Sam Neal vorgesehen. Es soll Musik von Ry Cooder, Laurie Anderson und Nick Cave geben. Es soll auch noch das längst totgesagte 70-mm-Format eingesetzt werden. An Produktionskosten ist an 20 Millionen Dollar gedacht. Wenn alles gut geht, dann hat der Film 1991 in Cannes Premiere.
Die arbeitsaufwendigen, vor allem auf dem australischen Kontinent vorgenommenen Vorbereitungen haben dann Wim Wenders daran gehindert, Zeuge dessen zu sein, was für ihn immer besondere Wertigkeit hatte und im Jahr 1989 auch zu weltpolitisch größter Wertigkeit gelangte: die Problematik nationaler Identität. *Der Himmel über Berlin* spielte in Ost- und Westberlin. Oft fuhr die Kamera in diesem Film an der ›Mauer‹ entlang, manchmal war sie über ihr, manchmal war sie im Todesstreifen. Seit Herbst 1989 gibt es diese Mauer nicht mehr. Die Bilder aus *Der Himmel über Berlin* hatten zwei Jahre später schon historischen Rang. Somit hatte Wenders mit seinem dokumentarischen Filmverständnis, demzufolge auch der Spielfilm das spezifische Zeitkolorit bewahren soll, jedenfalls für *Der Himmel über Berlin* recht bekommen. »Meine Kraftquelle war immer«, sagt er von sich, »daß ich etwas Gültiges festhalten wollte von der Zeit, in der ich lebe.« Mit seinen Film-Spaziergängen über die Mauer hinweg, hat Wenders noch dazu das festgehalten, was erst im November 1989 Realität wurde. Wenders hat bedauert, die Berliner Ereignisse um die Öffnung der DDR versäumt zu haben. In der fernen australischen Wüste waren ihm die sensationellen Ereignisse nur durch Telefax zugänglich. In einem Gespräch mit Wolfram Schütte hat sich Wenders später auch noch um eine vorschnelle Wiedervereinigung gesorgt, da damit »zwei Zeitzonen«, nämlich die amerikanisierte BRD und die immer noch altdeutsche DDR künstlich verschweißt würden.
Ein schlechter Trost mag sein, daß auch Wenders, nochmals eine Erhöhung, zum Propheten der Ereignisse von 1989 stilisiert worden ist – wie Willy Brandt, Herbert Wehner und Franz Josef Strauß auch. Es hat zwar schon andere Berlin-Filme gegeben, *Meier* (1986), *Der Mann auf der Mauer* (1982) oder *Redupers* (1977). Man tut sich

allerdings schwer, Roland Timm, Reinhard Hauff oder Helke Sanders zu Propheten des Herbst 1989 zu stilisieren. Bei Wim Wenders ist das etwas anderes. Dies wirft auch ein Licht auf das, für was der Namen Wenders in der Filmlandschaft der beginnenden 90er Jahre steht, und auch auf das, was Wim Wenders ist.
Wim Wenders gehört zu denen, die einst dem Regisseur zu einer zentralen Stellung im Film verholfen haben. Darüberhinaus ist er zu Beginn der 90er Jahre einer der ganz wenigen, dessen Glanz nicht nur aus den lange vergangenen Tagen stammt. Filme, eben Wenders-Filme, wie *Paris, Texas* oder *Der Himmel über Berlin*, haben in den 80er Jahren Geschichte gemacht und gezeigt, daß Wenders noch nicht am Ende seiner Entwicklung angekommen ist. Manchen waren seine Filme sogar der Beweis dafür, daß das Kino selbst noch nicht am Ende seiner Entwicklung angekommen ist. Entsprechend einer internationalen Umfrage unter Filmjournalisten wurde Wenders auch als der Filmemacher eingeschätzt, der am ehesten für eine Zukunft des Kinos einstehen könnte. Wim Wenders ist ein Kultobjekt. Unter Filmstudenten geht der Wunsch um, ›Filme wie Wenders‹ zu machen. Die Bedeutung des Namens Wenders hat längst nationalstaatliche Grenzen hinter sich gelassen. In Frankreich etwa gibt es eine regelrechte ›Wendersphilie‹.
Dabei sind Wenders und seine Filme überhaupt nicht zum Objekt eines Filmkults vorherbestimmt. Sie polarisieren. Entweder man mag sie oder man findet sie fürchterlich. In einer auf Zerstreuung und Unterhaltung getrimmten Kinolandschaft verlangen Wenders' Filme dem sowieso gestreßten Zuschauer ein Höchstmaß an Aufmerksamkeit ab. In einer Gesellschaft von Filmprofis, in der enorme, manchmal monströse Selbstdarstellungskünste zur wichtigsten Grundlage des Handwerks gehören, sollte der scheue, leise und introvertierte Wenders eigentlich überhaupt keine Überlebenschance haben. Während bei der Planung anderer Kinofilme soziologische Statistiken, Tests, Trendanalysen wichtiger als die intuitiv entwickelte Idee zum Film geworden sind, mag ein Autorenfilmer, wie Wenders es immer noch ist, nur altmodisch wirken. Während den künftigen Drehbuchautoren versichert wird, daß für sie überhaupt keine künstlerische Intuition notwendig ist und Drehbuchschreiben nach Industriestandard erfolgen kann, muß ein Filmemacher, der während der Dreharbeiten noch am Buch schreibt, wie der letzte Dilletant wirken. Während nicht nur die filmische Kunstproduktion immer mehr rückwärtsgewandt ist und die kulturelle Tradition im günstigsten Fall zum Thema,

im viel häufigeren ungünstigen Fall aber zum Ausbeutungsobjekt degradiert, mag Wenders, der bei aller Zitatkunst eigenständige, in der konkreten Gegenwart verwurzelte Stoffe wählt, schon längst nicht mehr auf der Höhe der Zeit sein.
Aber vermutlich ist es so, daß Wenders und seine Filme genau deshalb Faszination ausüben. Wenders bürgt so ziemlich für das genaue Gegenteil dessen, was vor und hinter den Kulissen gefordert wird. Es ist schon oft gesagt worden. Und es ist meistens hämisch gesagt worden. Wenders ist ein deutscher Romantiker. Von daher mag es auch kommen, daß er als Prophet, als Seher verstanden worden ist. Die Filme von Wenders sind sehr persönlich, sehr ichbezogen, bei aller hintergründigen Ironie eher humorlos – eben typisch deutsch. Wenders selbst hat Ansätze gemacht, diesem Image zu entgehen. Letztlich ist es aber doch dieses Deutsch-Romantische, das Wenders' Filme auch international gefragt gemacht hat. Und letztlich ist es die ›romantische Haltung‹, die überhaupt den Kern künstlerischer Tätigkeit ausmacht. Wenders macht Filme, die mit seinen eigenen Erfahrungen verbunden und gegen die vorgebenen Wahrnehmungsmuster gerichtet sind. Genau deshalb kommt Wenders aber bei den Erfahrungen der anderen und bei deren Wahrnehmung an. Was Wenders' Filme gegenüber dem sich ausbreitenden Industriestandard bezeugen, ist die einfache, planvoll in den Hintergrund gedrängte Tatsache – daß Filme Kunstwerke sein können.

Falsche Bewegung – ein Protokoll

Im folgenden Filmprotokoll von *Falsche Bewegung* werden die im Film gesprochenen Dialoge und Kommentare wiedergegeben und die Bilder der Einzeleinstellungen kurz beschrieben. Links bzw. rechts zum geschriebenen Protokoll befinden sich Fotos aus den Einzeleinstellungen, wobei allerdings nur in den seltensten Fällen zu *allen* Bildbeschreibungen auch ein Foto existiert. Dies geschah aus technischen, d. h. Platzgründen. Die gleichen Gründe sind auch dafür ausschlaggebend, daß auf eine Notierung von Musik und Geräusch – ebenso von Kamerabewegungen und Einstellungsgrößen – verzichtet werden mußte. Ganz links im geschriebenen Text sind in Fettschrift die Einstellungsnummern und jeweils darunter die Länge der Einstellungen in Sekunden angegeben.
Um eine Vorstellung vom filmischen Rhythmus zu vermitteln, wurde versucht, die zeitliche Länge der einzelnen Einstellungen auch graphisch durch waagrechte Linien am Einstellungsanfang bzw. -ende umzusetzen. Das Ideal war, zu einer Entsprechung von zwei Sekunden mit einer Zeile zu kommen. Wiederum aus technischen Gründen hat sich dies nicht immer verwirklichen lassen. Bei den wichtigen Anfangseinstellungen 1–3 ist es bewußt zu einer ›graphischen Dehnung‹ gekommen. Wenn verschiedene Einstellungen durch zwei waagrechte Linien getrennt sind, heißt dies, daß man sich am Anfang bzw. Ende einer Sequenz befindet. Wenn in der ›Sprache-Spalte‹ hinter dem Sprechernamen ein ›a‹ erscheint, dann liegt ein Kommentar vor. In allen anderen Fällen handelt es sich um Dialoge.

E	Bild	Sprache
1 5		(1.Titel rot:) FALSCHE BEWEGUNG
2 59	Blick vom Hubschrauber auf eine Flußmündung. Am rechten Flußufer wird eine kleine Hafenstadt (Glückstadt) sichtbar. Der Hubschrauber nähert sich den Häusern der kleinen Hafenstadt und fliegt auf den leeren, regennassen Marktplatz zu.	(2.Titel:) Ein Film von Wim Wenders (3.Titel:) Buch: Peter Handke frei nach ›Wilhelm Meisters Lehrjahre‹ von J.W.Goethe

E	Bild	Sprache
3 44	Blick aus dem Fenster.	
	Ein Hubschrauber fliegt über den Marktplatz.	
	Ein Blinder überquert den Platz.	

E	Bild	Sprache
	Wilhelms Hand greift nach dem Fenstergriff.	
	Er geht durch das Zimmer zum Plattenspieler und stellt ihn an.	
	Wilhelm geht zum Fenster zurück und schaut hinaus.	

E	Bild	Sprache
4 3	Wilhelms Faust zerschlägt Fenster.	
5 2	Der Blinde bleibt stehen.	
6 5	Blick von außen: Wilhelm zerschlägt Fensterscheibe.	
7 23	Wilhelm schaltet den Plattenspieler ab. Er schaut auf seine blutende . Hand.	
8 4	Wilhelms Mutter kommt ins Zimmer.	
9 5	Wilhelm saugt an seiner Wunde.(=7)	
10 5	Die Mutter schaut an ihm vorbei.	
11 9	Wilhelm schaut nach unten und wischt sich eine Träne ab. (=9)	
12 7	Mutter setzt zum Sprechen an und wendet sich ab.	
13 12	Wilhelm wirft die Plattenhülle in die Ecke, geht dann zum Fenster und schaut hinaus. Abblende.	
14 16	Wilhelm sitzt am Wannenrand wickelt den Verband ab. Er schaut in Richtung Mutter hoch.	Mutter: Ich möchte, daß du von hier weggehst. Ich werde das Geschäft an den Supermarkt verkaufen und dir einen Teil der Kaufsumme mitgeben. Nein, brauchst . . .

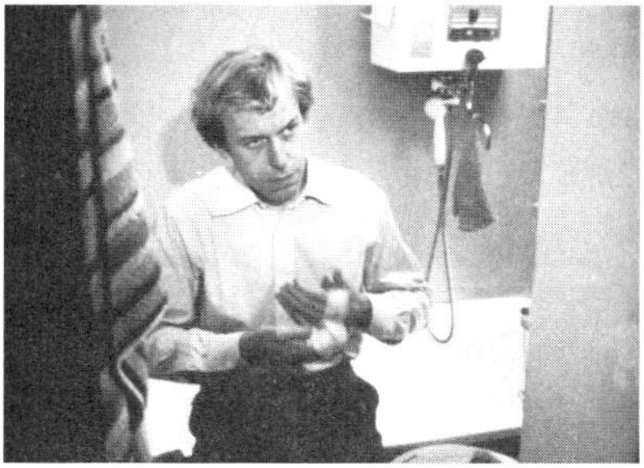

E	Bild	Sprache
15 18	Die Mutter steht vor dem Spiegel und frisiert sich.	... nichts zu sagen, lieber Wilhelm. Warte damit, bis du anders nicht mehr kannst. Und verlier dein Unbehaglichkeitsgefühl und deinen Mißmut nicht. Du wirst ihn brauchen, wenn du schreiben willst.
16 30	Wilhelm wischt sich das Gesicht mit einem Handtuch ab und klebt ein Pflaster auf seine Wunde auf der Hand.	Mutter: Ich werde mir von jetzt an schöne Tage machen. Ich werde rauchen, wenn ich über den Platz gehe und im ›Heider Hof‹ werde ich am späten Nachmittag meinen Martini trinken und dabei deine Briefe lesen. ›Bitte mit Eis‹, werde ich sagen, wenn ich den Martini bestelle.
17 16	Wilhelm steigt bei einem Torbogen auf das Fahrrad und fährt auf die Kamera zu.	
18 14	Wilhelm fährt auf eine Fähre hinauf, die im Abfahren begriffen ist.	

E	Bild	Sprache
19 20	Wilhelm fährt Rad. Er biegt rechtwinklig ab und folgt dem Weg in Richtung Horizont. Im Hinter- ist das Meer zu sehen.	
20 20	Wilhelm fährt auf dem leeren Strand auf das Meer zu.	
21 35	Wilhelm sitzt am Fenster, schaut hinaus und beginnt zu schreiben. Blick aus Fenster.	Wilhelm a: Ich bin nicht verzweifelt, nur verdrossen und unlustig. Ich habe ein Gefühl, als ob die Zunge aus dem Mund verschwunden ist. Seit zwei Tagen habe ich kein Wort mehr herausgebracht. Nur im Schlaf spreche ich die ganze Nacht, sagt die Mutter. Ich will Schriftsteller werden, aber wie ist das möglich ohne Lust auf Menschen?…
22 6	Blick auf das Wasserwachthaus.	… Wenn ich nur schreiben könnte, schreiben!

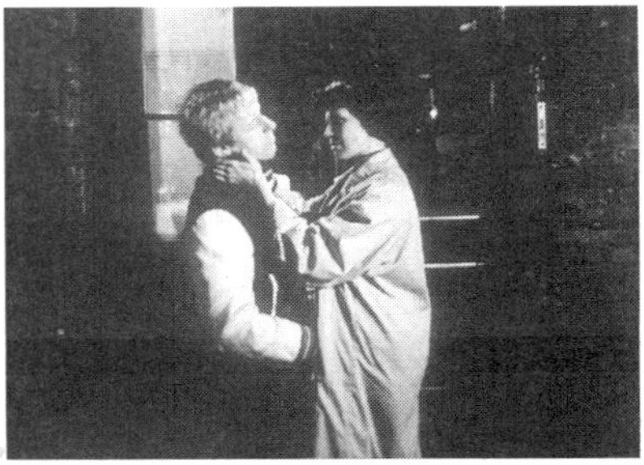

E	Bild	Sprache
23 21	Wilhelm fährt in der Nacht auf den Torbogen zu. Er steigt vom Rad und lehnt es an die Wand.	
24 44	Ein Mädchen, Janine, sitzt auf der Treppe und spricht mit dem Vorführer. Sie geht auf den herankommenden Wilhelm zu und will ihn küssen. Wilhelm wendet sich von ihr ab und geht aus dem Bild. Janine nimmt ihre Perücke ab, steckt sie in den Mantel und geht wieder auf ihn zu. Sie deutet auf ihre rechte Wange. Er wehrt ihre Hand unwillig ab.	Janine: Tschüß, du hast noch ne' Nachtvorstellung Filmvorführer: Nein. Wilhelm: Janine! Janine: Ich wollt dich heute gern noch mal sehen. Wilhelm: Ich kann dich nicht anschauen in in diesem lächerlichen Aufzug. Janine: Du hast da was . . . . . . Nein, hier!
25 11	Ein auf dem Meer fahrendes Frachtschiff. Überblendung.	

E	Bild	Sprache
26 22	Wilhelm liegt schlafend im Bett. Abblende.	Wilhelm: Im Lauf der Zeit.
27 16	Wilhelm knöpft sich in seinem Zimmer das Hemd zu, geht zum Fenster und blickt auf den Markt platz.	Wilhelm a: An dem Tag, an dem ich meinen Geburtsort verließ, erschien mir dieser zum ersten Mal belebt, wenn auch nur von der Trostlosigkeit derer, die hier zurückblieben. Janine, der ich noch am Abend vorher wegen ihrer Barmädchenkleidung wehgetan hatte ...
28 14	Wilhelm nimmt Geld aus einem Koffer, steckt es ein und schließt den Koffer. Ein Buch liegt auf dem Koffer.	... hatte ich bereits vergessen. Die Mutter hatte den Koffer schon gepackt. Obenauf hatte sie zwei Bücher gelegt: ›Aus dem Leben eines Taugenichts‹ von Eichendorff und ›Lehrjahre des Gefühls‹ von Flaubert ...
29 10	Wilhelm leert seine Taschen. Die Mutter wartet auf ihn.	... Ich nahm mir vor, wenn wir aus dem Haus treten und sie sich bei mir einhängen würde, nicht wie sonst immer, ihr den Arm vor dem nächsten Entgegenkommenden wieder zu entziehen ...

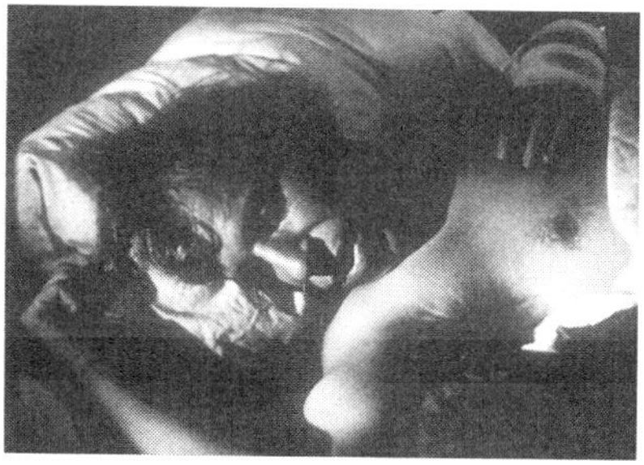

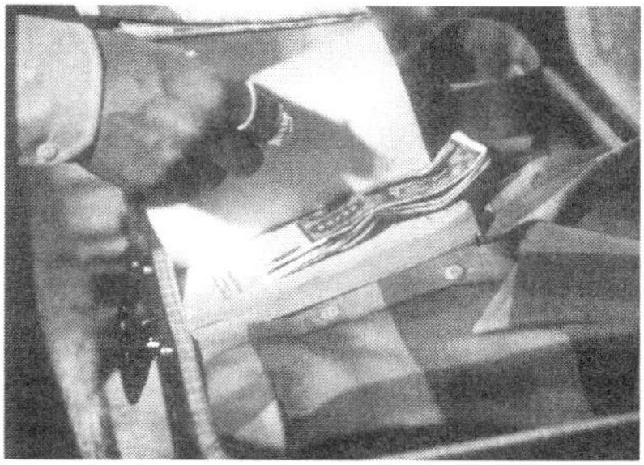

E	Bild	Sprache
30 26	Wilhelm steigt mit dem Fahrer vor dem Bahnhof aus dem Taxi. Wilhelm geht auf den Bahnhof zu und wendet sich zur ebenfalls aussteigenden Mutter um.	... Im Taxi sagte sie plötzlich, ich sollte mich nicht einschüchtern lassen, wenn mir jemand die Ernsthaftigkeit eines Schreiners oder Arztes vorvorhielte und mir mein unnützes Leben vorwürfe. Alle Menschen mit begrenzten Tätigkeiten erinnerten sie an vertrocknete Schnecken in zu kurz geschnittenem Gras. Ich hörte ihr zu, war aber in Gedanken schon nicht mehr bei ihr ...
31 38	Die Mutter reicht Wilhelm mit der Rechten die Schlüssel, korrigiert sich und gibt ihm mit der Linken die Fahrkarte. Er betrachtet sie, legt dann den Arm tröstend um sie und steigt in den wartenden Eisenbahnwaggon.	Mutter: Deine Fahrkarte. Wilhelm: In der anderen Hand, Mutter! Wie kommst du auf Bonn? Mutter: Ich hab den Roman durchgeblättert, den den du in den letzten Tagen gelesen hast. Ich häng an dir, Wilhelm, und ich bitte dich, mich nicht zu vergessen. Wilhelm a: ... Ich überließ die Mutter ihrem Schicksal, an das ich, was mich betraf, nicht glauben wollte ...

E	Bild	Sprache
32 17	Wilhelm betritt das Abteil und drängelt sich an (dem erstmals zu sehenden) Laertes vorbei. Er legt den Koffer ab und wendet sich zum Waggonfenster.	... Ich stellte mir noch vor, wie der Taxifaher, der uns zum Bahnhof gebracht hatte, sie ansprechen würde, ob er sie auch wieder nach Hause bringen soll. Allein würde sie wohl den Bus nehmen. Ich hatte plötzlich ein Bedürfnis, mir im im Abteilfenster des Zuges die Haare zu kämmen, aber dann wollte ich doch zumindest warten, bis der Zug abgefahren war ...
33 6	Die Mutter hält sich die Hand vor den Mund und geht weg.	... Später woanders dachte ich, würde ich mich um so besser an sie erinnern können. Als ob sie sich erst entfernen müßte, damit ich sie fühlen könnte ...
34 20	Das neben einem Kanal liegende Bahnhofgelände von oben.	... Bei diesem Gedanken war ich mir kurz zuwider und ich vergaß ihn bald. Das war ein schöner Tag im tiefsten Frieden. Die Möwen, die über dem Meer noch geschrien hatten, flogen still über das Land. Auch an den Kanal, an dem der Zug vorbeifuhr, erinnerte ich mich gleichzeitig schon. Ich fing an ...

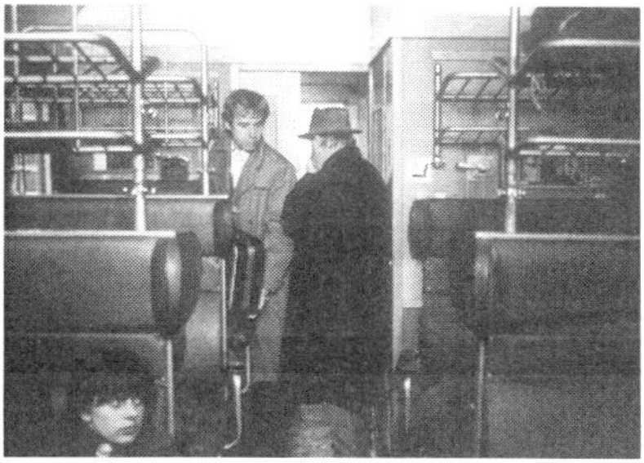

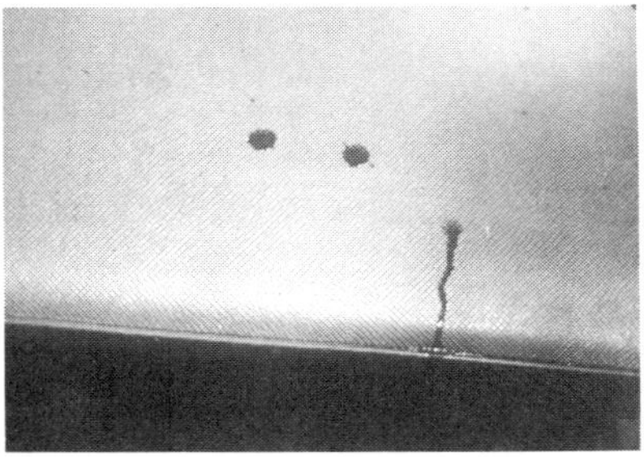

E	Bild	Sprache
35 11	Wilhelm im fahrenden Zug vor dem Fenster.	... vorauszudenken. Auf dieser Reise, die vor mir lag, wollte ich versuchen, mehr über mich herauszufinden. Auf dem Sitz mir gegenüber mußte jemand aus der Nase geblutet haben.
36 3	Blutflecken auf der Sitzbank.	
37 4	Wilhelm blickt zur Seite.	
38 4	Die auf Wilhelm blickende Mignon.	
39 3	Blutflecken auf der Sitzbank.	
40 11	Der gegen die Fahrtrichtung sitzende Wilhelm schaut um sich.	
41 6	Mignon schaut auf Wilhelm zurück.	
42 12	Wilhelm schaut aus dem Fenster auf die Weidelandschaft draußen.	
43 5	Mignon schaut auf Wilhelm.	
44 13	Wilhelm schaut auf Mignon und dann aus dem Fenster. (=42)	

E	Bild	Sprache
45 12	Blick auf die vorbeiziehenden Äcker vom fahrenden Zug aus.	
46 8	Ein entgegenkommender Zug fährt nach links. Überblendung.	
47 9	Der Zug überholt langsam eine Diesellok. Überblendung.	
48 10	Blick aus dem fahrenden Zug auf eine Heidelandschaft. Überblendung.	
49 4	Mignon schaut auf Wilhelm.	
50 12	Wilhelm schlägt die Seiten von ›Aus dem Leben eines Taugenichts‹ von Eichendorff um.	Wilhelm (lesend): Erstes Kapitel. Das Rad in meines Vaters Mühle brauste und rauschte schon wieder recht lustig. Schnee tröpfelte emsig vom Dache. Die Sperlinge ...
51 9	Der lesende Wilhelm. Überblendung.	... zwitscherten und tummelten sich dazwischen. Ich saß ...
52 10	Blick auf die Gleise der Bahnstrecke. Überblendung.	... auf der Türschwelle und wischte mir den den Schlaf aus den Augen. Mir war so recht wohl im warmen Sonnenschein ...
53 9	Mignon schaut Wilhelm aufmerksam zu. (=49)	... Da trat der Vater aus dem Hause. Er hatte schon seit Tagesanbruch in der Mühle rumort ...

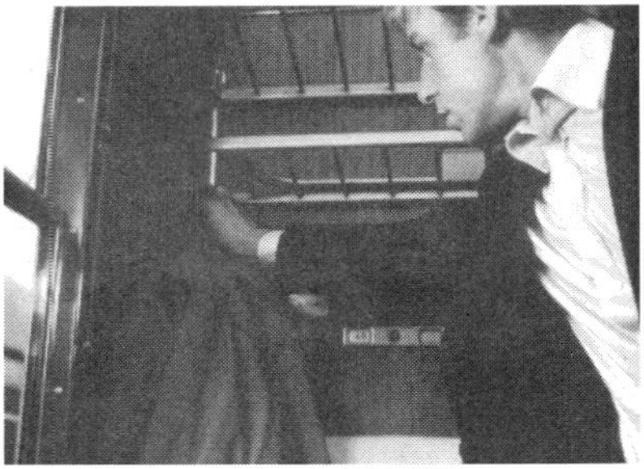

E	Bild	Sprache
54 6	Wilhelm liest und blickt dann hoch.	... und die Schlafmütze schief auf dem Kopfe.
55 4	Der Bahnhof von Hamburg-Altona	
56 2	Wilhelm.	
57 10	Mignon setzt sich mit einem Seesack neben den aus der Nase blutenden Laertes.	
58 10	Wilhelm schaut beide an und blickt dann auf sein Buch.	
59 15	Wilhelm geht (an der Kamera vorbei) zur Bahnhofshalle. Laertes und Mignon sind hinter ihm.	
60 4	Bahnarbeiter koppelt Waggon an.	
61 26	Wilhelm ist wieder in einem Zugabteil. Er zieht den Mantel aus, setzt sich, blättert das Buch durch, klappt es zu und schaut dann interessiert zum Fenster hinaus.	
62 4	Therese steht auf dem Bahnsteig und blickt zu Wilhelm.	

E	Bild	Sprache
63 3	Wilhelm vorgebeugt am Fenster.	
64 3	Therese blickt auf Wilhelm. (=62)	
65 3	Wilhelm blickt zurück. (=63)	
66 9	Therese geht zum ersten Waggon des gegenüberliegenden Zuges, blickt um sich.	
67 2	Wilhelm schaut ihr nach. (=65)	
68 17	Therese schließt die Waggontüre hinter sich. Beide Züge fahren gleichzeitig an. Therese geht zum zweiten Fenster und schaut hinaus.	
69 5	Wilhelm schaut aus dem Fenster.	
70 9	Laertes und Mignon betreten das Abteil.	
71 2	Wilhelm schaut aus Fenster. (=69)	
72 6	Laertes hält sich ein Taschentuch vor die Nase.	
73 3	Wilhelm schaut Laertes an. (=71)	
74 10	Blick auf die im parallel fahrenden Zug befindliche und lächelnde Therese.(=68)	
75 4	Wilhelm schaut aus Fenster.(=73)	
76 8	Mignon starrt Wilhelm an und zieht dabei den Mantel aus.(=70)	
77 12	Blick auf den parallel fahrenden Zug mit Therese. Wilhelms Gesicht spiegelt sich im Fenster. (=74)	

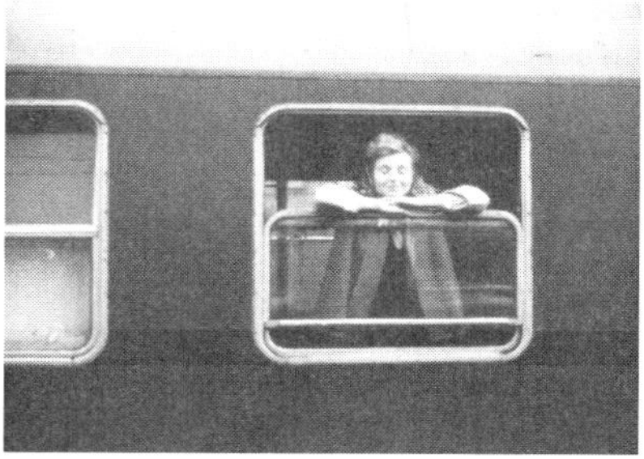

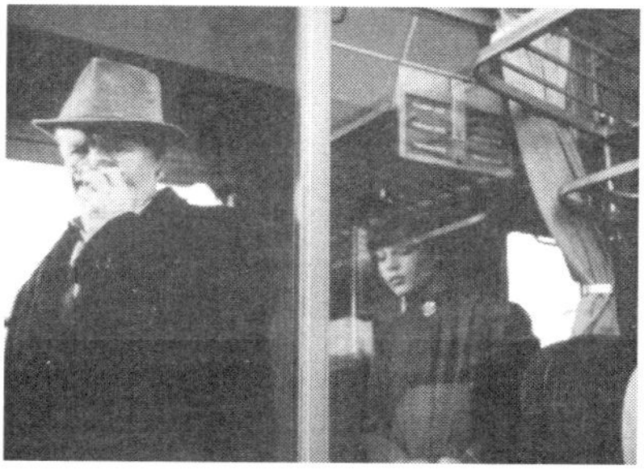

E	Bild	Sprache
78 7	Laertes schaut zu Wilhelm und Mignon.(=72)	
79 4	Wilhelm schaut um sich.(=75)	
80 8	Blick auf den parallel fahrenden Zug mit Wilhelm.	
81 3	Wilhelm blickt auf anderen Zug.(=79)	
82 7	Der parallel fahrende Zug. (=80)	
83 3	Wilhelm schaut dem Zug nach.(=81)	
84 6	Der Zug mit Therese entfernt sich.(=82)	
85 4	Wilhelm lehnt sich zurück.	
86 11	Der Zug mit Therese entfernt sich über eine Brücke nach links aus dem Bild. (=84)	
87 14	Wilhelm schaut im stehenden Zug auf den Bahndamm, dann auf Laertes.	Laertes: Die Frau, bei der sie gerade so sehnsüchtig geworden sind …
88 23	Laertes tupft sich die Nase ab. Er steckt das Taschentuch ein und lächelt Wilhelm zu. (=78)	… heißt Therese Farner. Sie ist Schauspielerin. Sie werden wissen wollen, warum ich aus der Nase blute. Es ist die Erinnerung. Ich will Ihnen die Geschichte mal erzählen, vielleicht morgen beim Frühstück …

E	Bild	Sprache
89 8	Wilhelm lehnt sich uninteressiert zurück und blickt aus dem Fenster.	... Sie kennen die Geschichte vom Heiligen Januarius, dessen vertrocknetes Blut in einer Kirche in Neapel aufbewahrt wird? ...
90 15	Laertes reibt sich die Augen und schüttelt stumm weinend den Kopf. (=88)	... Einmal im Jahr wird's flüssig und wallt auf ...
91 7	Wilhelm senkt den Blick. (=89)	... an seinem Todestag ...
92 7	Mignon versucht Laertes zu trösten.	... Wo fahren Sie hin?
93 4	Wilhelm.	Wilhelm: Nach Bonn.
94 3	Mignon und Laertes.(=92)	
95 3	Wilhelm schaut zur Tür.(=95)	
96 3	Der Schaffner steht in der Tür.	
97 5	Wilhelm gibt die Fahrkarte her.(=95)	
98 2	Schaffner schaut die Karte an.	Schaffner: Aber das ...
99 5	Wilhelm blickt zu Laertes.	... ist nur eine Karte ...
100 4	Schaffner locht die Karte.	... Nein, nein, Sie träumen nicht ...
101 3	Wilhelm (=99)	... Sind zwei Karten zu wenig ...

E	Bild	Sprache
102 3	Mignon und Laertes blicken auf Wilhelm. (=94)	. . . Für ihre Begleiter können Sie selbstverständlich im Zug nachlösen. Heut ist mir was ganz Entsetzliches passiert, was ganz Eigenartiges.
103 3	Wilhelm	Wilhelm: Aber für das Mädchen zahle ich hoffentlich nur die Hälfte.
104 2	Der Schaffner	Schaffner: Völlig durcheinander . . .
105 3	Wilhelm. (=103)	. . . Ich geh aus'm Haus, merke auf der . . .
106 2	Schaffner schreibt die Fahrkarten aus. (=104)	. . . Straße, daß ich meinen Regenschirm vergessen habe. Nein, nein, ich hab ihn aufgespannt. Dann . . .
107 4	Laertes wendet sich Wilhelm zu.	. . . Ich hatte heute zwei verschiedenartige Strümpfe an . . .
108 7	Wilhelm schaut Laertes und Mignon an. (=105)	. . . Dann: - Es geht nicht . . .
109 8	Der Schaffner schreibt. (=106)	. . . Das kann man nicht beschreiben. Unmöglich.
110 3	Wilhelm. (=108)	Wilhelm: Hat es denn geregnet? . . .
111 8	Schaffner gibt Wilhelm die Karten, grüßt militärisch.	Schaffner: Ach was, das war's nicht.
112 4	Laertes erwidert Gruß lässig.(=107)	
113 3	Wilhelm lacht. (=110)	Wilhelm: Diesen Gruß kenne ich aus alten Wochenschauen.

E	Bild	Sprache
114 18	Laertes macht eine lässige Bewegung und wendet sich an Mignon. Mignon steht zögernd auf. (=112)	Laertes: Na los, bedank Dich bei dem Herrn für die Fahrkarte.
115 3	Wilhelm schaut auf Mignon.(=113)	
116 24	Mignon macht auf dem Sitz einen Kopfstand. Laertes spielt Mundharmonika. Mignon setzt sich und jongliert mit drei Bällen.	
117 2	Wilhelm schaut zum Fenster.(=115)	
118 3	Blick aus dem fahrenden Zug.	
119 4	Wilhelm schaut zu Mignon.(=117)	
120 4	Mignon jongliert. (=116)	
121 3	Laertes schüttelt dazu den Kopf.	
122 7	Mignon klettert über die Sitze auf Wilhelms Schoß.(=119)	
123 4	Laertes lacht. (=121)	
124 11	Mignon schmiegt sich an Wilhelms Brust, bemerkt Fehlen der Brieftasche. Mignon gibt sie ihm.(=122)	
125 3	Laertes lacht anerkennend.(=123)	

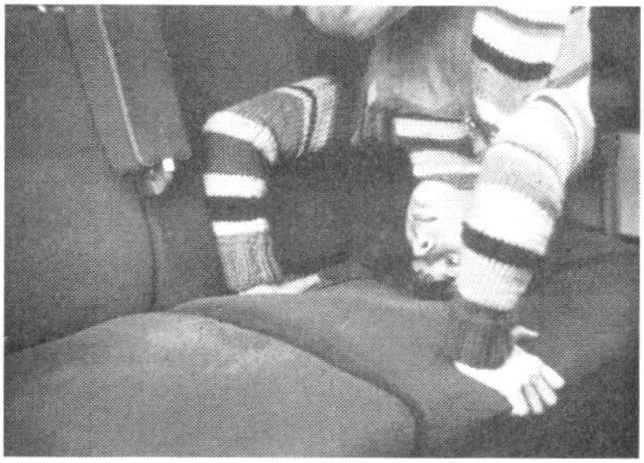

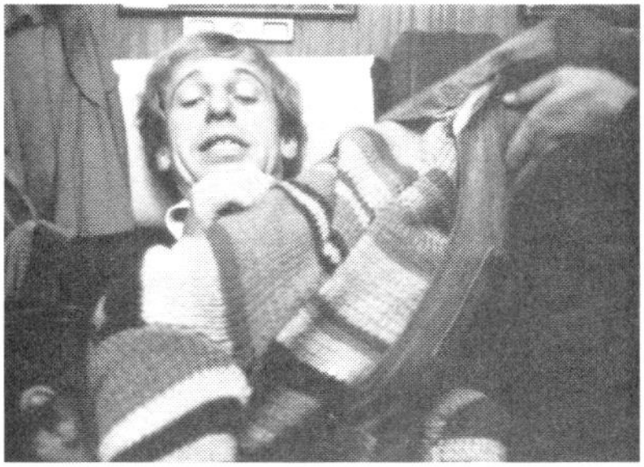

E	Bild	Sprache
126 19	Wilhelm kontrolliert die Brieftasche. Mignon blickt nach unten zum Eichendorff-Buch und schaut es lachend an.	
127 5	Laertes spielt Mundharmonika. (=125)	
128 6	Mignon schaut das Buch an. Wilhelm stößt sie weg. (=126)	
129 7	Wilhelm öffnet das Zugfenster.	
130 8	Der Mundharmonika spielende Laertes. (=127)	
131 11	Wilhelm am offenen Fenster in Fahrtrichtung schauend. Er schreit stumm. Abblende.	
132 17	Wilhelm sitzt an einem Speisewagentisch und liest. Laertes und Mignon betreten den Wagen und setzen sich ihm gegenüber. Am rechten Rand ein Fahrgast, Wim Wenders.	
133 3	Laertes spricht Wilhelm an.	Laertes: Haben Sie schon etwas ausgesucht?
134 7	Wilhelm hält Speisekarte.	Wilhelm: Ich dachte: drei mal Kalbgeschnetzeltes, Spätzle und Salat.
135 5	Laertes blickt zu Wilhelm.	Laertes: Wir trinken 'n Pils und 'ne Orangeade . . .

E	Bild	Sprache
136 3	Wilhelm. (=134)	... Übrigens der Eichinger, der Schaffner ...
137 5	Laertes schaut auf Zettel und gibt ihn Wilhelm.	... hat mir eine Nachricht gegeben, hier für Wagen 83, 3. Abteil, für den Herrn am Fenster ...
138 3	Wilhelm betrachtet ihn.	... Das können doch nur Sie sein ...
139 2	Laertes zuckt die Schultern.	Wilhelm: Ich bins bestimmt nicht.
140 7	Ein Zettel Wilhelm faltet ihn auf.	›Wagen 83, 3.Abtl. (ein Herr am Fenster).‹ ›06351/7270‹
141 5	Mignon blickt zum Zettel und zu Wilhelms Gesicht.	
142 5	Wilhelm schaut auf Zettel und nimmt Weinglas.	
143 5	Der Schaffner schaut auf die drei.	
144 14	Eine Bahnsteiguhr über einem Gleisgelände. Sie zeigt 16.00. Ein Zug fährt vorbei.	
145 30	Abends an einer Bahnsteigtreppe. Wilhelm, Laertes und Mignon gehen vom Zug zur Treppe. Laertes bleibt zurück. Sie biegen nach links in die Unterführung ein. Mignon hält Wilhelm zurück. Laertes kommt wieder. Die drei gehen durch die Unterführung.	

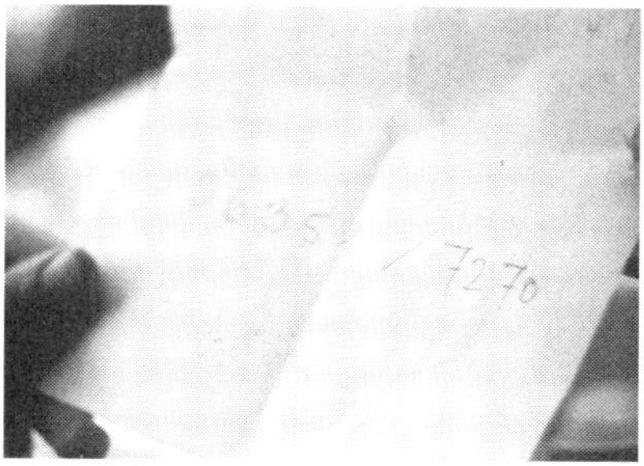

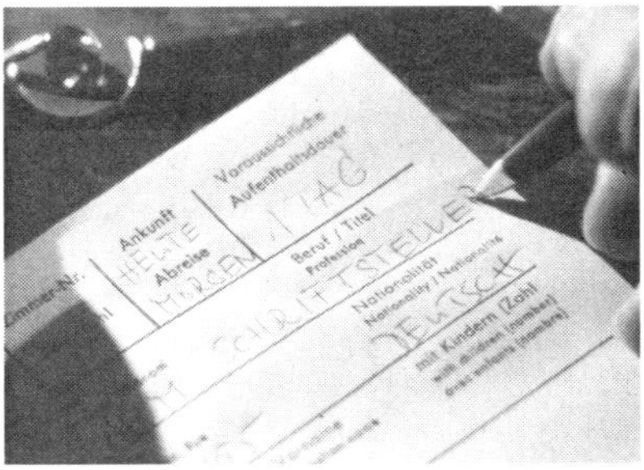

E	Bild	Sprache
146 23	Ein Bahnsteig des Bonner Hauptbahnhofs. Wilhelm, Laertes, Mignon kommen die Treppe herauf. Sie wenden sich zur Stadt.	
147 4	Wilhelm, Laertes Mignon an einer Hotelrezeption.	
148 5	Ein Hotel-Meldezettel	›Name: Wilhelm Meister Ankunft: heute Abreise: morgen Nationalität: deutsch Aufenthaltsdauer: 1 Tag Berufsangabe: ...‹
149 15	Wilhelm und Laertes an der Rezeption. Wilhelm zögert über seinem Meldezettel.	Wilhelm: Was geben Sie als Ihren Beruf an? Laertes: Ich? Ich bin Sänger. Und sie Artistin.
150 11	Wilhelm schreibt bei Berufsangabe: ›Schriftsteller‹.	
151 27	Laertes, Mignon und Wilhelm steigen die Hoteltreppe hinauf. Laertes und Mignon gehen zum nächsten Treppenabsatz weiter.	

E	Bild	Sprache
	Wilhelm sucht anhand der Schlüsselnummer sein Zimmer. Wilhelm verabschiedet sich von den beiden, bleibt bei der Tür Nr.111 stehen, öffnet und schließt die Tür hinter sich.	Wilhelm: Gute Nacht.
152 83	Wilhelm kommt zur Hotelzimmertür herein. Er geht nach vorn zum Telefon.	Wilhelm a: Nachmittags beim Anblick der Frau in dem anderen Zug, war mir der Anblick allein schon als ein großes Abenteuer erschienen und ich hatte gedacht, daß es lebenslänglich schade sei, wenn ich nicht versuchte, es fortzusetzen.
	Er telefoniert.	Wilhelm: Geben Sie mir 06351/7270!
	Die Kamera folgt Wilhelms Blick auf den Rathausplatz von Bonn.	Wilhelm a: Aber jetzt in dem Allerweltshotelzimmer mit den aufgequollenen Federbetten, dem Plastikpapierkorb und dem Neonlicht über dem Waschbecken wurde ich kleinlaut wie die Umgebung rund herum. Ich war sogar schon dabei, auswendig zu lernen, was ich ihr am Telefon sagen wollte. Z.B.: Ich bin ungeduldig, Sie zu sehen.

E	Bild	Sprache
	Wilhelm kommt wieder ins Bild. Er geht ins Zimmer zurück zum zum Telefon. Er schaut auf das Telefon. Schwarzfilm.	Ich versuchte den Zwang abzuschütteln und nahm mir vor, nicht nach Wörtern zu suchen, wenn sie am anderen Ende der Leitung schweigen würde, sondern ebenfalls zu schweigen. Ich sah auf den Platz hinunter. Ganz plötzlich war ich richtig gierig, etwas zu schreiben. Dann würde ich nicht mehr von dem Erlebnis mit der schwärmen müssen. Bei diesem Gedanken verschwand die Angst vor einem neuen Menschen. Ich hatte auf einmal Lust, ihre Stimme kennenzulernen und hoffte, daß diese genauso selbstverständlich sei wie ihr Blick aus dem Zugfenster. Dann schließlich wollte ich etwas schreiben, nur lauter Einzelheiten. (Läuten des Telefons).
153 7	Mignon sitzt an einem Frühstücks tisch.	Wilhelm: Und seit zwei Nächten träume ich nicht mehr. Und seit einer Woche habe ich mir die Nägel...
154 23	Wilhelm liest aus seinem Notizbuch vor. Im Hintergrund der zuhörende (und erstmals zu sehende) Landau	... nicht mehr geschnitten. Und seit einem Monat ziehe ich täglich dieselben Schuhe an. Und seit Jahren habe ich nicht mehr ans Sterben gedacht. Seit jeher habe ich das Gefühl, daß alles ohne mich genauso sein könnte. Doch seit ich dich sah, wußte ich endlich wie mir geschah.

E	Bild	Sprache
		... nicht mehr geschnitten. Und seit einem Monat ziehe ich täglich dieselben Schuhe an. Und seit Jahren habe ich nicht mehr ans Sterben gedacht. Seit jeher habe ich das Gefühl, daß alles ohne mich genauso sein könnte. Doch seit ich dich sah, wußte ich endlich wie mir geschah.
155 28	Laertes beugt sich vor und nimmt Wilhelms Zettel entgegen.	Wilhelm: Meinen Sie, daß Sie ein Lied daraus machen könnten? Laertes: Wenn Du mir das Gedicht läßt. Ich werd' Dir bald meine Geschichte erzählen. Vielleicht schon heute Abend. Nur als Andeutung. Ich habe an den Olympischen Spielen '36 in Berlin teilgenommen ...
156 4	Mignon hält sich die Ohren zu.	... als 100-Meter-Läufer.
157 4	Laertes entfaltet den Zettel.	Wilhelm: Da haben Sie Jesse Owens den Handschlag verweigert wie ihr Führer.
158 14	Laertes hält Wilhelms Zettel in der Hand.	Laertes: Bin nur ins Halbfinale gekommen. Aber wahrscheinlich hätte ich einem Schwarzen damals auch nicht die Hand gegeben. Wilhelm: Und jetzt?

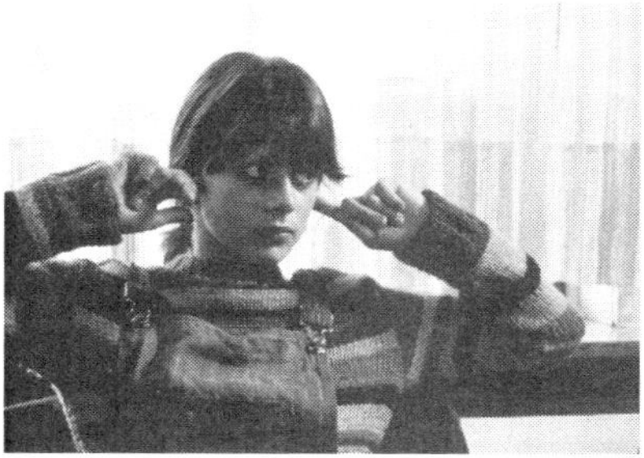

E	Bild	Sprache
159 30	Landau will Wilhelm seinen Zettel geben. In dem Moment geht dieser weg. Landau will dann der mit Semmeln jonglierenden Mignon beim Aufheben der Semmeln helfen. Mignon geht ebenfalls weg.	Wilhelm: Gehn wir lieber spazieren.
160 30	Wilhelm und Laertes gehen gehen über den Rathausplatz von Bonn. Wilhelm schaut gebannt nach rechts.	Wilhelm: Ich hatte eigentlich vor, heute richtig mit dem Schreiben anzufangen. Aber in der Nacht habe ich soviel geträumt, daß es jetzt unmöglich ist, von etwas anderem zu schreiben als von dem vielen Geträumten. Nur Träume aufschreiben, das ist –. Ich möchte etwas schreiben, was ganz und gar notwendig ist, notwendig wie ein Haus oder ein Glas Wein am Abend, nein, notwendiger natürlich.
161 11	Therese steigt aus einem weißen Citroen vor einem Kino aus.	

E	Bild	Sprache
162 5	Wilhelm geht auf sie zu.	
163 22	Therese und Wilhelm gehen auf einander zu und treffen sich vor einem auf einem Stativ befindlichen Fotoapparat. Sie schauen belustigt zum Fotoapparat.	Amerikanischer Tourist: Heh! Get out of there! Get out of the range of my camera!
164 5	Ein winkendes amerikanisches Ehepaar.	
165 24	Wilhelm und Therese gehen zu Mignon, die sich beim Wagen befindet. Landau ist im Hintergrund.	Therese: Auf dem Weg hierher fiel mir auf, daß es in Deutschland auch noch eine Landschaft gibt. Ich wollte immerfort stehen bleiben und bin doch immer schneller gefahren. Ich hatte Lust mit dir spazieren zu gehen, aus der Stadt hinaus. Laertes: Wir waren gerade dabei.
166 6	Wilhelm und Therese lehnen an einer Laterne.	
167 7	Laertes spielt Mundharmonika.	
168 9	Wilhelm, Therese und Laertes gehen durch die Fußgängerzone.	
169 8	Mignon schlägt ein Rad.	

E	Bild	Sprache
170 6	Laertes spielt Mundharmonika.	
171 6	Mignon schlägt ein Rad.	
172 4	Wilhelm und Therese schauen Mignon zu.	
173 7	Mignon sammelt bei den Umstehenden Geld ein.	
174 4	Laertes setzt Mundharmonika ab.	
175 4	Mignon sammelt Geld ein. (=173)	
176 8	Laertes liest Zettel mit Wilhelms Gedicht.	
177 7	Landau ißt aus einer Tüte und schaut sich um.	
178 10	Wilhelm faßt Therese an die Schulter. Sie gehen links um die Ecke.	
179 18	Wilhelm und Therese gehen nebeneinander auf der Straße.	Wilhelm: Ich wollte mit dir reden. Nichts besonderes, nur einfach mit dir reden. Aber auf einmal –. Ich bin –.
180 16	Laertes geht dieselbe Straße entlang. Mignon schließt zu ihm auf.	

E	Bild	Sprache
181 20	Wilhelm und Therese gehen an einem Möbelgeschäft, dann an einem dunklen Hof vorbei.	Therese: Möchtest du mit mir allein sein? Wilhelm: Jetzt nicht. Es ist gut, daß wir in Gesellschaft sind, sonst wäre es noch schlimmer. So kommt es mir wenigstens vor, als ob ich ein Geheimnis hätte.
182 8	Mignon geht mit Laertes an dem dunklen Hof vorbei und gibt ihm Geld.	
183 31	Therese, Wilhelm und hinter ihnen Laertes und Mignon stehen vor einer Kreuzung. Alle vier überqueren die Straße und gehen in eine dunkle Gasse. Landau ist hinter ihnen und tut unbeteiligt.	
184 17	Wilhelm, Laertes Therese und Mignon schauen nach links oben. Mignon legt ihren Kopf an Wilhelms Schulter und löst sich wieder.	
185 10	Die Gruppe von hinten. Sie schauen nach oben.	

E	Bild	Sprache
186 7	Auf einem Dachbalkon schlagen sich ein Mann und eine Frau.	
187 21	Die vier schauen um sich. Laertes bleibt stehen und schaut nach oben. Die anderen bleiben auch stehen und schauen hoch.	Mann am Fenster: Wißt ihr überhaupt, was Schmerzen sind? Kennt ihr Schweine das Sausen . . .
188 5	Mann am am Fenster hält sich die Ohren.	. . . eines Segelflugzeuges im Gehirn?
189 14	Die vier beginnen zu laufen. Laertes hält sich zurück. Landau beginnt ihnen nachzulaufen.	Laertes: Hier entlang!
190 21	Der Aufgang zu einem Rheincafé. Mignon und Laertes gehen die Treppe hinauf. Laertes geht über den verwahrlosten Innenhof zur Durchreiche.	
191 30	Therese sitzt auf der Terrassenmauer des Cafés. Rechts von ihr sitzt Wilhelm auf einem Café-	Therese: Dir ist so vieles fremd. Das gefällt mir an dir. Ich glaube, sonst könntest du auch gar nicht schreiben. Was mir nicht gefällt ist: . . . Laertes: Hallo!

E	Bild	Sprache
	tisch.	Therese: ... Daß der Befremdete immer nur du selber bist ...
192 6	Laertes kommt zurück.	... Trau deinen Zustand allen zu.
193 31	Landau kommt die Treppe zum am Tisch sitzenden Wilhelm hoch. Er holt einen Zettel aus der Tasche und faltet ihn vor einem Baumstamm auseinander.	Landau: Verzeihen Sie. Ich habe Sie heute früh im Hotel ein Gedicht vortragen gehört. Ich schreibe selbst Gedichte und bin Ihnen nachgegangen, um Sie zu fragen, was Sie davon halten. Darf ich Ihnen eines aufsagen? ...
194 4	Wilhelm schaut Landau skeptisch an.	
195 40	Landau liest vor dem Baumstamm. (=193)	Landau: Ich lag noch im Halbschlaf, da hörte ich die Glocken schon läuten./ Eine schug so laut, als schlage sie mich./ Da fing ich an, mich vor Elend zu häuten./ Das Gefühl, nicht einmal ein Umriß im Weltall zu sein, wurde fürcherlich./ Als Qualle, so traumhaft gestaltlos, spürte ich mich durch die Sphären glitschen./ ...
	Laertes kommt ins Bild und schaut Landau entgeistert an.	Laertes: Es bedient niemand hier. Landau: ... Ein Kind trat auf mich wie auf mich wie auf schnekkenbehangene ...

E	Bild	Sprache
196 9	Wilhelm schaut Landau skeptisch an. (=194)	... gallertig verfaulende Pilze./ Ich sehnte mich mich danach, mich selbst mit dem Schlauch in den Rinnstein zu spritzen./ ...
197 7	Laertes schaut zu Landau.	... Und fühlte mich im Metzgerladen wohl als durchscheinende, zitternde Sülze ...
198 5	Therese sitzt auf der Mauer.	... Durch eine Falltür fiel ich hinab in einen letzten Traum ...
199 6	Wilhelm blickt zu Landau.	... und hing dort als gut abgehangenes Stück Fleisch an einem Haken./ ...
200 21	Therese auf der Mauer. Mignon kommt hinzu und setzt sich dazu. Beide lachen.	Und ein Gehenkter mit dem Schild ›Ich bin ein Volksverräter!‹ zappelte als Ich von einem Zwetschgenbaum./ Und aus dem angstvoll steifen Glied trat Samen aus und tropfte auf das weiße Laken./ Seitdem lebe ich unter der Glocke aus Glas/ und lasse mein ...
201 4	Wilhelm. (=199)	... verwesendes Bewußtsein das Glas bedunsten. ...
202 13	Landau liest vor. (=195) Abblende.	... Warum muß zwischen mir und der Welt so ein maßloser Unterschied sein?
203 16	Thereses Wagen fährt neben einem Fluß auf einer nassen Landstraße.	

E	Bild	Sprache
204 14	Der in Thereses Wagen sitzende Bernhard Landau.	Landau: Ich muß mich noch vorstellen: Mein Name ist Bernhard Landau. Ich bin Österreicher. Ich habe in meinem Leben noch nicht viel getan …
205 5	Laertes und Mignon im Wagen.	… Hoffe, daß … das so bleibt …
206 7	Wilhelm, im Wagen sitzend.	… Ich verunglücke jedes Jahr einmal. In diesem Jahr bin ich mit dem Gesicht auf eine Stuhlkante gefallen …
207 5	Therese, hinter dem Steuer.	… und hab mir die Mundwinkel eingerissen. Aber schon wieder verheilt …
208 12	Landau im Wagen. (=204)	… Ein Onkel von mir ist Besitzer einer Brotfabrik und hat hier in der Gegend ein Landhaus. Wir könnten eigentlich alle bei ihm übernachten …
209 3	Therese zuckt die Schultern.	… In der Jugend wollte er Komponist werden …
210 4	Wilhelm zuckt die Schultern.	… leidet ab und zu, weil er Industrieller ist …
211 3	Therese lacht.	… Aber ich finde, daß gerade die Leute …
212 11	Thereses Wagen auf der Landstraße.	… die rechten Industriellen sind.
213 8	Wilhelm, aus dem Wagen blickend.	

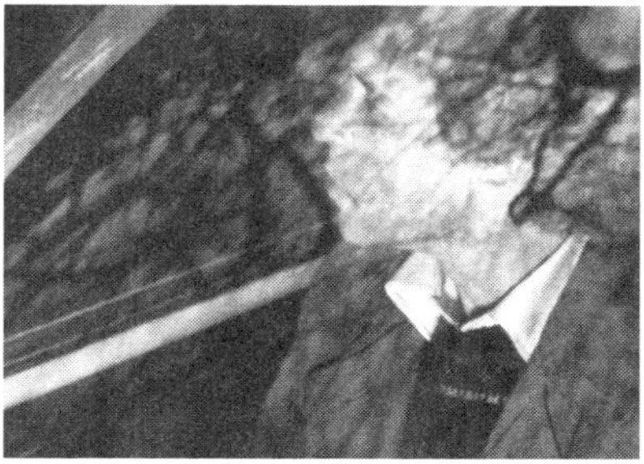

E	Bild	Sprache
214 8	Durch die Bäume wird eine Villa sichtbar.	
215 28	Thereses Wagen fährt vor den Eingang einer verwahrlosten Villa und hält an. Landau steigt zuerst musternd aus. Dann folgen ihm die anderen.	
216 32	Landau betritt die Vorhalle, die voller abgedeckter Möbelstücke ist. Die anderen kommen nach. Mignon faßt Wilhelm am Arm und zeigt nach rechts oben. Laertes setzt sich.	
217 7	Hausherr kommt die Treppe herunter.	
218 14	Landau, Laertes und Therese blikken nach oben. Landau macht eine Schießbewegung.	Landau: Tu das Gewehr weg, Onkel! Wir schießen zurück. Ich bins, Bernhard aus Wien. Ich bin mit einigen Freunden gekommen....

E	Bild	Sprache
219 4	Hausherr läßt Gewehr sinken.	... Wir wollen alle hier übernachten ...
220 18	Landau wendet sich nach links zu den anderen, dann wieder nach rechts.	... Ich glaube, das ist gar nicht mein Onkel und auch nicht das richtige Haus fürchte ich. Laertes: Es ist auch nicht die richtige Zeit. Hausherr: Ich kenne euch zwar nicht ...
221 14	Hausherr kommt die Treppe herunter, das Gewehr nach oben haltend.	... Aber ich bin froh daß ihr gekommen seid.Im Haus ist Platz für euch alle. Ihr könnt bleiben solange ihr wollt. Ich hielt mir gerade das Gewehr in den Mund ...
222 10	Wilhelm, den Blick senkend.	... als ich das Auto hörte. Da wartete ich und hoffte, daß es stehn bleiben würde ...
223 51	Hausherr geht die letzten Treppenstufen hinunter und legt das Gewehr ab. Hausherr geht zu Laertes und dann links vorbei. Die anderen kommen ins Bild.	... Ich lebe allein hier. Meine Frau hat sich vor drei Monaten erhängt. Deshalb ist auch das Haus in einem solchen Zustand. Ich wollte alles renovieren lassen, alles ändern lassen. Sie wünschte sich oft eine Maschine mit der alle Sehnen ihres Körpers gestreckt werden könnten. Ich konnte ihr nicht helfen. Am Schluß betete ich sogar.

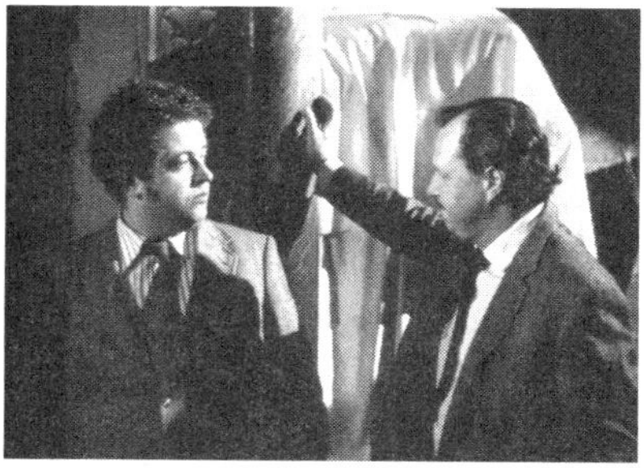

E	Bild	Sprache
	Hausherr geht auf Wilhelm zu und dann zum Hintergrund. Er bückt sich nach einer Zeitung und weist dann einladend nach links.	Aber nun bin ich lange genug allein gewesen. Schaut, ich krieg schon wieder Lust, Zeitungen zu lesen. Kommt dort ins Zimmer!
224 8	Thereses Wagen auf der Auffahrt zur Villa.	
225 18	Die Gesellschaft sitzt im unordentlich aussehenden Kaminzimmer an einem Tischchen und trinkt Wein.	
226 28	Hausherr sitzt mit einem Glas Wein in einem Liegestuhl und beginnt seine Rede.	Hausherr: Ich möchte von der Einsamkeit sprechen. Ich glaube, es gibt sie gar nicht. Es ist vielmehr ein künstliches, von außen erzeugtes Gefühl. Einmal ...
227 10	Wilhelm, in einer Sofaecke lehnend.	... saß ich hier in sem Raum in tiefem, tiefem Stumpfsinn. Weiter weg lagen im Aschenbecher Zigarettenkippen ...

E	Bild	Sprache
228 6	Hausherr weist nach links. (=226)	... vom letzten Abend. Dort habe ich also am letzten Abend gesessen ...
229 12	Laertes lehnt müde auf seinem Sitz.	... Im gleichen Stumpfsinn wie heute,dachte ich. Gestern saß ich dort und heute hier. Und diese Vorstellung von mir ...
230 14	Hausherr führt Glas zum Mund und schlürft bedächtig.	... rührte mich so, daß ich mich auf einmal gestreichelt fühlte. Das war also die Einsamkeit. Stolz vor Einsamkeit war ich, beschwingt, einsam ...
231 12	Therese liegt auf dem Sofa und öffnet dann die Augen.	... einsamkeitüberströmt. Ähnlich wurde die Einsamkeit hergestellt, als ich ein andermal ...
232 43	Der Hausherr.	... in der Nacht auf der Terrasse draußen saß. Ich trank eine Flasche Wein, und die Zeit verging ohne Anstrengung. Da gingen am Waldrand Leute vorbei und schauten zu mir herüber. Wie allein muß ich denen wohl vorkommen, dachte ich. Und sofort war ich wieder eingewiegt in die außengelenkte künstliche Einsamkeit. Sie ist ein bloß theatralischer Zustand und entsteht in dem Augenblick, da man sich als Schauspieler seiner selbst ...

E	Bild	Sprache
233 4	Laertes. (=229)	... fühlt. Und dennoch ...
234 31	Der Wein trinkende Hausherr. (=232)	... sind es diese heuchlerischen Momente der Einsamkeit, in denen ich mich wie neu geboren fühle. Es ist das Paradox der Einsamkeit, das mich überströmende Gefühl der Geborgenheit, das ich dabei empfinde.
235 6	Therese öffnet die Augen.	Wilhelm: Sie wollten uns doch heute abend noch ...
236 4	Mignon starrt auf ihr Glas.	
237 11	Wilhelm wendet sich an Laertes.	... Ihr Geheimnis verraten. Laertes: Dazu bin ich zu müde. Verschieben wirs auf morgen, auf den Spaziergang. Komm, Mignon!
238 5	Mignon steht auf.	
239 13	Wilhelm und Laertes sind dabei aufzustehen. Laertes stutzt und wendet sich dann Mignon zu.	Wilhelm: Sie heißt Mignon. Das hab ich gar nicht gewußt. Laertes: Hast sie ja nicht gefragt. Sie hat die ganze Zeit gewartet, daß du sie fragen würdest.
240 8	Hausherr trinkt Wein. Laertes verläßt mit Mignon Zimmer.	

E	Bild	Sprache
241 25	Therese, sitzend. Wilhelm beugt sich Therese zu. Therese und Wilhelm blikken nach links.	Therese: Wilhelm, ich geh schon mal nach oben. Du kommst doch nach? Wilhelm: Ja, du weißt es doch. Ich bleib noch'n bißchen unten. Bin unzufrieden, weil ich heute nichts geschrieben hab ...
242 4	Landau auf dem Sofa.	... Der hat schon gedichtet.
243 12	Therese wendet sich Wilhelm zu.	Therese: Aber ich will heut nicht unzufrieden sein. Such mich dann. Landau: Und ich bin froh ...
244 6	Landau schreckt hoch.	... daß ich euch gefunden hab.
245 23	Landau erhebt sich, grüßt kurz Laertes und geht aus dem Bild. Therese erhebt sich ebenfalls, nickt dem Hausherrn kurz zu. Wilhelm und der Hausherr bleiben zurück.	Landau: Gute Nacht!

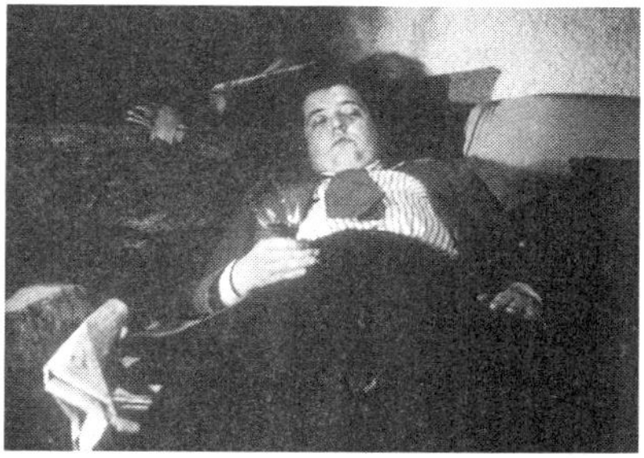

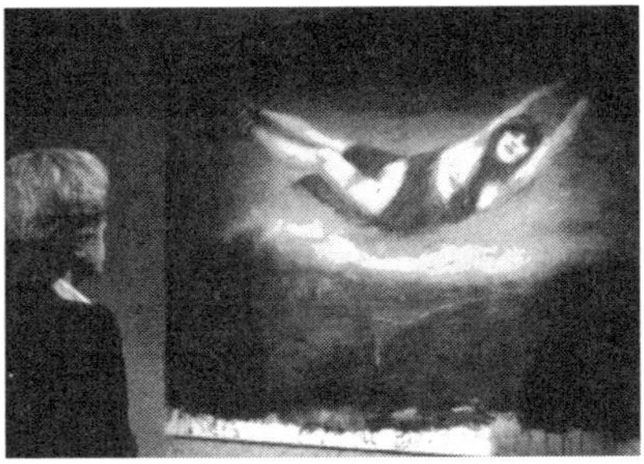

E	Bild	Sprache
246 23	Wilhelm geht auf den Balkon hinaus und schaut tief durchatmend nach oben. Er geht zur Balkonbrüstung. Der Blick geht auf ein nächtliches Flußtal.	
247 16	Wilhelm betrachtet das Gemälde an der Wand.	Hausherr: Ein Selbstporträt meiner Frau . . .
248 51	Hausherr sitzt im Lehnstuhl. Er nimmt einen Kugelschreiber und spielt geistesabwesend damit. Der Hausherr steht auf und geht zum Kamin und bleibt dort.	. . . Ich möchte kurz noch von der Einkeit hier in Deutschland sprechen. Sie scheint mir verborgener und zugleich schmerzhafter zu sein als anderswo. Verantwortlich dafür könnte die Geschichte der Ideen hier sein, die alle nach Lebenshaltungen suchten, in denen die Überwindung der Angst möglich wäre. Die Verkündung von Tugenden, wie Mut, Ausdauer und Fleiß, sollten nur von der Angst ablenken. Jedenfalls sagen wir einmal, es sei so . . .
249 6	Wilhelm, Blick nach links.	. . . Die Pilosophien waren wie sonst nirgends verwendbar als . . .

E	Bild	Sprache
250 21	Der Hausherr vor dem Kamin. Lichtreflexe des Feuers auf seinem Gesicht.	... Staatsphilosophien, so daß die notwendig verbrecherischen Methoden, mit denen die Angst überwunden werden sollten, auch noch legalisiert wurden. Die Angst gilt hier als Eitelkeit oder Schande ...
251 36	Wilhelm stellt sich links neben den Hausherren. Im Hintergrund ein Fernsehgerät.	... Deswegen ist die Einsamkeit in Deutschland maskiert mit all diesen verräterisch-entseelten Gesichtern, die durch die Supermärkte, Naherholungsgebiete, Fußgängerzonen und Fitnesscentren geistern: die toten Seelen von Deutschland. Ein Junge hat doch keine Angst, sagten meine Eltern zu mir. Ich weigere ...
252 7	Hausherr löst seine blutige Hand von der Kugelschreiberspitze.	... mich meine Angst zu überwinden ...
253 35	Der Hausherr schaut seine Hand an. Er wendet sich nochmals Wilhelm zu und verschwindet dann durch den Türbogen. Wilhelm nimmt den Kugelschreiber.	... Jetzt wünsche ich Ihnen, daß sie sich hier wohl fühlen. Es hat mich gerührt, Sie anzusehen, wie Sie mir zugehört haben.

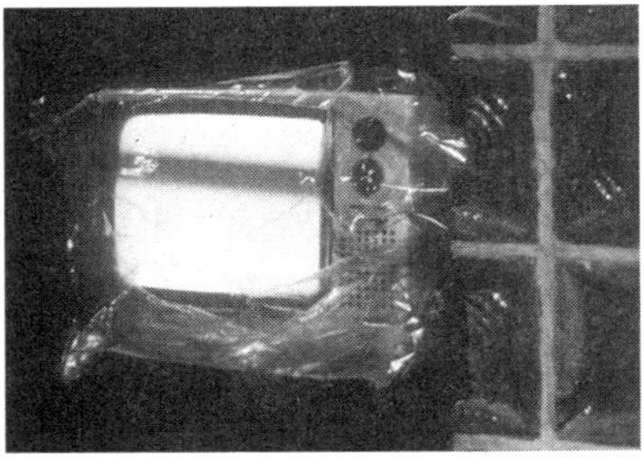

E	Bild	Sprache
	und geht zum Lehnstuhl des Hausherrn. Er schlägt ein Notizbuch auf,	
254 18	Wilhelm wischt Blut vom Kugelschreiber auf das leere Blatt des Notizbuchs und beginnt zu schreiben: ›Das gibt es viell -‹	Wilhelm a: Das gibts vielleicht auch, daß man schreiben will, ohne zu wissen was . . .
255 5	Das flimmernde Fernsehgerät.	. . . Einfach nur schreiben wollen, so wie man gehen will. Ja . . .
256 5	Der nächtliche Himmel.	. . . nicht schreiben ist das Bedürfnis, sondern schreiben wollen. Ebenso . . .
257 3	Das erloschene Kaminfeuer.	. . . ist vielleicht lieben gar kein Bedürfnis, sondern lieben wollen.
258 14	Wilhelm sitzt im Lehnstuhl, steht auf und geht dann fort.	Wilhelm: Ich geh jetzt hinauf.
259 143	Wilhelm, von oben zu sehend, steigt die Stufen eines heruntergekommenen, mit Bilderrahmen, Badewannen verstellten Treppenhauses empor. Es wird ein Baderaum mit einem Bügelbrett sichtbar. Wilhelm geht hinein, spuckt	

E	Bild	Sprache
	auf das Bügeleisen, schaltet den Stekker aus und verläßt den Raum wieder. Wilhelm geht nach links den Flur entlang und bleibt vor einer großen Türe stehen. Er öffnet sie, lugt hinein, und sieht den schlafenden Landau. Er schließt die Türe wieder. Wilhelm geht weiter auf dem Flur und öffnet wieder eine Tür. Der auf einem Bett liegende Laertes wird, sichtbar. Er hält in der Linken eine dreischwänzige Geißel. Wilhelm geht weiter den Flur entlang und wendet sich dann unentschlossen auf eine weitere Tür zu. Er öffnet vorsichtig einen Türflügel, geht ins Zimmer und schließt die Tür hinter sich.	Wilhelm: Bist du da?
260 22	Wilhelm im dunklen Zimmer (von Mignon).	

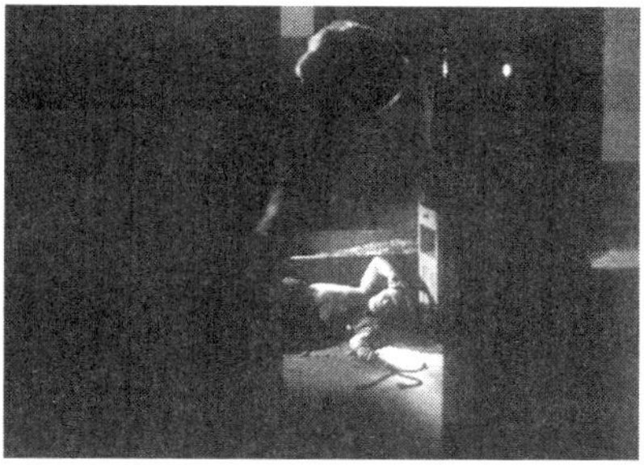

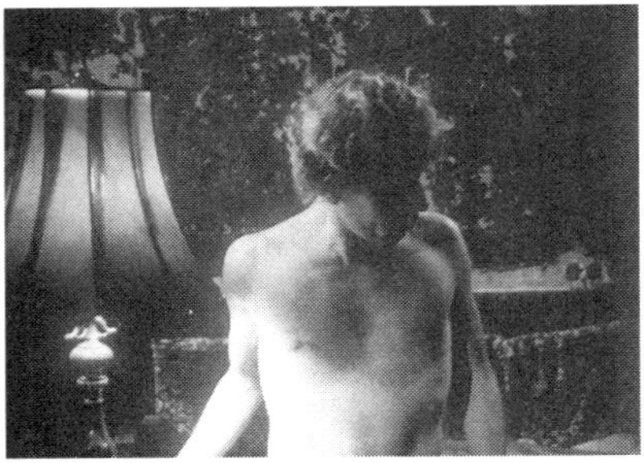

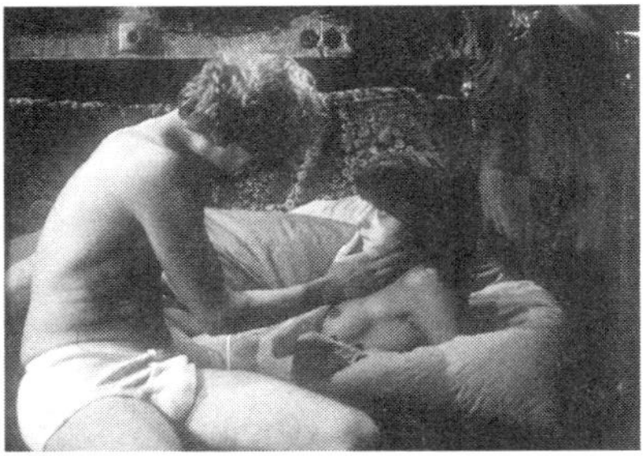

E	Bild	Sprache
	Er zieht sich aus und geht auf das Bett zu, auf der eine barbusige Frau zu sehen ist.	
261 80	Wilhelm wird von der Frau, Mignon, auf das Bett heruntergezogen. Er löst sich aus der Umarmung und geht zur Stehlampe und knipst das Licht an. Er geht zum Bett zurück und setzt sich auf die Bettkante. Mignon ist jetzt deutlich sichtbar. Wilhelm gibt ihr eine Ohrfeige und streichelt dann ihr Haar und ihr Gesicht.	
262 14	Die Gesellschaft zusammen mit dem Hausherrn beim Frühstücken. Durch das Fenster wird eine Flußlandschaft sichtbar.	
263 8	Therese sitzt auf einem Gartenstuhl. Rechts ein Bücherstapel.	

E	Bild	Sprache
264 5	Laertes beim Frühstücken.	
265 12	Therese, einen Apfel kauend. (=263)	Therese: Ich träumte, daß ich Schlittschuh lief, auf dem zugefrorenen Meer ...
266 5	Wilhelm.	... Es war die Nordsee ...
267 14	Therese, Apfel kauend, Blick nach vorne. (=265)	... Ich war schon ganz weit draußen, konnte nicht mehr zurück ...
268 12	Hausherr. trinkt aus einem Rotweinglas.	... und lief immer geradeaus weiter. Ich hatte sehr Angst ...
269 4	Mignon, an der Wand lehnend.	Das Fürcherliche war das Knirschen ...
270 10	Therese, nach vorne. blickend. (=267)	... der Schlittschuhkufen – hinter mir im Eis ...
271 10	Wilhelm, nach links blickend (=266)	... Das ist gar nicht mein Traum, dacht ich immerzu.
272 5	Therese beißt in den Apfel. (=270)	
273 10	Wilhelm ißt Stück Brot. Blick nach rechts. (=271)	Wilhelm: Ich hab geträumt, daß Sie sterben sollten ...
274 15	Laertes, nach links schauend, führt einen Löffel zum Mund. (=264)	... Vorsorglich sollten Sie sich schon einige Stunden vor ihrem zu erwartenden Tod in ein Mausoleum unter der Hauptstraßebegeben...

E	Bild	Sprache
275 11	Wilhelm, nach rechts blickend. (=273)	... Bis zum Eintritt Ihres Todes sollte Ihnen ein Kind Gesellschaft leisten. Das Kind stellt sich neben Sie ...
276 6	Therese. (=272)	... und das Mausoleum wurde mit einem großen Stein verschlossen. ...
277 8	Laertes, Mundharmonika spielend. (=274)	... Ich träumte die ganze Zeit von der absoluten Finsternis ...
278 14	Wilhelm, nach rechts blik-. kend. (=274)	... in der das Kind bis zu Ihrem Tod neben Ihnen stehen mußte. Es war mein Kind. ...
279 8	Landau, essend.	Hausherr: Ich träumte in meinem Zimmer auf dem Bett zu liegen ...
280 38	Der Hausherr gestikuliert mit der Rechten. In der Linken ein Weinglas.	... und die ganze Zeit die Wand mit der Tür zu sehen. Ich wachte immer wieder auf und sah auch in Wirklichkeit die Wand mit der Tür vor mir. Kaum schlief ich dann ein, träumte ich sie wieder, fast genauso, wie ich in Wirklichkeit gesehen hatte, nur etwas – etwas näher bei mir. Ich mußte mich erbrechen.
281 5	Therese. (=276)	
282 4	Landau. (=279)	
283 3	Wilhelm. (=278)	

E	Bild	Sprache
284 21	Landau blickt nach links dem Fenster dann nach vorne. (=282)	Landau: Es tut mir leid, jetzt am hellen Tag fällt mir mein Traum nicht mehr ein. Obwohl es gerade als ich die Zuckerdose nehmen wollte,mir einen Ruck gegeben hat. Fast hätt ich mich erinnert. Es kommt mir so wichtig vor.
285 5	Wilhelm.	Wilhelm: Und du, Mignon?
286 5	Mignon zuckt die Schultern.	
287 7	Laertes setzt Mundharmonika an.	Laertes: Sie findet Träume lächerlich.
288 4	Hausherr, im Profil. (=280)	
289 12	Mignon macht mit dem Halstuch einen Zaubertrick. (=286)	
290 3	Der Hausherr. (=288)	
291 5	Mignon wiederholt den Zaubertrick.	
292 10	Hausherr trinkt aus aus dem Glas. (=290)	
293 8	Therese, den Apfel kauend. (=281)	Laertes (singt): Ein Herr schreit an mich fürchterlich,/ …
294 23	Laertes, die Mundharmonika haltend. (=287)	… wart Rosenthal, jetzt hab ich dich./ Dann spuckt er wütend mich am Kragen / und hat vier Zähn mir eingeschlagen./

E	Bild	Sprache
		Dann spuckt ins Gesicht mir noch der Mann./ Ich denk mir, was geht mich das an./ Ich heiß doch gar nicht Rosenthal,/ . . .
295 9	Der Hausherr. (=292)	. . . mir ist schon alles ganz egal./ Wenn ich werd einst gestorben sein,/ . . .
296 7	Wilhelm, Hände vor dem Gesicht. (=285)	. . . steig ich vergnügt in Sarg hinein,/ und weil ich so viel Freunde hab/ . . .
297 4	Therese. (=293)	. . . drum leg ich mich verkehrt ins Grab . . .
298 5	Landau grinst.	. . . Dort lieg ich dann am Bauch ganz still/ . . .
299 14	Laertes, nach unten blickend. (294)	. . . und kann mir denken was ich will./ Vielleicht besucht mich wer einmal./ Mir ist schon alles ganz egal.
300 12	Mignon setzt sich zwischen Therese und Wilhelm. (=262)	
301 11	Mignon und Therese gehen auf einer Teerstraße einen Weinberg hoch.	
302 5	Laertes pfeifend vorwärts gehend.	

E	Bild	Sprache
303 213	Wilhelm und Laertes gehen auf der kurvenreichen Teerstraße den Weinberg hoch. In größerer Entfernung folgen Therese und Mignon.	Wilhelm: Glauben Sie, daß man schreiben kann, wenn alles Politische einem fremd geworden ist? Laertes: Wenn man beschreiben könnte, wie es zu dieser Fremdheitgekommen ist. Sie darf nur nicht als das Natürliche erscheinen. Wilhelm: Dann müßte ich ja die ganze Geschichte des Abendlandes erzählen. Laertes: Ja, freilich. Wilhelm: Eigentlich ist mir das Politische erst mit dem Schreiben unfaßbar geworden. Ich wollte politisch schreiben und merkte dabei, daß mir die Worte dafür fehlten. Das heißt, es gab schon Worte, aber die hatten wiederum nichts mit mir zu tun. Ich hatte überhaupt kein Gefühl dabei. Ich dachte: Das ist doch nicht von mir. Ich schrieb, wie vielleicht fortschrittliche Politiker reden, nur hilfloser, weil ich nicht handelte, und pointierter, aber aus Hilflosigkeit.

E	Bild	Sprache
	Wilhelm und Laertes gehen den Weinberg hinauf.	Laertes: Aber das wäre doch ein Grund gewesen, politisch aktiv zu werden und das Schreiben sein zu lassen. Wilhelm: Aber ich hatte doch gerade mit dem Schreiben bemerkt, daß ich meine Bedürfnisse nicht auf politische Weise formulieren konnte. Ich fand sie bisher nie von Politikern geweckt, immer nur von Poeten. Laertes: Was kümmert denn die Welt deine höchstpersönlichen Bedürfnisse? Wilhelm: Höchstpersönliche Bedürfnisse hat ein jeder, und sie sind die eigentlichen. Für mich gibt es nur höchstpersönliche Bedürfnisse. Laertes: Aber die sind unerfüllbar, im Gegensatz zu den Bedürfnissen, mit denen sich die Politik beschäftigt. Wilhelm: Wenn nur das Politische und das Poetische eins sein könnten. Laertes: Das wäre das Ende der Sehnsucht und das Ende der Welt.

E	Bild	Sprache
		Wilhelm: In der Nacht sah ich Sie neben dem Bett auf dem Boden liegen. Sie hatten so etwas wie eine Geißel in der Hand. Wofür wollen Sie denn büßen? Jetzt wäre es Zeit für Ihre Geschichte.
		Laertes: Vorhin auf der Terrasse habe ich das Lied eines Juden gesungen.
		Wilhelm: Ihr Freund?
	Wilhelm und Laertes gehen den Weinberg hinauf.	Laertes: Ich hab ihn umgebracht.Sie erinnern sich an den Schaffner im Zug. Wie er mich beim Weggehen militärisch gegrüßt hat? Er war mein Adjutant in Wilna. Übrigens habe ich auch Juden gerettet – wenn sie Fachjuden waren.
		Wilhelm: Können Sie schwimmen?
		Laertes: Woher wissen Sie, daß ich nicht schwimmen kann?
		Wilhelm: Ich hab es mir gewünscht.

E	Bild	Sprache
304 6	Landau vor Therese und Mignon.	
305 106	Wilhelm und Laertes gehen den Weinberg hinauf. Landau, Therese und Mignon kommen näher. Zwei Jäger kommen vorbei. Blick auf die Flußbiegung von einem Plateau aus.	Laertes: Wenn ich so geh, ist mir zumute als hätt ich Sieben-Meilen-Stiefel an. Dann verstehe ich sogar deine Abneigung gegen Politik, Wilhelm. Die Natur ist für mich lebenswichtig. Ich vergesse darin, was früher war: die unschuldigen Lagerfeuer meiner Jugend. Wir warfen Hölzchen, die Zukunft daraus zu lesen. Wie wir lachend durchs Feuer sprangen, ohne uns dabei etwas zu denken. Wir konnten uns noch über die im Feuer gebackenen Kartoffeln freuen, während die Wohlstandskinder heute sich abenteuerlich vorkommen, wenn sie im Garten ihrer Eltern Spanferkel am Spieß drehen. (im Hintergrund Schüsse)

E	Bild	Sprache
306 12	Therese Mignon, ineinander eingehakt.	(Beide pfeifen die Melodie von ›Freude, schöner Götterfunken‹).
307 163	Laertes bleibt beim Plateau zurück. Landau schließt zu Wilhelm auf und geht Seite an Seite mit ihm.	Landau: Versuche mich die ganze Zeit nach meinem Traum zu erinnern. Er handelt von meinem Onkel, das weiß ich. Übrigens ist mir gerade ein kurzes Gedicht eingefallen, eine Art Haiku. Wilhelm: Aber fürs Schreiben ist es besser, wenn einem was auffällt, statt daß einem was einfällt. Landau: Willst du's jetzt hören oder nicht? Wilhelm: Und ich habe gerade eine kurze Geschichte erfunden. Landau: Erzähl sie. Wilhelm: Sag du zuerst dein Gedicht. Landau: Es heißt ›Liebevoll‹: ›Liebevoll schaut die Mutter den Kindern beim Essen zu.‹ Ein Gedicht von Bernhard Landau.

E	Bild	Sprache
		Wilhelm: Sehr gut. Meine Geschichte ist auch ziemlich kurz. Sie geht ungefähr so:›Endlich war er fähig, ihr zu sagen, daß er sie liebe. Im Moment, als er sagte: 'Ich liebe dich', griff sie zufällig zu dem Zahnstocher. Von da an haßte er sie sein Leben lang.‹
	Wilhelm und Landau gehen den Weg hinauf.	Landau: Hat er sie denn geheiratet?
		Wilhelm: Selbstverständlich. Weil er ihr doch gesagt hatte, daß er sie liebe.
		Landau: Das mußt du auch noch in deiner Geschichte erzählen, sonst ist sie nur Pointe und außerdem würde ich den beiden Namen geben. ›Er‹, ›Sie‹ sind ja nur so Witzfiguren.
		Wilhelm: Wie soll ich sie nennen?
		Landau: Anton und Martha.
		Wilhelm: Endlich war Anton fähig, Martha zu sagen, daß er sie liebe. Ich glaube, das wird ein Roman.

E	Bild	Sprache
308 47	Therese löst sich von Mignon und schließt langsam zu Wilhelm auf. Mignon wendet sich Landau zu, dem es erstmals gelungen ist, den Schirm aufzuspannen. Therese geht neben Wilhelm.	Therese: Du hast mich nicht gesucht! Wilhelm: Doch, ich hab dich gesucht. Dein Gesicht ist ganz weich, so traurig bist du also. Therese: Ja. Wilhelm: Sag jetzt nicht, was du denkst. Therese: Du wolltest soviel erzählen.
309 8	Mignon versucht Landau mit dem Schirm zu helfen.	
310 129	Therese und Wilhelm gehen die Straße im Weinberg hoch.	Wilhelm: Heute möchte ich wirklich mit dir allein sein. Ich hab jetzt keine Angst mehr wie sonst mit jemandem allein zu bleiben. Therese: Der Traum vom Schlittschuhlaufen war übrigens erfunden. Mir war nur so zumut. Wilhelm: Ich habs gemerkt. Deswegen hab ich auch weggeschaut, als du davon geredet hast.

E	Bild	Sprache
		Therese: Hast du übrigens die am Weg verstreuten Vogelfedern gesehen? Wilhelm: Ja, warum? Therese: Ist dir was aufgefallen? Wilhelm: Ich hab nicht so genau hingeschaut. Therese:Ein gelber Schnabel lag darunter.Du über- übersiehst überhaupt sehr viel, finde ich. Wilhelm: Das stimmt. Ich muß mich zum Beobachten meistens zwingen. Alle anderen sehen an einer Sache mehr Einzelheiten als ich. Therese: Und trotzdem willst du als Schriftsteller leben? Wilhelm: Ich weiß, ich hab das nicht, was man Beobachtungsgabe nennt, aber, wie ich mir einbilde, die Fähigkeit zu einer Art erotischem Blick. Plötzlich fällt mir etwas auf, was ich immer übersehen habe. Ich seh's dann aber nicht nur, sondern krieg

E	Bild	Sprache
	Beide erreichen ein Plateau und blicken hinunter.	gleichzeitig auch ein Gefühl dafür. Das mein ich mit dem erotischen Blick. Ich schreib dann nicht etwas bloß Beobachtetes, sondern etwas Erlebtes. Deswegen will ich eben Schriftsteller sein.
311 10	Mignon öffnet den Schirm.	
312 76	Wilhelm und Therese stehen einander auf dem Plateau gegenüber. Entlang ihren Blickachsen fahren unten auf dem Rhein zwei Flußschiffe aufeinander zu.	Therese: Irgendetwas müßte passieren. Alles ist so selbstverständlich, fertig, zugenäht. Ich habe keine Lust mehr zum Spazierengehen. Mir kommt das alles wie ein Aufschub vor. Laß uns was tun. Wilhelm (singt): Where have you been my darling young one. – Hast du schon mal jemanden umbringen wollen? Therese: Nein. Wilhelm: Ich schon. Vor allem als Kind hatte ich oft eine Mordlust. Im Moment habe ich sie zum Beispiel wieder. Ich möchte nicht einmal ein Werkzeug dazu benutzen, sondern es mit den bloßen Händen tun. Therese: Was meinst du denn? Ich weiß, wen du meinst.

E	Bild	Sprache
313 5	Mignon spannt den Regenschirm auf.	
314 20	Wilhelm und Therese. Landau geht auf sie zu.	Landau: Jetzt ist mir der Traum eingefallen: Unser Hausherr lief über eine Küstenstraße. Ein Mann mit der Filmkamera verfolgte ihn. Unser Hausherr schrie: ›Es leben die Ausgebeuteten dieser Erde!‹ Daraufhin sprang er über die Straßenbegrenzung und stürzte sich hinunter . . .
315 4	Mignon mit Schirm.	. . . tief unten war das Meer . . .
316 19	Therese, Landau und Wilhelm. Sie gehen zum Vordergrund. Mignon gesellt sich dazu.	. . . Danach mußte ich mir noch den Film anschauen, als Zeuge. Wilhelm: Gehen wir! Therese: Jetzt gehn wir, ich hab Angst. Landau: Und der Kameramann, der den Sturz –
317 37	Landau, Mignon, Wilhelm und Therese gehen die Straße hinunter. Sie gehen an Laertes vorbei, beginnen zu laufen. Laertes läuft ihnen nach. Drei Kinder mit einem Drachen kommen ins Bild.	Laertes: Halt!

E	Bild	Sprache
318 8	Alle fünf gehen auf die Villa zu.	
319 20	Wilhelm geht in die Villa hinein. Die Kamera schwenkt währenddessen an der Fassade entlang, bis Wilhelm wieder innen zu sehen ist, wie er den pfeifenden Dampfkessel vom Ofen nimmt.	
320 70	Wilhelm geht zur Treppe und entdeckt den Hausherrn, der sich über dem ersten Treppenabsatz mit einem Strick aufgehängt hat. Laertes kommt hinzu und nimmt die Mundharmonika. Wilhelm schlägt sie ihm aus der Hand. Wilhelm und Laertes gehen zur Haustüre zurück. Wilhelm führt Therese hinaus. Landau blickt noch nach links und verschwindet dann auch durch die Tür. Landau und Wilhelm steigen in den Wagen ein und fahren weg. Schwarzfilm.	Wilhelm a: Manchmal starrte ich lange vor mich hin, absichtlich ohne etwas anzuschauen . . .

E	Bild	Sprache
321 21	Wilhelm, im Auto sitzend und auf ein Papier schreibend.	... Dann machte ich die Augen zu, und erst an dem Nachbild das sich dabei ergab, merkte ich, was ich vor mir gehabt hatte. Auch während ich schreibe, schließe ich die Augen und sehe einiges ganz deutlich, das ich bei offenen Augen gar nicht wahrnehmen wollte.
322 23	Im Inneren des Wagens: Laertes, Landau und Mignon, die gegen die Scheibe haucht und in die beschlagene Scheibe Kreise zeichnet.	
323 11	Therese, am Steuer des Autos sitzend.	
324 6	Das Auto fährt durch die Landschaft.	
325 38	Das Auto fährt auf einen Tankstellenparkplatz. Laertes und dann Landau und Wilhelm steigen aus.	Wilhelm a: Nach dem Selbstmord des Industriellen, bei dem ich mich so belebt gefühlt hatte, schien es mir als hätten, wir alle die Richtung verloren. Landau: Ich fahre nicht mehr weiter.

E	Bild	Sprache
	Landau winkt Therese und Mignon zu und verläßt dann die Gesellschaft.	Wilhelm a: Der Weg durch Deutschland, den ich bis dahin als ein Abenteuer und zugleich als eine Art Arbeit erlebt hatte, war auf einmal abgebrochen und wir bewegten uns in einer stumpfsinnigen Panik weiter. Bernhard verabschiedete sich bei einer Autobahnraststätte und ging ohne Erklärung im Regen davon. Wir anderen blieben zusammen und bewegten uns doch gleichzeitig auseinander.
326 12	Wihelm und Laertes vor einem Coca-Cola-Automaten.	Wilhelm: Laufen Sie immer noch so schnell wie damals bei den Olympischen Spielen?
327 6	Therese und Mignon, im Auto sitzend.	
328 7	Vom Auto aus wird ein Hinweisschild sichtbar: F-Höchst.	
329 68	Blick aus einem Hochhausfenster. Im Fenster spiegelt sich das Innere des Zimmers mit einem Fernseher. Therese, Wilhelm, Laertes und Mi-	Wilhelm a: Am kamen wir in einer Schlafstadt am Fuße des Taunus an, wo Therese ein Appartement im 10.Stock eines Hochhauses bewohnte. In der Eingangshalle hatte ein Kothaufen gelegen, und in die Holzverschalungen des Aufzugs waren Genitalsymbole eingeritzt gewesen.

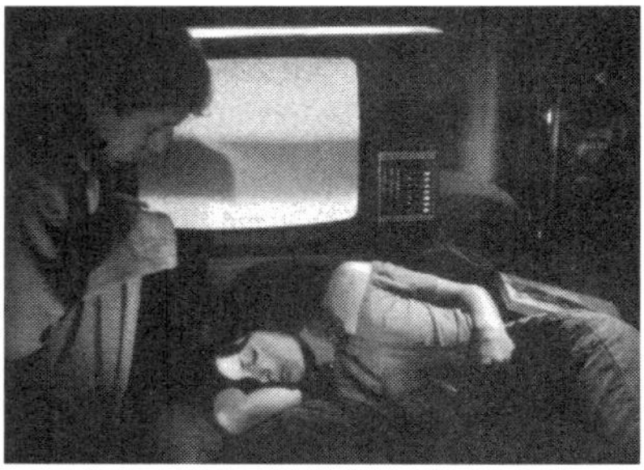

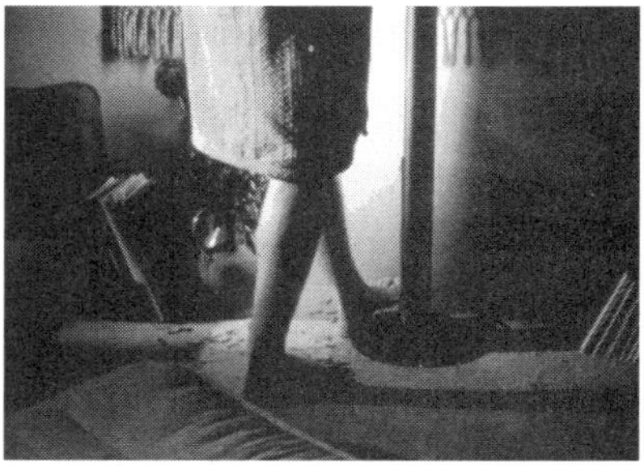

E	Bild	Sprache
	gnon werden beim Betreten des Zimmers sichtbar. Schwenk zum Nebenzimmer: Wilhelm sitzt am Schreibtisch.	Therese erklärte, wie zur Entschuldigung, daß sie erst seit kurzem hier wohne. Die Wände in ihrem Appartement waren noch unverputzt. In der Ferne konnte man die Skyline von Frankfurt sehen. Ich hatte Lust, mit Therese zu schlafen. Aber vielleicht war das auch nur eine Regung, um das Geschehen wieder in den Griff zu bekommen. Gleichzeitig empfand ich eine ziellose Wut und richtete sie auf den Alten,wobei seine Vergangenheit nur meine Ausrede vor mir selber war.
330 45	Wilhelm geht durch das Zimmer zu der vor dem flimmernden Fernseher eingeschlafenen Mignon. Er legt eine Decke über sie und schaltet den Fernseher aus. Er geht zur Stehlampe und schaltet sie ebenfalls aus.	

E	Bild	Sprache
331 107	Wilhelm und Therese sitzen im Bett. Wilhelm blickt auf seine Fußspitzen. Therese lehnt an der gegenüberliegenden Wand.	Wilhelm: S' ist kein Kind mehr. Therese s: Ich weiß. Wilhelm: Was weißt du? Therese: Alles. Ich habs dir nämlich gleich angesehen. Ach ist schon gut so. Ich beneide dich, Wilhelm. Wilhelm: Mich? Therese: Weil du dich so gar nicht bekümmerst, jedenfalls meistens. Ich weiß, es ist dir unangenehm, aber ich kann nicht umhin, dich sehr gern zu haben. Wilhelm: Warum? Entschuldige. Therese: Weißt du, was mir komisch vorkommt? Daß mich eben noch deine Bartstoppeln gekratzt haben,und daß du mit offenem Mund an meiner Schulter gehechelt hast.
	Therese beugt sich auf den starr bleibenden Wilhelm vor.	Und daß du jetzt dieses vernünftige Gesicht machst. Deine sachliche Miene ist nämlich sehr lächerlich.

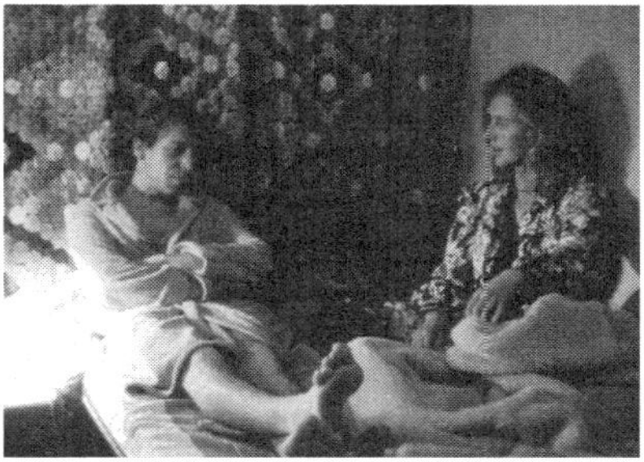

E	Bild	Sprache
332 26	Ein Moped vor dem Rondell einer Tiefgarage. Wilhelm kommt aus dem Hintergrund, geht am Rondell und am Vorplatz vorbei.	Wilhelm a: Statt verzweifelt zu werden, spürte ich nur, daß ich immer dümmer wurde und daß ich die wirklich Verzweifelten um mich herum nur dumm anschauen konnte. Trotzdem bewegte ich mich durch die zubetonierte Landschaft, als sei ich noch immer der, der alles erlitte: Der Held.
333 10	Ein Platz mit Laternen vor Hochhausfassaden.	
334 17	Wilhelm geht in den umglasten Zugang zu einer U-Bahn. Er geht an zwei kleinen Mädchen vorbei.	Halbwüchsige: Geld haben wir auch nicht dabei - Hausaufgaben, das stinkt mir - Zwei Seiten Aufsatz und Mathe, der ganze Kram - das kapier ich so wieso nicht.

E	Bild	Sprache
335 15	Wilhelm fährt die Rolltreppe hinunter und beginnt ins Notizbuch zu schreiben.	Wilhelm a: Es erschien mir plötzlich unfaßbar, wie alle diese Leute in den Supermärkten, auf den Kinderspielplätzen, hinter den Fenstern der Neubauten, wie sie alle in diesem Land und nicht nur in diesem Land . . .
336 4	Ein Plakat der KPD/ML.	. . . das Leben aushielten.
337 4	Wilhelm schaut nach oben.	
338 25	Wilhelm kommt die Rolltreppe herunter. Er geht zu zwei Fahrplänen. Er blickt um die Ecke und sieht Laertes und Mignon. Laertes hat in Bettlermanier seinen Hut am Boden.	
339 13	Mignon jongliert mit drei gelben Bällen.	
340 5	Ein Junge kickt mit einem Ball gegen die Wand.	
341 19	Laertes hebt den Hut auf und nimmt das Geld heraus. Mignon setzt sich zu ihm.	
342 12	Der allem zusehende Wilhelm geht auf eine Rolltreppe zu.	

E	Bild	Sprache
343 49	Schwenk von einer Baustelle auf einen Spielplatz, auf dem kleine Mädchen auf einem Metallgestell sitzen.	1.Kind: Lernst du auch Mengenlehre? 2.Kind: Stinklangweilig. 1.Kind: Menge A + Menge B = Menge C 2.Kind: Du, ich hab ne' Freundin im dritten Stock. 1.Kind: Und ich im achten. 2.Kind: Früher hatte ich sogar einmal eine im Penthouse.
	Wilhelm kommt ein Buch lesend ins Bild.	
344 22	Wilhelm steht auf dem Balkon und schaut hinunter. Mit dem Schwenk kommt der Innenraum und Mignon ins Bild.	
345 29	Thereses Zimmer von innen mit Laertes und Mignon. Im Fernsehen wird ›Chronik der Anna Magdalena Bach‹ von Straub gezeigt.	

E	Bild	Sprache
	Wilhelm kommt herein, geht durch das Zimmer in ein Nebenzimmer zur bügelnden Therese.	
346 5	Wilhelm schreibt auf der Schreibmaschine.	
347 26	Therese bügelt auf einem Bügelbrett. Sie hält ab und zu inne.	Therese: Ich hab ein großes Unsinnigkeitsgefühl. Gerade habe ich versucht, mir einen bestimmten Satz aus dem Stück hier zu merken, da seh ich diese Streichholzschachtel und denk, warum kommt eigentlich diese Streichholzschachtel in dem Stück nicht vor . . .
348 8	Wilhelm tippt auf der Schreibmaschine. (=346)	. . . Es ist so künstlich,sich immer mit den Sätzen von anderen ausdrücken zu müssen. Nur wenn . . .
349 15	Therese, mit einem Wäschestück in der Hand. (=347)	. . . ich mich ganz lang innere, wird so ein Text manchmal selbstverständlich. Weil mir da nämlich einfällt, daß ich Ähnliches doch schon erlebt habe . . .
350 6	Wilhelm blickt nach unten.	. . . Ich hatt es nur vergessen, und wenn ich mich erinner, dann kann ich auch spielen . . .
351 18	Therese, Hände in die Hüften gestützt. (=349)	. . . ohne dieses Erstickungsgefühl, das ich immer hab, wenn ich nicht .weiß, was ich tu und warum ich es

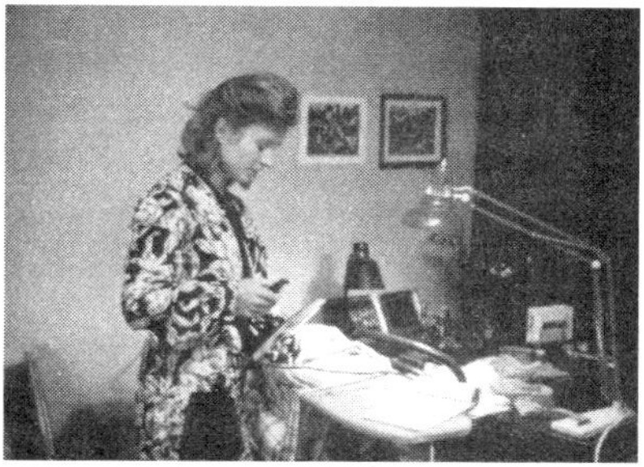

E	Bild	Sprache
		tu. Und nach dieser Erinnerungsarbeit krieg ich auch richtig Lust am Theaterspielen und bin ganz glücklich dabei ...
352 5	Wilhelm.	... Aber immer öfter komm ich überhaupt nicht mehr zum Erinnern, da spiel ich wie eine Maschine ...
353 35	Therese vor dem Bügelbrett. (=351)	... In der letzten Vorstellung konnte ich auf einmal nicht mehr weiterreden, obwohl ich den Text ganz genau im Kopf hatte und auch die Souffleuse ihn mir vorsagte. Das nachzusprechen ist doch eine einzige Erniedrigung, hab ich immer gedacht. Hörst du: Das nachzusprechen, ist doch eine einzige Erniedrigung! ...
354 7	Wilhelm. (=352)	
355 5	Mignon und Laertes vor dem Fernseher.	
356 6	Therese, im Profil.	... Hilf mir Wilhelm oder geh weg von mir. Es ekelt mich an, daß du dich von nichts berühren läßt.
357 4	Wilhelm. (=354)	Wilhelm: Gestern hast du mich noch drum beneidet ...
358 12	Therese bügelt und hebt dann dann das Bügeleisen hoch.	Therese: Aber heute ist es mir widerwärtig. Ich könnte dich –.

E	Bild	Sprache
359 12	Wilhelm.	Wilhelm: Totschlagen. Versuchs doch. Vielleicht kann ich etwas von dir lernen. Schlag mich doch tot!
360 33	Therese geht zu dem im Bett sitzenden Wilhelm, rüttelt ihn an der Schulter. Dann reißt sie das Papier aus der Maschine und ohrfeigt den passiv bleibenden Wilhelm. Schließlich droht sie mit der Schere.	
361 3	Laertes vor den Fernsehen.	
362 22	Wilhelm und Therese sitzen auf dem Bett. Therese legt die Schere weg.	Wilhelm: Du störst mich beim Schreiben. Du redest über dich und deine Arbeitsschwierigkeiten und merkst gar nicht ...
363 14	Wilhelm, auf dem Bett sitzend.	... daß ich gerade arbeite. Und dann geht es mir wie dir mit deiner Streichholzschachtel, die im Text nicht vorkommt und auf einmal kann ich nicht mehr weiterschreiben, weil ich das Gefühl hab – ...

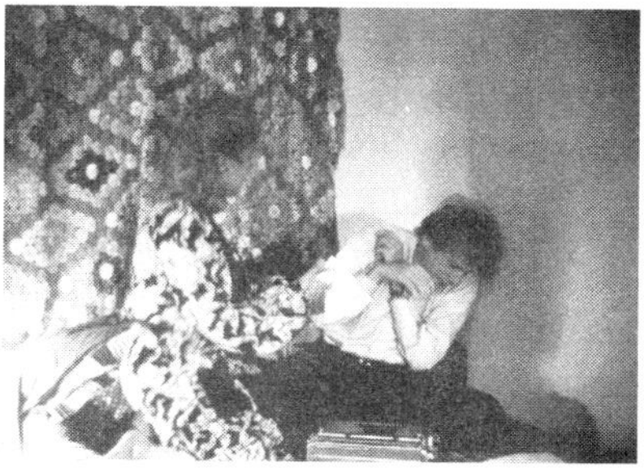

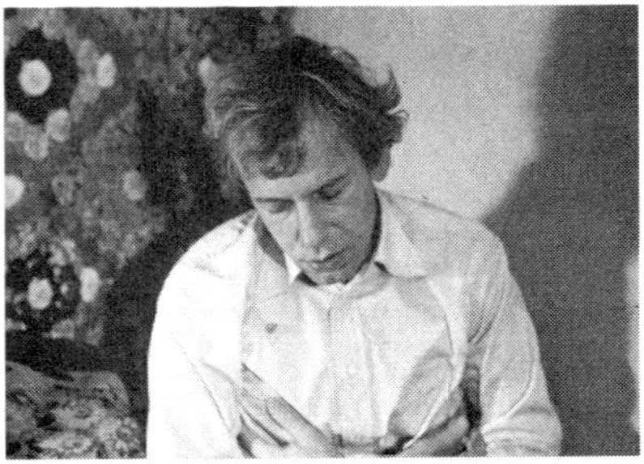

E	Bild	Sprache
364 3	Therese.	... weil ich das Gefühl habe, das was ...
365 6	Wilhelm. (=363)	... du gerade gesagt hast, muß in dem Geschriebenen vorkommen. Deswegen, laß mich in Ruhe!
366 4	Therese. (=364)	Therese: Hast mir ja gar nicht zugehört.
367 6	Wilhelm mit gekreuzten Armen. (=365)	Wilhelm: Doch, ich habe die ganze Zeit gedacht, daß ich dabei das Schreiben versäume.
368 8	Therese. Blick nach links. (=364)	Therese: Du bist ein Schwein.
369 10	Wilhelm kratzt sich am Rücken. (=367)	Wilhelm: Sag das nicht.
370 5	Therese, fassungslos. (=368)	
371 10	Wilhelm schaut Therese böse an. (=369)	Wilhelm: Sag etwas, du siehst abstoßend aus, wenn du nichts redest.
372 5	Therese. (=370)	Therese: Was schreibst du gerade?
373 20	Wilhelm. (=371)	Wilhelm: Ich schreibe eine Geschichte von einem Mann, der ein gutmütiger Mensch, aber zugleich unfähig zu einer Art Mitleid ist. Ich will beweisen, daß Gutmütigkeit und Erbarmungslosigkeit zusammengehören. Ich glaube, es wird eine politische Geschichte werden ...

E	Bild	Sprache
374 8	Therese.	... Übrigens habe ich Lust, eine Bootsfahrt zu machen. Wo ist das hier möglich? Therese: Am Main.
375 8	Wilhelm nimmt Papier, um es einzuspannen.	Wilhelm: Dann fahren wir morgen mit dem Boot auf dem Main. Ich möchte den Alten mitnehmen. Mignon lassen wir hier ...
376 19	Laertes vor dem Fernsehapparat, in dem die ›Chronik der Anna Magdalena Bach‹ läuft. Es ist ein Mann vor einer Türe zu sehen.	... Sie wird sich daran gewöhnen müssen, allein zu bleiben. Fernsehton: Selbstmord des Konrektors - Er hat sich gleich hinter der Pastorwohnung an seiner Krause aufgehangen und Ende genommen mit Schrecken.
377 17	Thereses Citroen fährt über eine Anlegestelle auf eine Flußfähre.	Wilhelm a: Ich war unfähig gewesen, Therese zu helfen und hatte meine Arbeit vorgeschützt, obwohl ich genau wußte, daß diese die Bezeichnung Arbeit nicht verdiente, wenn ich dabei nicht zugleich ganz offen für Therese wäre. In meiner Lieblosigkeit hatte ich micht vor ihr nur noch aufspielen können.
378 63	Wilhelm steht neben dem auf der Fähre befindlichen Auto.	Laertes: Wolltest du hier rudern? Wil-

E	Bild	Sprache
	Laertes steigt aus dem Auto aus und stellt sich neben ihn. Er setzt sich auf das Geländer.	helm, ich habe mich seitdem sehr verändert. Das ist nicht nur, daß ich auf nacktem Boden schlafe. Habe ohnediese Schmerzen im Rückgrat. Warn damals ganz andere Zeiten. Mußt du doch verstehen. Wir unterschieden, so wie du jetzt, zwischen dem Natürlichen und der Politik. Und aus unserer Verteidigung des Natürlichen gegen die verhaßte Politik ist schließlich die fürchterlichste Politik geworden.
379 7	Wilhelm beim Auto. Hinten der Fährmann.	
380 20	Wilhelm wirft Laertes die Mundharmonika weg und packt ihn dann wie in Mordabsicht an den Füßen.	Wilhelm: Sie können wirklich nicht schwimmen? Laertes: Wilhelm! Aber bitte, Wilhelm! Bitte laß mir dieses – laß mir dieses Leben! Wilhelm!...
381 4	Therese.	... Wilhelm, ich weiß doch, du willst weiter. Nimm mich doch mit. Hör...
382 15	Wilhelm schaut sich vergewissernd um, während er er Laertes festhält.	... mal, ich kann ich kann Tierstimmen nachmachen. (Er beginnt zu pfeifen.) Wilhelm: Wart Rosenthal jetzt hab ich dich. Laertes: Wilhelm!...
383 4	Fährmann.	...Wilhelm! Wilhelm!

E	Bild	Sprache
384 47	Wilhelm dreht Laertes herum und wirft ihn gegen das Auto. Wilhelm gibt Laertes ein Tuch für seine blutende Nase. Laertes nimmt es und läuft dann, als die Fähre anlegt, zum Ufer und zu den dahinterliegenden Wiesen.	Wilhelm: Nicht wahr, früher war das Wasser hier rein, klar.
385 16	Blick aus dem Auto: Wilhelm steigt zu Therese ein. Der Fährmann öffnet die Schranke.	Wilhelm: Das ist doch 'n Unterschied zu der Katze damals.
386 5	Die nächtliche Stadt.	
387 5	In einem Autokino wird ›La victoria‹ von Lilienthal gezeigt.	
388 7	Mignon, an den Kühler eines Autos gelehnt.	
389 7	Therese und Wilhelm im Innern des Autos.	
390 3	Therese im Auto.	Therese: Wann fährst du?
391 2	Wilhelm, im Halbprofil.	Wilhelm: Morgen ...

E	Bild	Sprache
392 15	Therese. (=390)	... Wie hast du's herausgefunden? Therese: Du versprichtst dich so oft in letzter Zeit. Daran habe ich gemerkt, daß du mit deinen Gedanken ganz woanders bist ...
393 20	Wilhelm, aus einem Becher trinkend. (=390)	... Wohin wirst du fahren? Wilhelm: Vorhin habe ich in der Zeitung ein Foto gesehen von der Zugspitze. Ich war noch nie auf der Zugspitze, überhaupt auf so einem hohen Berg. Es fährt eine Zahnradbahn hinauf.
394 8	Therese. (=390)	Therese: Und wenn wenn ich dich bitte zu bleiben.
395 3	Wilhelm schüttelt den Kopf.	
396 3	Therese. (=394)	
397 8	Therese und Wilhelm umarmen sich. (=395)	
398 5	Wilhelm und Therese.	
399 7	Wilhelm. Mignon hinter dem Auto.	Wilhelm: Ich weiß, ich werde dich später einmal sehr lieben, Therese ...
400 4	Therese.	
401 3	Mignon im Autofond.	... Mignon! ...
402 2	Wilhelm. (=399)	... Ich fahre morgen weg ...
403 4	Mignon. (=401)	... Du mußt dich selber entscheiden, was du tun willst ...

E	Bild	Sprache
404 4	Wilhelm. (=402)	. . . Dein Freund wird jedenfalls nicht mehr erscheinen . . .
405 21	Wilhelm, Therese und Mignon im Auto. Die Scheibe ist voller Regentropfen.	. . . Wie trennen wir uns also? Therese: Irgendwo im Getümmel
406 6	Wilhelm geht eine Einkaufstraße entlang.	Wilhelm: Wo ist denn dein Getümmel?
407 15	Therese in der Einkaufstraße.	Therese: Ich bin ganz enttäuscht. Ich dachte, es wäre so voll, daß wir nicht einmal nebeneinander gehen könnten. Werden wir uns noch einmal sehen?
408 8	Wilhelm. (=408)	Wilhelm: Es ist notwendig.
409 7	Mignon vor dem Eingang eines Kaufhauses.	
410 40	Wilhelm, Therese und Mignon vor dem Kaufhauseingang. Therese klopft Wilhelm auf die Schulter und geht ins Innere des Kaufhauses. Mignon folgt ihr.	Eine Lautsprecherstimme: Die Eltern, die ihr Kind unter der Nummer 37 im Kindergarten abgegeben haben, werden gebeten es dort abzuholen. Ich wiederhole: Die Eltern, die ihr Kind unter der Nummer 37 im Kindergarten abgegeben haben, werden gebeten, es

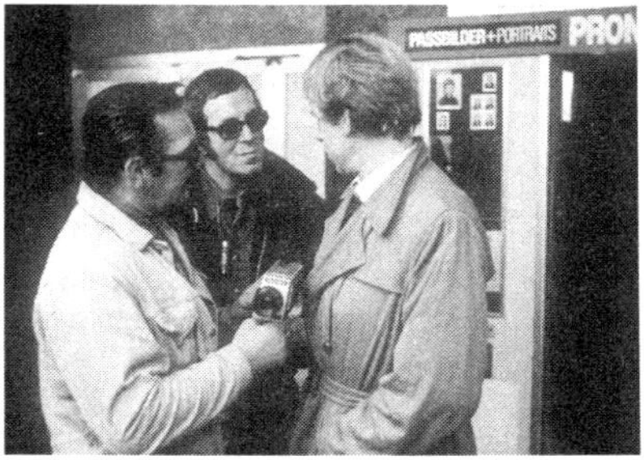

E	Bild	Sprache
	Der zurück gebliebene Wilhelm wird von zwei Männern wegen einer Filmkamera angesprochen.	dort abzuholen.
411 13	Blick durch den Sucher einer Kamera: die zwei Männer machen Jonglierübungen. Abblende.	Wilhelm: Ich hatte Therese gesagt, daß ich in Deutschland bleiben wollte, weil ich noch zu wenig über - Deutschland wüßte, um darüber schreiben zu können . . .
412 26	Wilhelm steht auf der Zugspitze vor einem Geländer und schaut ins Tal hinunter. Titeleinblendung: ›FALSCHE BEWEGUNG‹ Schwarzfilm.	. . . aber das war nur ein Vorwand gewesen. In Wirklichkeit sehnte ich mich doch nur danach allein zu sein, um ungestört stumpfsinnig sein zu können. Ich stand auf der Zugspitze und wartete auf ein Erlebnis wie auf ein Wunder, aber der Schneesturm blieb aus. Warum war ich geflüchtet? Warum war ich hier statt mit den anderen? Warum hatte ich den Alten bedroht, statt mir mehr von ihm erzählen zu lassen? Es kam mir vor, als hätt' ich etwas versäumt und als versäumte ich immer noch etwas mit jeder neuen Bewegung.
413 75	Rote Schrift auf Schwarzfilm	

WILHELM	RÜDIGER VOGLER
LAERTES	HANS CHRISTIAN BLECH
THERESE	HANNA SCHYGULLA
MIGNON	NASTASSJA NAKSZYNSKI
LANDAU	PETER KERN
INUSTRIELLER	IVAN DESNY
MUTTER	MARIANNE HOPPE
JANINE KREUZER	ELISABETH
SCHAFFNER	ADOLPH HANSEN
Rolltitel:	
AUFNAHMELEITUNG	ROLF M. DEGENER HARRY KINGLER
PRODUKTIONSASSISTENZ	CHRISTIAN RÖCK
REGIEASSISTENZ	MICKEY KLEY
BAU/TECHNIK	MAX PORUPKA HERBERT SVEC ALFRED MIEBNER
AUSSTATTUNG	HEIDI LUDI
ORIGINALTON	MARTIN MÜLLER HANS PETER KAISER
MISCHUNG	PAUL SCHRÖDER
SCHNITT	PETER PRZYGODDA BARBARA VON WEITERSHAUSEN
MUSIK	JÜRGEN KNIEPER
KAMERA	MARTIN MÜLLER MARTIN SCHÄFER
REDAKTION	JOACHIM VON MENGERSHAUSEN
PRODUKTION	PETER GENEE
REGIE	WIM WENDERS

HERGESTELLT VON SOLARIS FILM PETER GENEE – BERND EICHINGER OHG
IN CO-PRODUKTION MIT DEM WDR
© 1975

REISEZIELE IN WORT U. BILD

Die Medien und die Filme von Wim Wenders

Medien, kunterbunt durcheinandergemischt - Bild und Ton, Sprache, Kinofilme, Fernsehfilme, Malerei, Fotografie, Musik, Literatur - spielen in den Filmen von Wim Wenders eine vielschichtige und eine zentrale Rolle. So verschieden die Helden und die von ihnen ausgeführten Aktionen auf den ersten Blick zu sein scheinen, so ist doch immer wieder dieses Thema erkennbar. Und wenn man noch einen zweiten Blick darauf wirft, so wird erkennbar, daß auch die Helden gar nicht so verschieden sind. Immer wieder sind es Künstler, Schriftsteller, Filmleute, deren Geschäft von Haus aus darin besteht, sich über ein Medium mitzuteilen: der Fotograf und Schriftsteller Philip Winter aus *Alice in den Städten*; der angehende Schriftsteller Wilhelm Meister aus *Falsche Bewegung*; der Kriminalschriftsteller Hammett aus dem gleichnamigen Film; Regisseure, Kameramänner und Kinotechniker wie Friedrich Munro, Nicholas Ray, Yuharu Atsuta oder Bruno Winter. Die Bevorzugung solcher Helden und Hauptpersonen ist unübersehbar. Anders als in Filmen wie Luchino Viscontis *Der Tod in Venedig*, Sidney Pollacks *Out of Africa* oder Billy Wilders *Sunset Boulevard* ist der Schriftsteller oder Filmschaffende auch nicht ein Vertreter eines gut-, oder je nachdem, schlechtbürgerlichen Berufs, auswechselbar mit anderen Berufsvertretern. Vielmehr geht es bei Wenders um die diesem ›Beruf‹ innewohnenden Schwierigkeiten und sehr oft auch noch um die Zuspitzung des Problems, nämlich um das Verhältnis medialer Abbildung zur Wirklichkeit.

In Wenders' Filmen wird das Medienthema nicht nur in der Charakterisierung der Helden und Darsteller verfolgt. Das Medium selbst - *das* Buch, *der* Film, *das* Bild, *die* Musik - wird zum Nebendarsteller, manchmal sogar zum Hauptdarsteller, d. h. bestimmte Medienobjekte treten aus ihrer sonstigen Kulissenhaftigkeit heraus. Manchmal bekommt das Medium auch mitten in der Geschichte Stellenwert, ohne daß der Zusammenhang mit der umgebenden Geschichte schlüssig wäre. Daß zum Beispiel Wilhelm Meister in *Falsche Bewegung* anläßlich seines Aufbruchs eine Erzählung liest, die ebenfalls einen Aufbruch zum Inhalt hat - Eichendorffs *Aus dem Leben eines Taugenichts* -, mag noch dramaturgisch fundiert sein, wenn auch das wiederholte Zeigen des

Taschenbuch-Covers schon irritierend wirkt. Daß später ausgerechnet im Fernsehapparat ein Ausschnitt aus Jean-Marie Straubs und Danièle Huillets *Chronik der Anna Magdalena Bach* zu sehen ist, hat mit dem Handlungsablauf von *Falsche Bewegung* wenig Zusammenhang und ist nur als sehr willkürlich eingesetzte Hommage an die Regisseure verständlich. Daß dann an anderer Stelle kein richtiges Fernsehbild, sondern nur noch das flimmernde Weißbild nach Programmschluß zu sehen, im Fernsehen also überhaupt nichts mehr zu sehen ist, macht schließlich aus dem Medium Fernsehen nicht nur ein eigenständiges Thema, sondern ein Rätsel obendrein. Man fühlt sich mehr an Hans Magnus Enzensbergers Kennzeichnung des Fernsehens als ›Nullmedium‹ erinnert, weniger aber an den bisherigen Handlungsstrang von *Falsche Bewegung.*

Medien können bei Wim Wenders auch zu Hauptdarstellern werden. Dies trifft vor allem für die Musik zu. In fast allen frühen Kurzfilmen Wenders' ist das Optische das Begleitmaterial der zu hörenden Musik. Die Musik ist hier die eigentliche Hauptdarstellerin, um die sich alles dreht. Es mag *Alabama* nicht unmittelbar anzuhören sein, daß dies ein Film über den Unterschied der Version von Jimi Hendrix und Bob Dylan von *All along the Watchtower* ist. Daß, um eine andere bekannte Selbstaussage Wenders' zu seinen Filmen zu variieren, in diesem Fall die Bilder Vorwand für das Abspielen der Musik waren, ist dennoch gut zu hören. Bis zum bislang letzten Film sollte Wenders die Liebe für das ausgeprägt zu hörende Einsetzen von Musik nicht verlassen – auch wenn sie immer mehr zu einer Nebendarstellerin geraten ist.

Daß Medien in einem Film eine Rolle spielen, ist nichts sensationell Neues. Film, Fernsehen, Bücher, Schallplatten gehören zur alltäglichen Lebenswirklichkeit und sind deshalb in jedem Film zu finden. Das ganz unsensationell Besondere, das Markenzeichen der Wenders'schen Filme ist aber, die Medien eigens auszustellen oder unvermittelt auf sie hinzuweisen. Allein von den Filmen ausgehend könnte man sogar eine Skala der Wertschätzung Wenders' für diese Medien erstellen. Das Fernsehen würde mit Sicherheit ganz unten, Literatur wahrscheinlich ganz oben rangieren. Das Mediale hat in Wenders' Filmen keinen Kulissencharakter, sondern einen sich auch immer wieder in den Vordergrund drängenden Rollencharakter.

Ein bestimmtes Medium tritt bei Wenders manchmal auch noch maskiert auf und birgt – hat man es einmal unter seiner Maske erkannt und womöglich auch noch genau bestimmt - einen unwiderstehlichen Reiz: der Film, genauer, Zitate aus Spielfilmen. Wenn etwa in *Falsche Bewegung* Wilhelm ein Hotelzimmer betritt und dann auf den Marktplatz hinunterschaut, dann versteckt sich hinter dieser Szene etwas anderes: die ersten beiden Einstellungen aus *Machorka-Muff* von Jean-Marie Straub und Daniéle Huillet (übrigens nicht *Nicht versöhnt,* wie manchmal zu lesen ist). Wenn in *Im Lauf der Zeit* Robert Lander unter den Bohlen des gespenstischen Hauses auf der Rheininsel nach Comic-Heften aus seiner Jugendzeit sucht, dann steckt dahinter eine Szene aus *The lusty men* von Nicholas Ray, und das Haus selbst beschwört *Nosferatu* von Murnau. Wenn in der ersten Szene des Films *über* Nicholas Ray, in *Nick's Film* - in dem *The lusty men* übrigens auch noch im Original vorkommt - Wim Wenders aus dem New Yorker Taxi steigt und zum Eingang zu Rays Loft geht, dann steckt dahinter die erste Szene aus einem Film, der zum Zeitpunkt der Dreharbeiten auch schon historisch geworden war: *Der amerikanische Freund.*

Das Arbeiten nach filmhistorischen Blaupausen ist im heutigen Filmbetrieb gang und gäbe. Was aber Wenders' Filme vom Remake unterscheidet, ist, daß die Vorlagen erkennbar bzw. auf Erkennbarkeit angelegt sind. Manchmal überlagern sie sich, manchmal zitiert Wenders sogar sich selbst. In zahlreichen Interviews hat Wenders auf die Vorlagen hingewiesen und zum cineastischen Kreuzworträtsel eingeladen. Wenders hat auf die Spur hingewiesen, die schießlich erkennen läßt, daß seine Filme, sei es für einzelne Einstellungen, sei es - man denke an den Hitchcock-Einfluß bei *Die Angst des Tormanns beim Elfmeter* - fast in ganzer Spielfilmlänge, aus Kinoversatzstücken bestehen. Wenders hat seine frühen Erfahrungen im Kino gemacht und erweckt in seinen Zitierkünsten das wieder zum Leben, was er und auch manch anderer Zuschauer von früher gekannt haben. Es geht um die Lust des Wiedererkennens des Vertrauten. Es geht aber auch darum, wie es zum Mythos Kino gekommen ist!

In einer Szene, wie sie Wenders etwa aus *The lusty men* von Nicholas Ray nimmt, ist in einer einfachen Szene mit unscheinbaren Gesten ›Lebensessenz‹ zusammengezogen, werden Gefühle - in diesem Fall die Sehnsucht nach Heimat und Kindheit - ganz unspektakulär dargestellt. Wenn die Szene aber in Wenders' Kino zitiert wird und vom Zuschauer erkannt wird, ist sie schon aus zweiter Hand. Es wird zu einem Medien-, zu einem Filmereignis. Die Zitate indizieren, daß Wenders' Filme nicht direkt auf die alltägliche Wirklichkeit zielen, sondern auch auf die vorgelieferten Bilder von dieser Wirklichkeit. Die vornehmlich künstlerisch tätigen Hauptheiden seiner Filme erlauben es auch noch, der Wirklichkeit aus zweiter Hand dramatische Konflikte abzulocken. Die immer wieder auftauchenden Medienobjekte, die plötzlich ein Eigenleben führen, konfrontieren den dramatischen und Wirklichkeit vortäuschenden Handlungsablauf mit den Möglichkeiten seiner medialen Abbildung und somit auch mit den Möglichkeiten seiner Beeinflussung der Wirklichkeit.

Kaum ein Medium ist für das Eingehen auf mediale Besonderheiten aber auch besser geeignet als der Film. Man hat sich zwar daran gewöhnt, den Film als ein einheitliches Medium aufzufassen und das Einheitliche an diesem Medium im Bild und nur im Bild zu sehen. Man hat sich daran gewöhnt, so zu tun, als wäre der heutige Film immer noch ein Stummfilm. In Wirklichkeit sind Filme aber multimedial - aus dem zu Hörenden *und* aus dem zu Sehenden zusammengesetzt. Sie sprechen verschiedene Sinne an, und die Kombination beider macht überhaupt erst die Wirkung eines Films aus. Im auditiven Kanal sind Geräusche, Musik und vor allem Sprache zu hören, im visuellen bewegte Bilder und Schriften zu sehen. Literarische Erzählmuster sind für den Spielfilm strukturierend. Malerei, Fotografie sind integriert. Der Film ist spätestens seit der Einführung des Tonfilms ein Gesamtkunstwerk, in dem die Mittel gut aufeinander abgestimmt sein wollen und in dem entgegen der gängigen Vorstellung und entsprechend den medialen Grundlagen das Visuelle durchaus auch zweite Geige spielen kann. Wenn im bisherigen sowohl von Musik, Literatur oder Fotografie die Rede war und nicht ausschließlich von den gewöhnlich mit *dem* Film ineinsgesetzten bewegten Bildern, so zeigt dies auch, daß Wenders nicht nur die glänzende optische Außenfassade des Films berücksichtigt, sondern die Gesamtheit seiner Fundamente. Im Grunde genommen ist die Thematisierung der vielen Medien aber eine Auseinandersetzung mit den vielen Grundlagen des Films selbst.

Manchmal ähneln Wenders' Filme einem Labor, in dem mit den medialen Besonderheiten und somit mit der Präformierung der menschlichen Wahrnehmung durch die Medien regelrecht experimentiert wird. Insbesondere das Sprachliche und das Bildliche werden bei Wenders manchmal wie im chemischen Experiment miteinander verbunden, und die dabei zu beobachtenden und zu hörenden Reaktionen lassen Rückschlüsse auf ihre Besonderheiten zu. Auf diese sprachlich-bildlichen Experimente soll jetzt näher eingegangen werden.

Das besondere Einsetzen von Dialogen und Kommentaren in Wenders' Filmen ist oft diskutiert worden. Oft mag ihm das den Ruf des ›intellektuellen Regisseurs‹ eingetragen haben. Oft war das aber auch Anlaß, in Wim Wenders mehr den Künstler als den Handwerker auf dem Regiestuhl zu sehen. Gerade die Handke-Verfilmung *Falsche Bewegung* ist dafür ein gutes Beispiel.

Die Dialoge von *Falsche Bewegung* sind merkwürdig und haben wenig mit dem zu tun, was die alltäglich gesprochene Sprache ausmacht. Manchmal wird es im Film grotesk, etwa wenn ein Schaffner in voller Uniform seiner Kundschaft im Zugabteil seinen Sprachskeptizismus verkündet: »Heute ist mir was ganz Entsetzliches passiert, was ganz eigenartiges . . . Ich geh' aus'm Haus, merke auf der Straße, daß ich meinen Regenschirm vergessen habe. Nein, nein, ich habe ihn aufgespannt. Dann: Ich hatte heute zwei verschiedenartige Strümpfe an. Es geht nicht. Das kann man nicht beschreiben. Unmöglich.« Manchmal wird es zu theatralisch, etwa wenn der Industrielle abends im Lehnstuhl Worte von sich gibt, die direkt vom Rednerpodium eines Kongresses für Sozialpsychologie zu stammen scheinen. Manchmal wird es wie vom Tagebuch abgelesen, wenn der sich als Sänger ausgebende, wie ein Landstreicher wirkende Laertes vor der Weinbergkulisse des Rheintales Erinnerungen an seine Jugend von sich gibt.

Sicher, die von Handke geschriebenen Sätze klingen anders, wenn Wenders' Schauspieler sie sprechen – dialektaler, umgangssprachlicher. Merkwürdig gespreizt, intellektuell, unfilmisch, eben literarisch klingen sie allemal. Kein Mensch redet so – schon gar nicht Eisenbahnschaffner, Landstreicher, nicht einmal Industrielle. Noch dazu haben diese Monologe, Dialoge, Repliken immer nur eine einzige Tonart, nämlich die von Handke, ohne daß darauf Rücksicht genommen wird, daß verschiedene Menschen auch verschieden sprechen und im Spielfilm die Sprechweise differenziert und kalkuliert eingesetzt werden will. Wenn jemand ein Beispiel für ein *schlechtes* Drehbuch oder für *schlechte* Dialogregie suchen sollte, könnte er mit *Falsche Bewegung* nicht einmal schlecht bedient sein.
Nur kommt es darauf an, welche Vorstellungen man von einem *guten* Film hat. Gemessen an der üblichen Vorstellung eines naturalistischen, kinonaturalistischen Films ist *Falsche Bewegung* schlecht. Man kann aber auch andere Vorstellungen haben. In Wenders' Filmen sind die technischen Möglichkeiten nicht nur dazu da, nach dem Modell der alltäglichen Wahrnehmung eine in sich geschlossene Realität vorzutäuschen. Im Gegenteil, sie zielen auch auf die verschiedenen Sinne und Wahrnehmungsvermögen des Rezipienten und sprechen ihn sowohl als Zuschauer wie auch als Zuhörer an. Das Gemachte und Konstruierte am Film wird wahrnehmbar.
Sprache und Bild sind die herausragenden Möglichkeiten von Mitteilung und Verstehen, und diese beiden sind gerade in *Falsche Bewegung* sehr gezielt und raffiniert eingesetzt. *Falsche Bewegung* ist keine bloße Verfilmung der literarischen Vorlage Handkes, sondern die Auseinandersetzung damit. Auch Handkes literarische Vorlage hat schon um sich selbst gekreist, nämlich um die Möglichkeiten des Schreibens. Wenn in *Falsche Bewegung* Eisenbahnschaffner, Landstreicher und Industrielle wie Handke sprechen, so lenkt dies die Aufmerksamkeit auch darauf, daß die Dialogführung in der Literatur nach eigenen literarischen Gesetzen erfolgt und vom nachgeahmten wirklichen, alltäglichen Sprechen unterschieden ist. Die besondere Sprache Handkes, die ihre Beschreibungsobjekte aus dem Unscheinbar-Alltäglichen nimmt, ihnen eine eigene Form gibt und sie somit wahrnehmbar macht, bleibt in ihrem literarischen Gestus erhalten. Von den im Film zu sehenden Personen aus Fleisch und Blut gesprochen, wirkt sie stilisiert und abgehoben. Gerade wegen der Mesalliance kommt der typisch literarische

Gestus erst richtig zur Geltung. So kreist der Film aber auch auf diese Weise um sein Thema: das Verhältnis der literarischen Sprache zur Wirklichkeit.
Um zu einer anderen Mesalliance zu kommen, die wiederum anhand von *Falsche Bewegung* mit Augen und Ohren nachvollziehbar ist. Paradox ist die Kombination der Mittel, wie sie sich durch das Einsetzen des Kommentars ergibt. Man kann nämlich das, worüber gesprochen wird, auch gleichzeitig sehen. Was entgegen der klassischen Lehre zu vermeiden ist, die gegenseitige, unnütz erscheinende Verdoppelung von Sprache und Bild, wird gezielt eingesetzt. Dadurch, daß auf das Gleiche in zwei Medien Bezug genommen wird, wird das Spezifische dieser Medien bedeutsam. Wenn Wilhelm etwa etwas über den Kanal, an dem der Zug vorbeifuhr, erzählt, dann sieht man im Bild den Kanal, an dem der Zug vorbeifährt. Wenn Wilhelm danach sagt »Auf dem Sitz mir gegenüber mußte jemand aus der Nase geblutet haben.«, dann sieht man in der nächsten Einstellung die Blutflecken auf dem Sitz. Durch die Verdoppelung treten das Konkrete des Bildes und das Abstrakte der Worte auseinander. Das Bild ist konkret, zeigt die Vielfalt dessen, was von der Sprache auf einen Begriff zusammengezogen wird. Ebenso wird das, was im Bild in seiner Entwicklung zu sehen ist, in Worten als abgeschlossener Sachverhalt formuliert. Im Film werden ansonsten akademisch abgehandelte Themen sinnlich erfahrbar und in ihrer Relevanz spürbar. Folgerichtig hat Wenders in einem Interview mit *Positif* gegenüber Hubert Niogret als Thema von *Falsche Bewegung* folgendes genannt: wie ich die Welt mit Sprache fassen kann. In *Im Lauf der Zeit* hat das eigentümliche Mißverhältnis dessen, was zu sehen ist, zu dem, was darüber geschrieben wird, dann übrigens zur Grundlage für eine komödiantische Einlage gedient. Robert Lander trifft gegen Ende des Films auf dem Bahnsteig einen kleinen Jungen, der in sein Schulheft alles das aufschreibt, was er gerade sieht. Und selbst in *Hammett* ist es Wenders gelungen, dieses Mißverhältnis ästhetisch umzusetzen. Der Film beginnt und endet mit dem auf der Maschine schreibenden Hammett. Das was dazwischen zu sehen ist, wäre dementsprechend das in Worten vorher Beschriebene bzw. Erinnerte.
Das Gesprochene und das zu Sehende haben bei Wenders noch eine andere Relevanz. In *Falsche Bewegung* wird die vom Haupthelden beklagte »fehlende Lust auf Menschen« nicht nur deklamiert, sondern ganz konkret inszeniert. Wenn sich seine Begleiter an

Wilhelm wenden, dann gibt es immer wieder den abgewandten Blick, das mürrische Gesicht, die Verweigerung von Kommunikation. Wenn Janine zu Wilhelm sagt »Ich wollt dich heute gern noch mal sehen.«, dann wendet sich Wilhelm brüsk von ihr ab. Wenn Laertes von Therese und von seinem Nasenbluten erzählt, dann schaut Wilhelm von Laertes weg, aus dem Zugfenster hinaus. Wenders spielt in dem Film mit dem bezeichnenden Titel *Falsche Bewegung* das zu sehende nonverbale Verhalten gezielt gegen das verbale, auf zwischenmenschlichen Kontakt gerichtete Verhalten aus. Wie das schon Joseph Losey, Eric Rohmer oder Alfred Hitchcock in ihren Filmen inszeniert haben, so ist auch bei Wenders im mikrodramatischen Geschehen ein Widerspruch zwischen Reden und Tun entwickelt. Das Drehbuch wird nicht einfach in Bilder und Worte umgesetzt, sondern den Bildern wird gegenüber den gewöhnlicherweise alleine die Aufmerksamkeit leitenden Worten ein eigenes Gewicht verschafft.
In *Le Monde* ist der Zusammenhang von Wenders' Gesamtwerk mit *Falsche Bewegung* einmal auf eine sehr einfache Formel gebracht worden: Alle Filme von Wenders könnten *Falsche Bewegung* heißen. Jean de Baroncelli hat damit das introvertierte Verhalten der Wenders'schen Helden, ihre Unfähigkeit zur Kommunikation angesprochen. Ganz offensichtlich ist schon im ersten langen Spielfilm von Wenders, in *Summer in the city*, diese Beschränktheit

der Helden auf sich selbst angelegt, und schon damals wurde sie im Verhältnis von Worten und Blicken inszeniert. Das Eingeschlossensein in der eigenen Welt, in der nur noch Monologe möglich sind, zeichnet auch Bruno Winter in *Alice in den Städten* aus. In *Im Lauf der Zeit* wird oft nicht einmal mehr versucht, mit Worten Kontakt aufzunehmen, womit das sprachliche Medium aber gerade in seiner Abwesenheit thematisch wird. Bruno Winter und Robert Lander treibt ihre eigene Vergangenheit und ihre Geschichte um. Das Zurückhalten dieser Geschichten hinter mürrischen Mienen macht diese aber nur um so wichtiger. Man kann die Verweigerung von sprachlicher Kommunikation als Verweigerung gegenüber den durch die Sprache vermittelten, abgegriffenen Stereotypen und den dahinter stehenden Denkmustern deuten. Festzuhalten ist, daß in dem Film *Im Lauf der Zeit* – wie auch schon für die stumme Mignon aus *Falsche Bewegung* –, das sprachliche Medium auch deshalb Bedeutung hat, weil es *nicht* eingesetzt wird. Dementiert bei Wenders in anderen Filmszenen das nonverbale Verhalten das verbale, weil es ihm zuwiderläuft, so dementiert hier das verbale Verhalten, eben das nicht vorhandene und zurückgehaltene Wort, die Gemeinsamkeit der Helden, wie sie im Bild zu sehen ist. Auch im nächsten Film, im *Amerikanischen Freund*, wird deutlich, daß ein Held mit seiner Geschichte zurückhält. So smart, so zupackend Ripley im Film gezeigt wird, so wird auch deutlich, daß dies eine Maske vor seiner eigenen Befindlichkeit ist. Nur noch seinem Tonbandgerät vertraut sich Ripley an. Hinter allen dramatischen Handlungen gibt es etwas Unausgesprochenes, manchmal beim Sprechen ins Mikrofon Angedeutetes, das keinem Menschen weitergegeben wird. Die sonstigen Worte Ripleys dienen zur Lüge und zur Täuschung und lassen ihn erst recht allein zurück.

Anders wird es dagegen mit *Paris, Texas*. Machte bis dahin das Schweigen das Nicht-Gesagte bedeutsam, so kommt hier das Verschwiegene gleich einer Eruption doch noch zur Oberfläche. Der Film beginnt mit einem autistisch krankhaften, stummen Travis, um schließlich mit einem intensiv geführten Dialog zwischen Travis und Jane zu enden. Die für Wenders typische Stummheit seiner Helden wird diesmal zum Vorspiel eines Films, der zum Schluß voll auf die dramatischen Ausdrucksfähigkeiten des gesprochenen Wortes setzt – auf die Vergegenwärtigung des Vergangenen, die Bestimmung des Zukünftigen und die Bloßlegung des Gegenwärtigen. Die Frage nach den medialen Grundlagen stellt sich nicht mehr. Sprache dient jetzt ausschließlich dazu,

die Handlung des Films voranzutreiben. Ähnliches auch im darauffolgenden Spielfilm. So ungewöhnlich auch das Einsetzen von Inneren Stimmen im Film ist, so sind diese Stimmen doch integriert. Der Film mit dem entfesselten Mikrophon, *Der Himmel über Berlin*, ist ein poetischer, fantastischer Film. Engeln ist eine ätherische Sprechweise durchaus abzunehmen, und ebenfalls müssen sich die Inneren Stimmen, die vor allem in der ersten Filmhälfte so großes Gewicht haben, nicht an die Grammatik der gesprochenen und geschriebenen Sprache halten. Sie können entsprechend dem gewöhnlichen Gedankenfluß abgerissen, substantivisch, verblos, assoziativ sein. Der nicht alltägliche, fremdartige Sprachgebrauch hat den Bereich gefunden, der ihm im Film reserviert ist: der Bereich des Fantastischen, nicht Alltäglichen, Poetischen.

Das gezielte Thematisieren der medialen Grundlagen des Films ist bei Wenders in zahlreichen Szenen, Einstellungen und Sequenzen von Wenders-Filmen auszumachen. Mit den eher am klassischen Erzählen orientierten letzten beiden Filmen, *Paris, Texas* und *Der Himmel über Berlin*, ist Wenders dann aber von diesem Verfahren abgerückt. Zu denken ist etwa an die Nebenpersonen von *Stand der Dinge*, die in der unerwarteten Drehpause ihren malerischen oder schriftstellerischen Tätigkeiten nachgehen. Zu denken wäre auch an die Verdoppelung der Dialoge durch den Kommentar in *Summer*

in the City. Zu denken wäre an das Rezitieren von Gedichten wiederum in *Falsche Bewegung.* Zu denken wäre an die Konfrontation des Mediums Video mit dem guten alten 35-mm-Film in *Nick's Film.* Auch im bislang letzten Dokumentarfilm, *Aufzeichnungen zu Kleidern und Städten,* ist diese Konfrontation von Video und Kinofilm ausgiebig eingesetzt, ist die Auseinandersetzung mit dem Medium Film nicht nur ein im Kommentar ausführlich behandeltes Thema, sondern wird durch die zahlreichen Bild-im-Bild-Effekte auch anschaulich umgesetzt.
Das Werk als etwas *Gemachtes* und an das Mittel der Botschaft Gekoppeltes erscheinen zu lassen, ist oft unter dem Begriff ›Dekonstruktion‹ abgehandelt worden. Die Terminologie kann einen kritischen, wenn man will, moralischen Kern haben. Insbesondere bei Wenders wird deutlich, daß die mit jedem Werk tendenziell angestrebte Täuschung der Sinne, das Vorspiegeln einer in sich geschlossenen Welt, Ergebnis einer Arbeit am verwendeten Material ist. So wie Wenders z.B. Sprache und Bild miteinander in Beziehung setzt, wird auch deutlich, daß das spezifische Medium selbst den Zugang zur Wirklichkeit präformiert. Die ansonsten homogene Abgeschlossenheit des Werks, die gerade in der Unterhaltungsindustrie immer wieder Leitbildfunktion übernimmt und das alltägliche Verhalten des Rezipienten mitbestimmt, wird so bei Wenders aufgegeben und in Frage gestellt. Gerade im Erzählmedium Spielfilm wird so der logisch anmutende Fortlauf von Geschichten mit etwas konfrontiert, was diese Logik aufhält und möglicherweise dementiert - nämlich auf die Grundlagen der Erzählung. Es wird darauf verwiesen, daß die Geschichtenlogik selbst eine Erfindung ist, ein Modell, das mit realen Verhältnissen und Erfahrungen nichts zu tun haben muß. Vermutlich hat man gerade wegen dieser ›Kritik der medialen Urteilskraft‹ immer wieder das Gefühl, daß Wenders' Filme sehr viel mehr als andere ganz nahe an der alltäglichen Wirklichkeit sind.

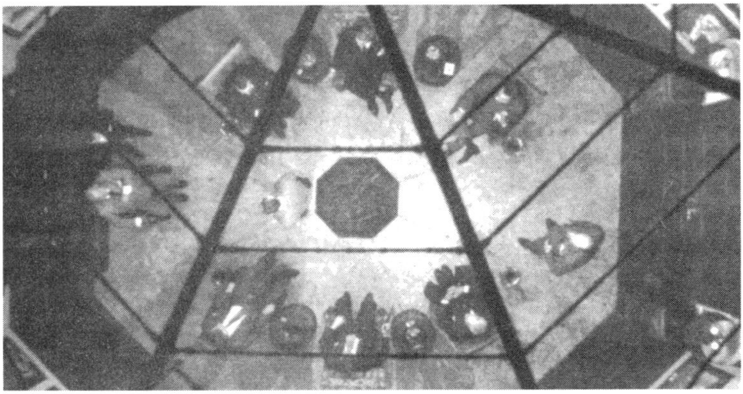

Repertoire

Die Elemente von Wenders' Bilderarbeit*

Die Filmkritik hat die Filme von Wim Wenders, insbesondere *Falsche Bewegung*, oftmals unter dem Spannungsverhältnis von Sprache und Bild betrachtet, und die imaginäre Kraft der Bilder gegenüber der Gekünsteltheit der Sprache herausgestellt hat. Das, was die Kamera zeige und wie sie diese Ausschnitte der Welt rahme, habe man so noch nicht gesehen. Tatsächlich gibt es genügend Zeugnisse von Wim Wenders selbst, in denen er der Wahrhaftigkeit der Bilder die latente Lügenhaftigkeit der Geschichten gegenübergestellt hat. Hinzukommt, daß sich der Neue deutsche Film von den ausgetretenen Pfaden des traditionellen Erzählkinos abgewandt hat und in Ermangelung einer eigenen Ästhetik und filmtechnischer Ausbildung zuerst besonderes Interesse an der Kamera und den Bildern bestand. Wie daraus bei Wim Wenders eine eigene Bildersprache entstand und welches die Grundelemente seiner Bilderarbeit sind, das soll im folgenden näher betrachtet werden.

Im Gegensatz zu Regisseuren, die im Verlauf ihres filmerischen Schaffens die diversen Stile und Spielarten der Genres ausprobierten, arbeitet Wenders strikt kontinuierlich. Bei ihm geht nichts verloren. Nicht nur, daß er mit seinem nächsten Film oft da anfängt, wo er beim vorhergehenden aufhörte. Einmal Erprobtes wird beibehalten und summiert sich zu Neuem. Das geht so weit, daß bewährte Sequenzen immer wieder auftauchen. Insofern sind die ersten Filme von Wim Wenders nicht einfach Fingerübungen, mit denen er sich das nötige filmerische Rüstzeug erwerben mußte. Folgt man ihrer Chronologie, so ist es sogar möglich, Wim Wenders bei der Entwicklung seiner Bildersprache zuzuschauen. Im folgenden werden die Grundbausteine dieser Bilderarbeit im ersten Kurzfilm *Same Player Shoots Again* aufgespürt und ihre Fortentwicklung bis zu *Falsche Bewegung* verfolgt, der in mancherlei Hinsicht eine Zäsur darstellt. Diese Entwicklung ist zudem so grundlegend an den Gegebenheiten des eigenen Mediums orientiert, daß sie sich gleichzeitig wie eine Einführung in die Gestaltungsmöglichkeiten des Mediums Film liest.

Repertoire überschreibt Wim Wenders 1969 die Rezension einer Reihe von Western älteren Datums und stellt ihr eine Aufstellung

* Der Beitrag stammt von Bernhard Springer.

an den Anfang: Schau-Plätze - Schau-Spieler - Show-Down. Das klingt wie eine Programmatik und erinnert an jene drei Schlagworte, mit denen der *film noir* umschrieben wird: Der Mann - die Frau - die Tat. Tatsächlich folgt der erste erhaltengebliebene Kurzfilm von Wim Wenders *Same Player Shoots Again* in seinem formalen Aufbau dieser Dreiteiligkeit.

Same Player Shoots Again beginnt mit zwei Einstellungen aus Schauplätze, dem verlorengegangenen ersten Kurzfilm. In der ersten Einstellung fällt der Blick von einem TV-Bildschirm zu einem verlassenen Tisch mit umgeworfenen leeren Bierflaschen und dazwischenliegenden Geldscheinen. Auf dem Bildschirm sind im Detail die Hände eines Spielers beim Kartenmischen zu sehen. Es folgt der erste Titel, ›SAME PLAYER SHOOTS AGAIN‹, und die zweite Einstellung aus *Schauplätze.* Eine Telefonzelle ist gerade verlassen worden, der Telefonhörer baumelt am Kabel und die Tür fällt zu. Die Exposition wird mit dem zweiten Titel, ›von Wim Wenders 1968‹, abgeschlossen. Im Hauptteil folgt die Kamera in einer parallelen Fahrt dem schleppenden Lauf eines Mannes mit umgehängter Maschinenpistole. Der Mann ist anscheinend verwundet und nur bis zum Mantelaufschlag zu sehen. Diese Einstellung wird viermal in unterschiedlicher Colorierung wiederholt, und zwar in der Reihenfolge Grün, Gelb, Rot-Lila und Blau. Die folgende Einstellung ist die Detailaufnahme eines Flipperautomaten und zeigt den Schriftzug TILT. Dabei ist der i-Punkt von TILT durch einen Coca-Cola-Kronkorken ersetzt. Den Schluß des Films bildet der Kameraschwenk über einen (sterbenden?) Mann (von vorher?) im Fond eines fahrenden Autos auf das Seitenfenster und die vorbeiziehende Landschaft.

Wie sehr der erste Film von Wim Wenders am Bild orientiert ist, wird bereits aus der Abbildung deutlich. In acht Bildern läßt sich der elf Einstellungen umfassende Kurzfilm erschöpfend dokumentieren. Dabei fällt als erstes das Fehlen einer offensichtlichen Handlung auf. Statt einer verknüpften Abfolge von Situationen finden sich nur visuelle Indizien und an der Stelle, an der eine verbindliche Auflösung der Handlung nach dem Prinzip von Ursache und Wirkung zu erwarten wäre, erscheint nur das stumme Detail TILT. An die Stelle einer Erklärung, die auch eine Wertung zuließe, tritt ein ikonisches Zeichen, das aus einem gänzlich anderen Zusammenhang stammt. Eine Folge von Bildern, die mit Accessoires und Anspielungen des Kriminalfilms und insbesondere des *film noir* angereichert sind, wird mit einem Freizeitspiel verbunden.

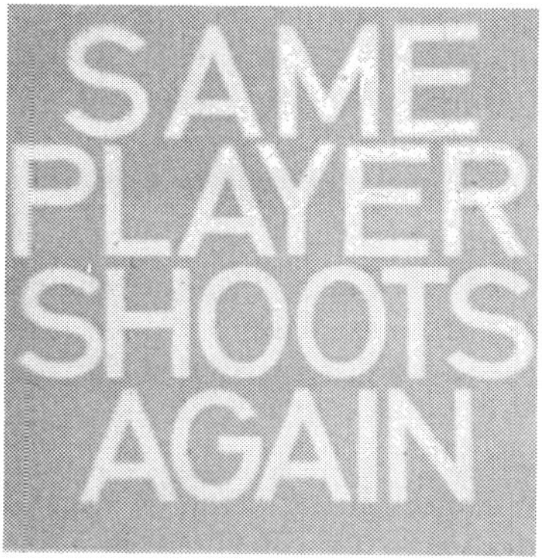
SAME
PLAYER
SHOOTS
AGAIN

TILT

Das zweite auffällige Merkmal ist die vierfache Wiederholung der gleichen Einstellung bei unterschiedlicher Kolorierung. Die Wiederholung ist ein wesentlicher Bestandteil jeder künstlerischen Arbeit. Sie ist ein gängiges künstlerisches Ausdrucksmittel, das auf allen Ebenen und in allen Künsten angewendet wird. Durch Wiederholung entsteht in der Architektur Symmetrie und wird Harmonie ausgedrückt. Wiederholung in der Form des Doppelgängers erzeugt in der Komödie Verwirrung und Verwechslung. Durch Wiederholung wird das Zufällige oder die Abweichung zur Norm. Wiederholung schärft die Wahrnehmung und lenkt den Blick auf die Elemente, in denen sich die wiederholten Inhalte oder Formen eventuell unterscheiden. Genau diese Funktion erfüllen die Wiederholungen einer gleichbleibenden Einstellung in *Same Player Shoots Again*. Es ist eine pädagogische Maßnahme, um die Betrachter zum Schauen zu zwingen. Dieses Mittel wird Wim Wenders immer wieder anwenden, wenn auch nicht mehr in so drastischer Form.

Same Player Shoots Again beginnt mit den beiden Schauplatz-Einstellungen, in denen ganz offensichtlich jemand gerade den Ort des Geschehens verlassen hat. Die Schauplätze sind aber nicht nur von den Schau-Spielern verlassen worden und bar jeder Figurenbewegung. Zudem findet auch kaum eine Kamerabewegung statt. Solche Schauplatz-Einstellungen treten in den späteren Filmen von Wim Wenders immer wieder in Erscheinung. Der in der Chronologie folgende Kurzfilm *Silver City* besteht nur aus solchen stummen Einstellungen. Im Hauptteil von *Same Player Shoots Again* wird die Kamera beweglich, wenn sie dem laufenden Mann in der Kamerafahrt folgt. Eine wirklich eigenständige Bewegung aber führt sie erst mit dem Kameraschwenk der letzten Einstellung aus. Diese Zunahme an Komplexität, dieser allmähliche Übergang vom Einfachen zum Komplexen, von der Nicht-Bewegung zur gesteigerten Bewegung nimmt sich aus wie ein Gang durch die Filmgeschichte. In deren Anfängen standen die Aufnahmeapparate aufgrund ihres großen Gewichtes gleichfalls unbeweglich an einer Stelle und nahmen den Schauplatz in der Totalen wie einen Bühnenraum auf. Die Kamera wurde beweglich, als sie in der Folge auf alle erdenklichen und fahrbaren Untersätze gestellt wurde. Erst als handlichere Kameras zur Verfügung standen, wurde auch der Kameraschwenk erfunden.

Bereits in seinem ersten Film sind alle wesentlichen Merkmale und Themen angelegt, die für das filmische Werk von Wim Wenders

typisch sind. Es gibt zum einen die zitathafte Verwendung von Elementen des Kriminalfilms und des *film noir*, die aber dennoch – außer bei *Der amerikanische Freund* und *Hammett* – nicht in einen Kriminalfilm einmünden. Vielmehr dienen sie dazu, die Wahrnehmung des Zuschauers auch auf die kleinsten Details zu lenken. Es gibt des weiteren die leeren Schauplätze und stummen Detailaufnahmen, mit denen der logische Fluß der Handlung unterbrochen wird. Mit diesen Bildern, die autonom zur Handlung stehen, ebenso mit den Logos und Schriftzügen, die immer wieder im Bild auftauchen, baut Wim Wenders eine eigene Emblematik auf. Und schließlich gibt es die lange Einstellung und das Motiv der Autofahrt, die im Mittelteil von *Same Player Shoots Again* mit dem Merkmal der Wiederholung verbunden ist.
Der nächste Kurzfilm *Silver City* besteht zur Gänze aus den für Wenders typischen langen Einstellungen. Diesmal wird im ganzen Film die Kamera kein einziges Mal bewegt. Sie zeigt in der Hauptsache Straßenkreuzungen und Verkehrsknotenpunkte, die mit ihren sich kreuzenden Straßenlinien und dem beständig fließenden Verkehr die Bildräume streng gliedern. Zwischen diese Schauplatzeinstellungen sind zwei Standfotos (Postkartenmotive) und ein *Rolling-Stones*-Auftritt im Fernsehen montiert. Und wieder beginnt der Film mit zwei exponierten Einstellungen, die auf die beiden Titel, ›SILVER CITY / REVISITED›, und ›WIM WENDERS / (FÜR EDDA)‹ folgen. In der ersten Einstellung bewegt sich ein endloser Zug einer fahnenschwingenden Masse von demonstrierenden Arbeitern von rechts nach links. Dieser alte Wochenschaubeitrag ist von schräg oben aufgenommen. Er wird vom Bild eines fließenden, breiten Wassers überblendet, das sich mit seiner gekräuselten Oberfläche und den unzähligen kleinen Wellen in der gleichen Richtung bewegt und aus der gleichen Perspektive aufgenommen wird. Den filmtechnischen Begriff der Einstellung als ein ungeschnittenes Stück Film hat Wim Wenders in den langen Schauplatz-Einstellungen von *Silver City* recht wörtlich genommen. Die Schauplatz-Einstellungen dauern gerade solange, bis die Filmrolle in der Kamera durchgelaufen ist. Erst wenn kein Hauch mehr von einem Bild zu sehen und die Leinwand ganz weiß ist, kommt die nächste Einstellung.
Die Autofahrten, der beständige Verkehr und die in *Silver City* gegenwärtigen Verkehrsmittel vom Auto über die Eisenbahn bis hin zum Flugzeug werden in den folgenden Filmen zum Motiv der Reise verdichtet. In den drei Schwarzweißfilmen *Summer In The*

City, Alice in den Städten und *Im Lauf der Zeit* sowie in dem Farbfilm *Falsche Bewegung* durchmessen die Protagonisten den politisch-geographischen Raum Bundesrepublik Deutschland. Die Reise ist dabei nur ein vortreffliches Bild für das charakteristische Merkmal der Bewegung. Deren linearer und zielgerichteter Charakter kommt in der Dreiteiligkeit der Reise mit Abfahrt, Ortswechsel, Ankunft explizit zum Ausdruck.

Schau-Plätze - Schau-Spieler - Show-Down. Mit den Schauplätzen beginnen die Filme von Wim Wenders. Immer stehen zwei exponierte Einstellungen am Anfang. *Same Player Shoots Again* beginnt mit zwei Schauplatz-Einstellungen, *Silver City* mit zwei Bildern der fließenden Massen, *Falsche Bewegung* mit zwei langen Einstellungen. Der Show-Down ist entgegen den Traditionen des Erzählkinos von der Handlungsebene weg verlegt, in *Same Player Shoots Again* auf die Ebene des ikonischen Zeichen TILT, in dem Kurzfilm *Alabama* auf die Ebene der Musik. Und der Schau-Spieler mimt nicht den traditionellen und handelnden Helden, sondern spielt den passiv Schauenden. Zudem ist er verletzt und hat sich eine Verwundung zugezogen. In *Same Player Shoots Again* und *Alabama* führt sie zum Tode, in *Falsche Bewegung* zur Abreise.

Die Komposition des dreiteiligen Aufbaus, die alle Kurzfilme aufweisen, ist in den längeren Spielfilmen natürlich in der strengen Form nicht aufrecht zu halten. Doch bleibt das Prinzip immer präsent. Und auch die erprobten Bausteine werden beibehalten. Lange Einstellungen und autonome Bilder wie das Schriftzeichen TILT in *Same Player Shoots Again* gliedern den Fluß der Bilder in visuelle Einheiten, die filmischen Syntagmen. Mit der Einführung mehr erzählerischer Momente in den Spielfilmen kommt ein weiteres gestalterisches Prinzip innerhalb der Syntagmen hinzu. Für die Gestaltung der Dialoge werden alternierende Bilderfolgen der sprechenden Figuren eingesetzt, die durch den Blickkontakt der Figuren bestimmt sind.

Wesentliches Moment der Wenders'schen Bilderarbeit bleibt die Bewegung. Die Grundbausteine der visuellen Syntagmen wurden ja gerade durch die Gegenüberstellung von Bewegung und Nicht-Bewegung, von Kamerabewegung und Figurenbewegung unterscheidbar. *Falsche Bewegung* setzt insofern mit seinem Titel zwei Signale. Der Titel thematisiert zum einen mit BEWEGUNG den Antrieb und das Grundmotiv der filmischen und künstlerischen Arbeit von Wim Wenders. Und mit dem Attribut FALSCHE stellt er es gleichzeitig in einen diskursiven Raum. Denn, wie sich zeigen wird, bezieht sich diese Problematisierung nicht allein auf inhaltliche Momente oder das Handeln des Protagonisten Wilhelm, sondern auch auf die grundsätzliche Fragestellung nach dem Spannungsverhältnis von Sprache und Bild, Kamera und Geschichte oder narrativer und optischer Strukturen. In dieser Hinsicht stellt der Film *Falsche Bewegung* eine Zäsur dar.

Falsche Bewegung beginnt mit einem Kameraflug. Das bedeutet, daß die Kamera sich in einem fliegenden Transportmittel befindet und den Ort des Geschehens aus der Vogelperspektive aufnimmt. Die Kamera wurde – wie auch an dem Kurzfilm *Same Player Shoots Again* gezeigt – zunehmend beweglich. Mit dem Kameraflug hat sie ein Höchstmaß an Beweglichkeit erreicht. Dabei setzt Wim Wenders das stilistische Mittel in konstruktivistischer, beinahe manieristischer Weise ein. Denn der Kameraflug hat keinen dramatischen Hintergrund. Bei Wim Wenders wird er jedoch häufiger als stilistisches Mittel verwendet, um traumatische Zustände darzustellen, Distanz zum Geschehen zu erzeugen oder auch um erzählerische Funktionen zu übernehmen. So entfernt sich am Ende von *Alice in den Städten* die Kamera im Flug vom Helden, der im Zug dem Ziel München zustrebt. *Falsche Bewegung* erscheint da wie ein direkter Anschluß, wenn diesmal die Kamera im Flug vom offenen Meer übers Land dem Geburtshaus des neuen Helden zustrebt.

Im Flug und in der ersten langen Einstellung, Einstellung 2, des Films *Falsche Bewegung* kreist die Kamera den Ort des Geschehens ein und nähert sich dem Erzählanlaß. In der zweiten langen Einstellung 3 ist durch ein Fenster der Hubschrauber zu sehen, mit dem gerade eben die Kamera transportiert worden ist. Diese zweite lange Einstellung soll im folgenden näher betrachtet werden, um darzustellen, welche Merkmale die Bilderarbeit von Wim Wenders auf der Ebene des Bildes kennzeichnen.

In einer einzigen gleitenden Bewegung der Bilder führt dieselange Einstellung den Protagonisten der Geschichte ein. Genauso behutsam verlagert die Kamera den Schwerpunkt der visuellen Wahrnehmung vom Außenraum, in dem der Hubschrauber die Kamera transportierte und nun vorbeifliegt, in den Innenraum, in dem Wilhelm am Fenster steht und nach draußen schaut. Im krassen Widerspruch dazu steht die wenig später folgende ruppige Handlung Wilhelms, wenn er mit zwei Faustschlägen die beiden Fensterscheiben zerschlägt und somit in einer gewaltsamen Aktion die Grenze zwischen dem Innen und dem Außen zerstört. Gleich-

zeitig ist die zweite lange Einstellung die behutsame Einführung in die visuellen Merkmale, die den Film *Falsche Bewegung* strukturieren.

Das erste Bild der Einstellung 3 ist streng horizontal aufgebaut. Der Hubschrauber fliegt auf einem breiten horizontalen Streifen Himmel über einem schmalen horizontalen Streifen der Häusergiebel horizontal von rechts nach links. Wie zur Verstärkung begrenzen auch noch rechts und links die Fensterpfosten das Bild und erinnern damit an einen Bilderrahmen oder die Grenzen der Leinwand. Mit dem Kameraschwenk links wandert der linke Fensterpfosten allmählich ins Bild und führt damit zum ersten Mal eine vertikale Linie ein. Als der Hubschrauber im Weiterflug kurzzeitig vom linken Fensterpfosten verdeckt ist und dieser das Bild mittig von unten nach oben in zwei gleiche Hälften teilt, setzt Musik ein, die von dem Plattenspieler im Zimmer ertönt. Eigentlich wird erst mit der Musik und dem Fensterpfosten in der Mitte des Bildes eindeutig erkennbar, daß sich die Kamera in einem Innenraum befindet. Nach ihrer Einführung durch den Fensterpfosten wird die vertikale Linie mit dem Kirchturm etabliert, hinter dem der Hubschrauber endgültig verschwindet. Mit Wilhelms Hand, die zum Fenstergriff fährt und ihn umfaßt, kommt eine schräge Linie ins Bild. Bei der Kamerafahrt zurück bilden Wilhelms Hand, Unter-

und Oberarm einen stumpfen Winkel. Als Wilhelm ganz im Bild zu sehen ist, haben Bildaufbau und -komposition den höchsten Grad an Komplexität erreicht. Figur, Fenster sowie der Marktplatz und eine Straßenflucht, die durch das Fenster zu sehen sind, bilden ein kompliziertes Geflecht aus visuellen Bögen, Dreiecken und sich kreuzenden Linien.

Vom Einfachen zum Komplexen etabliert die zweite lange Einstellung 3 den visuellen Raum. Damit wird das Augenmerk auf die entscheidene Bedeutung des Bildes für die Gestaltung des Films *Falsche Bewegung* gelenkt. Es wird seine Zweidimensionalität betont und zur Wahrnehmung des jeweiligen Bildaufbaus aufgefordert. Das eigentlich charakteristische Merkmal des Raumes, seine Dreidimensionalität wird damit für einen eigenständigen Bedeutungszusammenhang reserviert. Der offene, betont dreidimensionale Bildraum ist in *Falsche Bewegung* den Gruppensituationen vorbehalten, so bei den Spaziergängen der Gruppe durch die Fußgängerzonen von Bonn in Einstellung 168-189 und Frankfurt in Einstellung 406–409 sowie durch die Weinberge am Rhein in Einstellung 301–307.

In allen übrigen Fällen wird dem Raum die Tiefe genommen. Durch das Zusammenspiel von vertikalen und horizontalen Linien, das Spannungsverhältnis von Figur und Hintergrund, durch den gesteigerten Kontrast von Hell und Dunkel, von Innenraum und Außenraum wird die Zweidimensionalität des Bildes betont. Selten wirkt der Raum offen. Meistens versperren Wände, Fenster oder geometrische Figuren wie Gitter den weiteren Blick. Vor diesem geschlossenen und statischen Hintergrund bewegen sich die Figuren wie auf einer Folie. Es gibt sogar Beispiele in *Falsche Bewegung*, bei denen diese Folien-Wirkung vergleichbar dem Verfahren beim Zeichentrickfilm exemplarisch vorgeführt wird; Einstellung 181 und 408/409.

Bei den Abschiedsszenen zwischen Wilhelm und Janine im Torbogen des Kinos (Einstellung 23–24) und zwischen Wilhelm und seiner Mutter im Hausflur (Einstellung 29) sind die einzelnen Figuren durch einen gesteigerten Hell-Dunkel-Kontrast voneinander getrennt. Wie im Scherenschnitt-Verfahren oder im Silhouetten-Motiv des japanischen Holzschnitts erscheinen die Figuren jeweils als geschlossene, dunkle Fläche vor hellem Hintergrund, respektive umgekehrt.

Bedeutender als der gesteigerte Hell-Dunkel-Kontrast, der als Silhouetten-Technik doch recht vordergründig die Gestaltung des

Bildes beherrscht, werden für das Verhältnis von Figur und Raum die verschiedenen Kombinationen von vertikalen und horizontalen Linien. Nachdem Wilhelm die Fensterscheibe mit der Faust durchstoßen hat, *springt* die Kamera in den Außenraum und zeigt ihn in Einstellung 8 vom Marktplatz aus, wie er oben am Fenster seines Zimmers steht und auch noch die zweite Scheibe zerschlägt. Dabei bilden die vielfältigen horizontalen und vertikalen Linien von Mauerwerk, Fenstersims und -rahmen einen mehrfachen Rahmen, der die Figur Wilhelm einschließt.

Nur vertikale Linien werden dagegen im späteren Verlauf zum ›Prinzip des Pfostens‹ kombiniert. Sie trennen als Laternenpfähle, Kamerastativ oder Bäume immer wieder die Figuren Wilhelm und Therese im Bild. Mehrere Pfosten nebeneinander bilden ein Gitter, durch das, wie in Einstellung 319, Wilhelm im Hause des Industriellen zu sehen ist, kurz bevor er dessen Leiche findet. Die Kombination von horizontalen und vertikalen Linien in Reihe führt zum Prinzip des Rasters. Dieses Prinzip kommt in *Falsche Bewegung* nur als Hintergrundgestaltung vor, so in Einstellung 147, als Laertes und Wilhelm in der Hotelrezeption vor dem gerasterten Schlüssel-Postfach ihre Meldezettel ausfüllen. Rasterung, Vergitterung, Pfosten und Silhouette sind im übrigen auch traditionelle Gestaltungselemente des japanischen Farbholzschnitts, die von den Impressionisten für ihre Kunst neu entdeckt und verbreitet wurden.

Das besonders ausgeprägte Verhältnis von Figur und Hintergrund zeigt in *Falsche Bewegung* den Bildraum nicht nur als beliebigen Ausschnitt der abgebildeten Welt. Vielmehr entspricht der Raum in seiner besonderen visuellen Gestaltung dem inneren Zustand der Figuren oder dem Charakter der Beziehung, die die im Bild abgebildeten Figuren zueinander haben. Gefühlszustände wie Einsamkeit und Entfremdung oder personale Zusammenhänge wie Isolation, Abschied und Trennung werden so bereits im Bild zu einem Zeitpunkt sichtbar, bevor Handlung, Geschehen oder Sprache erste Hinweise darauf geben.

Die optischen Strukturen illustrieren nicht nur das folgende Geschehen oder nehmen es vorweg. Sie gliedern zudem den Film in eigenständige Einheiten und etablieren in *Falsche Bewegung* das eigentliche Bedeutungssystem des Films. Nach inhaltlichen und erzählerischen Momenten verfolgt der Film den Aufbruch und die Reise des jungen Wilhelm, der Schriftsteller werden will, und das Zusammentreffen und Auseinandergehen der Reisebekanntschaften. Daneben werden durch Wiederholungen einzelner Bildele-

mente, eingeführter Bewegungsabläufe und sogar ganzer Handlungskomplexe eigene Sinnzusammenhänge geschaffen. Die umfassendste Wiederholung findet sich bei Wilhelms Ankunft in Bonn. Doch findet diesmal keine abrupte Bewegung statt. In einer einzigen langen Einstellung und Bewegung wird der Anfang des Films wiederholt und die Ausgangssituation nochmals hergestellt. Wilhelm steht wieder dort, wo er begonnen hatte.
Die mittels filmischer Ausdrucksmittel und optischer Strukturen entstandenen visuellen Sequenzen unterscheiden sich in ihren jeweiligen optischen Elementen voneinander. Ihre wesentlichen Merkmale lassen sich in einem Element zusammenfassen, das Symbolcharakter für die jeweilige Sequenz erhält. Deren Qualität verändert sich dabei von Sequenz zu Sequenz. Am Anfang führen die optischen Strukturen in die visuelle Wahrnehmung ein. Vornehmlich begleiten sie das Geschehen. Im Prinzip der Rahmung wird Wilhelms Isolation deutlich und mit dem Silhouetten-Motiv Abschied und Trennung von Mutter und Freundin vollzogen. In einer einzigen langen Bewegung und visuellen Synthese wird bei der Ankunft in Bonn die Ausgangssituation wiederholt. Das Zusammentreffen mit Therese und der Gruppe ist vom Prinzip des Pfostens beherrscht, und mit dem Tod des Industriellen ist Wilhelm am Wendepunkt der Geschichte ›vergittert‹. Mit dem Spaziergang durch die Weinberge, dem Wende- und Höhepunkt von *Falsche Bewegung*, begleiten die optischen Strukturen immer weniger das Geschehen und verändern gleichzeitig ihre Qualität. Bestimmten sie bisher vor allem das Verhältnis von Figur *und Raum*, bilden sie nun selbst visuelle Figuren *im Raum*.
Als Wilhelm mit seinen Reisebegleitern den Industriellen in seinem Landhaus aufsucht, ist die Gruppe vollzählig. Ihr Beisammensein im Kaminzimmer wird im Bild durch eine bogenförmige Deckengestaltung auffällig von oben her gerahmt. Im Zimmer selbst hängt ein gemaltes Selbstporträt der verstorbenen Frau des Industriellen. An Händen und Füßen gefesselt, füllt ihr kaum verhüllter Körper das Bild in einer bogenförmigen und hängenden Haltung aus. Das gemeinsame Frühstück am nächsten Morgen wird in der ersten und letzten Einstellung nochmals mit der bogenförmigen Deckengestaltrung gerahmt. Der anschließende Spaziergang durch die Weinberge erreicht seinen Höhepunkt auf einem Plateau, auf dem der Rhein im Hintergrund einen Bogen bildet. Mit dem Tod des Industriellen verläßt die Gruppe die Villa und fährt in Thereses Auto auf der Landstraße. Als letztes Bild

bleibt der Blick von der Landstraße auf die Biegung des Rheins stehen. Eine Einstellung weiter bildet die Straße an der Autobahnraststätte einen Bogen, der sich mit der vorhergehenden Flußbiegung zu einem Kreis zusammenfügen ließe. Tatsächlich tauchen auch in der Folge immer wieder kreisförmige Figuren im Bild auf. Zudem wird Wilhelm zweimal, in Einstellung 343 und 344, von 360-Grad-Schwenks der Kamera eingekreist, die die Betonlandschaft im Umfeld von Thereses Apartment zeigen.

Die optischen Strukturen und die visuelle Gestaltung von *Falsche Bewegung* haben mit dem Kreis als Zeichen ein eigenes, autonomes Bedeutungssystem erreicht. Und dieser Qualitätssprung gilt ab einem gewissen Punkt für alle Ebenen der visuellen Gestaltung. Die anfänglich gleitende und kreisende Bewegung der Kamera wird im Verlauf des Films in die Bildkomposition hineingenommen, wenn kreisförmige Figuren im Raum auftauchen. Zudem werden um den Wendepunkt die filmischen Sequenzen in zunehmenden Maße durch bildliche Wiederholungen, z.B. durch die Bögen, gebildet. Diese Wiederholungen wiederum sind so gestaffelt, daß sie mehrere in sich verschachtelte Rahmen bilden. Die Rahmen haben ihre visuellen Entsprechungen in den gerahmten Bildern zu Anfang des Films, die durch die Kombination der horizontalen und

vertikalen Linien gebildet wurden. Stellt man die Abfolge der wiederholten Bilder und Einstellungen, die auf dem Höhepunkt des Films die verschachtelten Rahmen bilden, mit Symbolen abkürzend dar, so gibt ihr Schema A B / b / B A ein poetologisches Modell wieder, das aus der Verslehre als Rondell bekannt ist.
Der Kreis als ikonisches Zeichen hat einen komplexen Bedeutungsinhalt. Zum einen kann er Eingeschlossenheit und Trennung andeuten, zum anderen Harmonie und Vollkommenheit symbolisieren. Er zeigt mit seiner Linie die Grenze zwischen Innen- und Außenraum an und umschließt gleichzeitig Volumen. Innerhalb seiner charakteristischen Merkmale ist dem Kreis in *Falsche Bewegung* das Prinzip des Pfostens diametral entgegengesetzt. Der Pfosten zeigt die lineare, zielgerichtete Bewegung an, der Kreis die nicht endende, sich wiederholende Bewegung. Gleichwohl hat auch der Pfosten eine ambivalente Bedeutung und die beiden Wertungen hängen beim Pfosten wie beim Kreis vom jeweiligen Kontext ab. Der Pfosten trennt die Figuren im Bild oder unterbricht, wie in Einstellung 3, als Fensterpfosten den Fluß der Bilder. Als Baum auf der Rheinpromenade, hinter dem die Figuren als einzelne wie aus dem Nichts hervortreten, schneidet er ihre jetzige von der vorangegangenen Bewegung ab. Der Pfosten führt aber auch die einzelnen Figuren bildlich zusammen, wenn er als

Begrenzung von Raum und Figur die Nahtstelle bildet, an der eine andere Figur mit ihrem Raum anschließen kann. Der Kreis wiederum zeigt in der gleitenden und kreisenden Bewegung der Kamera, wie auch im Sequenzaufbau nach dem Prinzip des Rondells, eine symmetrische und harmonische Bewegung an. Dagegen isoliert er den Helden nach dem Prinzip der Rahmung. Doch bezogen auf das gesamte Bedeutungssystem von *Falsche Bewegung* und bezogen auf die ausgewählte Perspektive der Spannung zwischen Bild und Sprache bietet sich eine Interpretation an. Beide Zeichen sind Bilder für die richtige Bewegung der Kamera und die *Falsche Bewegung* des Helden. Und wenn die lineare, zielgerichtete Bewegung der Reise die ›falsche Bewegung‹ ist, dann bedeutet die nicht endende Kreisbewegung die richtige Bewegung.
Zwei Elemente der Wenders'schen Bilderarbeit sind auffällig, weil sie in seinen Filmen eine Verwendung finden, die nicht allgemein gebräuchlich ist. Es handelt sich um die Kameraaufnahme in der Einstellungsgröße Detail und die bereits als autonome Bilder bezeichneten Einstellungen.

Detailaufnahmen stehen stellvertretend für das Ganze, dem sie zugehören. Im Schuß-Gegenschuß-Verfahren oder in der Kombination mit Aufnahmen in der Einstellungsgröße Total dienen Detailaufnahmen im allgemeinen zur Emotionalisierung des Gezeigten. Als gängiges filmhistorisches Beispiel für diese Verwendung läßt sich der Film *Bronenosez Potjomkin* (Panzerkreuzer Potemkin, 1925) von Sergej Eisenstein anführen. Ganz im Gegensatz dazu verhält es sich bei Wim Wenders. Hier unterbrechen die Detailaufnahmen den Fluß der Bilder und halten die Zeit an. Das gilt in noch stärkerem Maße für die autonomen Bilder.

Innerhalb der visuellen Sequenzen und Syntagmen, die in *Falsche Bewegung* mittels langer Einstellungen, komplexer Kamera- oder Figurenbewegung und durch die Wiederholung von Bildelementen gebildet werden, sind immer wieder einzelne Einstellungen eingeschoben, die keinen expliziten Bezug zu dem vorher oder nachher Gezeigten haben. Diese Einzelbilder haben die Qualität von Standbildern. Es sind tote Bilder. Menschenleer sind sie Schauplatz-Bilder. Eine Kamerabewegung findet nicht statt, und die Zeit scheint still zu stehen. Und wenn man sie nicht endgültig mit Fotografien verwechselt – wie sie bei *Silver City* ja auch tatsächlich dazwischen montiert waren –, dann liegt das daran, daß irgendwo etwas Sand verweht wird oder ein Stück Stoff im Wind flattert. Diese autonomen Bilder gliedern als Unterbrechungen die

Syntagmen, verweisen aber auch auf übergeordnete Zusammenhänge und bilden mit den anderen autonomen Bildern des Films ein eigenständiges System.
Gleichzeitig sind sie mit ihrem besonderen Merkmal der Bewegungslosigkeit von Kamera und Figur Symbole des Todes. Damit setzt sich Wenders in Gegensatz zum üblichen filmischen Verfahren, wonach der Fluß der Bilder zwangsläufig Bewegung evoziert. Der Fluß der Bilder läßt sich nur durch die Verneinung des charakteristischen Merkmals des Mediums, nämlich der Bewegung, unterbrechen. Nur durch den Schritt zurück in ein früheres Medium, nämlich in die Fotografie, wird die dem Film eigene, zwangsläufige Bewegung aufgehoben.
Mit den beiden extremen Eckpunkten von autonomen Bildern und Kameraflug, d.h. von Nicht-Bewegung und extremer Bewegung, von Verleugnung der Kamera und Kamera pur zitiert und reflektiert Wim Wenders das eigene Medium Film. Diese Selbstreflexion korrespondiert mit dem zitathaften Gebrauch medialer Utensilien, wie Fotoapparat, TV-Bildschirme, Polaroid-Kameras etc. Die Zitate fremder Medien und die Offenlegung der Mechanismen des eigenen Mediums sind nicht nur poetologische Mittel. Sie führen auf das Grundprinzip der Wenders eigenen Bilderarbeit. Mit seinen Kurzfilmen zerlegt Wim Wenders die filmischen Mittel analytisch in ihre Bestandteile und formt aus ihrem Kontrast die Bildersprache seiner späteren Filme. Die Gegenüberstellung von Bewegung und Nicht-Bewegung führt zu langen Einstellungen und autonomen Bildern, die von Figur und Kamera zu komplexer Kamerabewegung und komplexer Figurenbewegung. Der Einsatz von Hell-Dunkel-Kontrasten, von Bildaufbau, Linien und figurativen Formen betont die Zweidimensionalität und führt zur Gegenüberstellung von Bild und Raum. Beim Abschlußfilm *Summer in the City* kam eine zufällige Trennung von Bild und Ton hinzu. Das angewandte Prinzip der Trennung der einzelnen zur Verfügung stehenden Kanäle und Ausdrucksmittel des eigenen Mediums und deren Zusammenführung zum endgültigen Film und Bedeutungssystem entsprechen Formprinzipien jeglichen künstlerischen Ausdrucks.
Die Entwicklung der Wenders'schen Bilderarbeit hat mit *Falsche Bewegung* eine Zäsur erreicht. Eine Autonomie der Bilder wird mit vergleichbar konstruktivistischen, fast manieristischen Mitteln in den folgenden Filmen nicht mehr erreicht. Das Interesse an den Bildern macht einem zunehmenden Interesse an den Geschichten

Platz. In *Der Stand der Dinge* wird dieses Interesse explizit thematisiert und mit *Paris, Texas* erreicht die Entwicklung einen Höhepunkt. Allerdings gab es unmittelbar nach *Falsche Bewegung* noch ein Roadmovie mit der für Wenders typischen Bildersprache, der auch noch zum Kultfilm der Wenders-Gemeinde wurde. Aber eigentlich ist *Im Lauf der Zeit* nur noch eine letzte Verliebtheit in die eigene Emblematik der Schriftzüge und Logos und ein letzter Gang durch die Film- und Kinogeschichte.

Bereits in *Der amerikanische Freund* wird das veränderte Verhältnis von Bild und Geschichte deutlich. Und das gilt nicht nur, weil hier zum ersten Mal ein Wenders-Film die Regeln des Genres erfüllt und nicht nur Indizien und Andeutungen einer Kriminalgeschichte ausbreitet. Das geänderte Verhältnis kommt auch deshalb besonders gut zum Ausdruck, weil *Der amerikanische Freund* viele Elemente von *Falsche Bewegung* enthält, jedoch diesmal unter das Postulat der Handlung stellt. Der Fahrkarten kontrollierende Zugschaffner – in beiden Filmen jeweils der gleiche Darsteller – bringt diesmal die beiden Helden Jonathan und Ripley in die Gefahr der Entdeckung und hat seinen Auftritt nicht mehr, um hochgestochene, poetische Worte zu sprechen. Der Zug ist nicht mehr fahrender Untersatz für die Suche nach dem Selbst, sondern Schauplatz für einen Mord und der stumme Schrei am offenen Zugfenster in *Falsche Bewegung* ist in *Der amerikanische Freund* wirklich ein Schrei der Verzweiflung. Rolltreppen transportieren nun die Handlung und nicht mehr den Inneren Monolog des Helden. Und die Strandhütte ist nicht mehr Ort der Selbstzweifel, sondern Schauplatz für den Show-Down. Nur Kameraflug und fahrendes Schiff, die in *Falsche Bewegung* den unruhigen Schlaf Wilhelms begleiten, sind auch hier Symbole der Angst. Erst mit *Der Himmel über Berlin* bekommen Kameraflug und Allmacht der Kamera einen soliden und realen Grund: Engel können fliegen und durch die Wände schreiten.

Bereits bei der Analyse der zweiten langen Einstellung von *Falsche Bewegung* zeigte sich, daß Wenders den Schnitt der Bilder und den Einsatz von Geräusch, Musik, Sprache und Kamerabewegung auf visuelle Merkmale bezieht und wie eine Sinfonie kombiniert. Als der Hubschrauber in der zweiten langen Einstellung vom Fensterpfosten verdeckt ist, setzt Musik vom Plattenspieler ein, und als er hinter dem Kirchturm verschwunden ist, beginnt die Kamera nach unten zu schwenken. Sie fährt an der Linie von Wilhelms Arm zurück, als er den Fenstergriff umfaßt hält. Kamerafahrt zurück und

Musik enden, sobald Wilhelm ganz im Bild ist. Darauf wendet er sich nach rechts. Schnitt und Einsatz der audiovisuellen Mittel sind an die Gestaltung der Bilder und der abgebildeten Räume gekoppelt. Sie finden statt, wenn im Bild die imaginären Bewegungsachsen von Kamerabewegung und Figurenbewegung zusammentreffen, wenn sich die Linien von Figur und sie umgebenden Raum, von horizontalem und vertikalem Bildaufbau kreuzen. Immer sind es visuelle Knoten, an denen die Anschlüsse festzumachen sind. Und auch für dieses typische Gestaltungsmittel gibt es in den Filmen von Wim Wenders ein bildliches Motiv. Es sind dies jene Schauplätze, die er in seinen frühen Kurzfilmen bevorzugt aufsuchte und in extrem langen Einstellungen abfilmte. Es sind dies die Straßenkreuzungen, an denen sich visuell Handlung oder Geschehen einstellte weil sich im beständigen Verkehrsfluß immer zwangsläufig Bewegungen zeigen, die an dem Knotenpunkt der Straßenkreuzung aufeinander prallen und gelenkt werden müssen oder sich einfädeln. Und auch dies wiederum ist ein treffendes Bild für das Erzählen von Geschichten. Denn was sind Geschichten anderes, als das Zusammenführen von zufälligen Begebenheiten und verschiedenen Erzählsträngen zum Knoten eines Konfliktes, den es aufzulösen gilt.

Ein Gespräch mit Wim Wenders

Um mit etwas zu beginnen, was in Ihren Filmen überhaupt nicht vorkommt. Sie haben Ende der 60er Jahre in Ihren Musikfilmen mit sehr langen Einstellungsdauern gearbeitet, die Schnittechnik nicht dem musikalischen Rhythmus angeglichen. Heutige Musikfilme, Videoclips, werden völlig gegensätzlich inszeniert. Ist Ihrer Meinung nach an Videoclips noch etwas zu retten?

Wim Wenders: Die Möglichkeit zu einer neuen Ästhetik ist sicher drin. Und hin und wieder sieht man ja auch atemberaubend schöne Videoclips. Das kann man ja gar nicht verleugnen, daß da zum Teil wirklich große Talente arbeiten. Das ist auf eine Art auch das Experimentierfeld geworden, das das klassische Feld, den Kurzfilm, mehr oder minder abgelöst hat. Aber der Rahmen, in dem das gezeigt wird und in dem auch der schönste Clip vorkommt – vierundzwanzig Stunden lang im MTV oder wo auch immer – ist natürlich Werbung. Und deswegen tut der Rahmen, die Form, in der das dann gezeigt wird, auch das größte Talent mehr oder minder unterbuttern. Und man sieht es ja schon. In Amerika werden ja zum Teil die Clips schon nicht mehr ganz gezeigt, sondern nur noch in

Ausschnitten. Das führt zu so einer Art Eskalation. Jetzt ist es ja schon so weit, daß auch die Kids Clips nicht mehr sehen können, die drei oder vier Minuten dauern. Die Aufnahmeschwelle wird runtergesetzt. Dann können die Kids halt nur noch dreißig Sekunden sehen, dann muß schon der nächste kommen. Ich sehe das formimmanent vorher, daß das völlig inflationär ist, und daß das Inflationäre auch angesiedelt ist in der Form. Irgendwann wird das nur zum nackten Überdruß führen.

Das Tolle am Rock'n Roll ist ja meines Erachtens gerade, daß wenn man mit einem Stück Musik lebt, eine Weile lang, einen Sommer lang oder einen Winter lang, daß man da auch anfängt zu dieser Musik die entsprechenden Bilder im Kopf zu haben und sozusagen im Kopf zu jedem Lied den Videoclip selbst macht. Das wird dann auch zu einer Art von kollektivem Traum. Wenn ich mich so an die Beatles-Lieder erinnere, *Nowhere Man* oder was auch immer, dann war das tatsächlich so eine Art weltumspannender Videoclip, den es nur in den Köpfen gab. Und das war wunderbar, das war auch kreativ. Heute wird jedes Lied schon geliefert mit dem Traum, so daß man keine Bilder mehr dazu sieht. Die kommen schon mit. Und meines Erachtens macht das den Rock'n Roll und seine Suggestivkraft ärmer.

Wenn Sie sagen ›weltumspannender Videoclip‹, dann heißt das doch auch, daß die Bilder beim Einzelnen entstanden sind. Sie haben ja etwa in Alabama *sehr viel Rockmusik eingesetzt. Das war ja wohl Ihr subjektives Bild, das das objektive optische Material des Films geliefert hat?*

Wim Wenders: Sicher. Gleichzeitig sind meine Filme aber auch sehr offen gewesen, so daß die auch Platz gegeben haben für jeden, sich darin wieder seinen eigenen Film zurechtzusehen. Videoclips sind ja heute so Zeigefinger-Filme, wo man nur das sehen kann, was gerade so läuft. Es gibt Ausnahmen, wunderschöne Ausnahmen, wo noch eine Offenheit hergestellt wird. Aber wenn diese im Vierundzwanzig-Stunden-Rhythmus im Zusammenhang mit zweitausend anderen vorkommen, dann gehen die Augen wieder zu.

Die Offenheit in Ihren frühen Filmen hat ja auch die Schnittechnik, die langen Einstellungsdauer ausgemacht, die in gewisser Weise konträr zur Musik stehen. Es gibt vom Rhythums her keine Analogie zur Musik.

Wim Wenders: Dem kann ich nicht widersprechen.

Könnten Sie sich vorstellen, heute im Sinn der gängigen Ästhetik selbst Videoclips zu machen – wie etwa Antonioni?

Wim Wenders: Im Sinn der Ästhetik sicher nicht. Ich habe aber auch schon Videoclips gesehen in einer Einstellung. Der Henri Alekan hat zum Beispiel einen sehr schönen gedreht mit den *New Order.* Das ist zwar nicht in einer einzigen Einstellung, das ist geschnitten, aber in einer ganz zurückhaltenden Art gedreht.

Es gibt tolle Videoclips, und ich seh die auch gerne. Aber gleichzeitig ist man auch bald wieder erschöpft und merkt auch, daß man die Musik, die man aus Videoclips kennt, eigentlich viel schneller satt hat als die Musik, die man nur im Radio hört oder auf seinem Plattenspieler. Und das ist wirklich schade.

Wenn Sie jetzt in Ihrem neuen Film wieder Musik einsetzen werden, berücksichtigen Sie dann die neue Rezeptionshaltung, die gegenüber Filmmusik entstanden ist?

Wim Wenders: Ich glaube, verantwortungsvollerweise kann man eigentlich nur das Gegenteil tun. Sagen wir, wie in Himmel über Berlin der Nick Cave vorkommt, ist es in gewisser Weise das

Gegenteil zu jedem Videoclip, den man sich mit Nick Cave vorstellen kann - daß man den genauso erzählt wie den eher epischen Gehalt des Films rundherum. Und so, glaube ich, wird es auch bei *Bis ans Ende der Welt* sein. Obwohl da vielleicht auch der eine oder andere Videoclip als Zitat vorkommt. Vielleicht mache ich dann auch innerhalb des Films etwas, was die heutige Ästhetik des Videoclips ad absurdum führt.

Videoclips haben ja vor allem mit Fernsehen zu tun. Sie haben schon in Alice in den Städten, *später in* Reverse Angle *und besonders in* Chambre 666, *Ihre Einschätzung des amerikanischen Fernsehens kundgetan. Das deutsche Fernsehen wird dem amerikanischen in Kürze wahrscheinlich nicht mehr weit nachstehen, wenn es nicht schon so weit gekommen ist. Ist die Lage Ihrer Meinung nach hoffnungslos?*

Wim Wenders: Ich glaube, daß für Fernsehen allgemein, also für das, was global als Möglichkeit angeboten wird, per Kabel und Satellit, daß da nichts mehr zu retten ist - daß da weder Moral noch Ästhetik einzubringen sind. Das wird immer furchtbarer. Gleichzeitig, weil es immer furchtbarer werden wird, wird es auch immer Ausnahmen geben und durchaus auch respektable Produkte - aber eben als Ausnahme. In der Regel, denk ich, wird das Fernsehen unerträglich: der nackte Faschismus.

Das hört sich nach Apokalypse an. Das hört sich nach ›Ende der Welt‹ an.

Wim Wenders: Ist es ja auch. Ich glaube schon, daß man das Fernsehen, das wir in zehn Jahren haben, mit fünfzig oder sechzig Fernsehsendern, nicht anders als apokalyptisch bezeichnen kann.

Wenn man den Gedanken weiter verfolgt, dann würde das doch auch heißen, daß auf Grund des veränderten Bewußtseins der Film in seiner jetzigen Gestalt, insbesondere Filme, wie Sie sie machen, kaum noch Zuschauer und Zuhörer finden wird.

Wim Wenders: Ja, außer natürlich, daß solche Sachen immer Gegenreaktionen hervorrufen. Da bin ich sicher. Und wenn die amerikanischen Filme inzwischen alle aussehen wie Fernsehen, oder fast alle Filme, dann ist nicht verwunderlich, daß auf der anderen Seite unabhängige Filmemacher in Amerika ein Publikum gewinnen, indem sie ganz anders arbeiten. Also den Erfolg von der wirklich unglaublich reduzierten Ästhetik vom Jim Jarmusch kann man auch dadurch erklären, daß rundrum Filme überhaupt keine

Ästhetik mehr haben, sondern eben nur noch Fernsehästhetik. Es ist ja wirklich so, daß alles, was mittlerweile in Amerika produziert wird, aussieht wie *Budweiser*-Reklame – über die Lichteffekte, über die Schnitte, über die Bewegung. Es ist ja alles wirklich abgeguckt vom Werbefilm und auch durchaus von der Clipästhetik. Es sind alles Achtzig- oder Neunzig-Minuten-Clips geworden. Das führt natürlich auch zu Trotzreaktionen, daß Leute sich dann freuen, daß es noch etwas anderes gibt. Und die einzige Garantie, daß es noch weiter Filme geben wird, ist meines Erachtens die, daß die Masse der visuellen Produktion katastrophal werden wird.

Das hört sich nach Neil Postman an. Nur meint er, daß die Schriftkultur, Literatur, noch Auswege bereit hält.

Wim Wenders: Damit stimme ich auch völlig überein. Die Literatur, und vielleicht auch die Malerei, wird das einzige sein, was so eine Art Innerlichkeit retten wird.

Vor kurzem ist ja in Eins Plus eine Werkschau von Ihnen zu sehen gewesen. Ist das eine Rettung für das Fernsehen?

Wim Wenders: Wir haben ja eher über die Zukunft des Fernsehens geredet. Ich glaube schon noch, daß es in Deutschland zumindest noch recht friedlich zugeht und daß das öffentliche Fernsehen noch

geradezu eine Hochburg von Kultur ist im Verhältnis zu dem, was in Amerika läuft oder in Italien. Und die Filme, die da in Eins Plus gekommen sind, die sind auch nicht unterbrochen worden. Klar, sonst hätte ich auch keinen einzigen gezeigt. Das ist ja nach wie vor auch noch akzeptabel. Man kann also wirklich nicht verhindern, daß die Leute Filme auf Video schneiden und sie sich dann zu Hause anschauen. Dann lieber dafür sorgen, daß da ordentliche Kopien laufen, was wir gemacht haben, und das die gut laufen. Aber wie gesagt, das ist in Deutschland noch in einer Fernsehlandschaft, die im Verhältnis zu anderen Ländern geradezu utopisch ist. Aber nicht mehr lange. Das ist auch unaufhaltbar. Man fragt sich ja nur, was wird aus diesem dinosaurischen Fernsehen, den öffentlichen Anstalten. Die können ja nicht so weiter bei diesem Konkurrenzkampf. Die werden sich nicht nur anpassen, die werden schlimmer werden.

Sie haben ja früher, besonders in Filmverlags-Zeiten, sehr oft Filme vom Fernsehen produziert bekommen. Werden Sie das weiter so machen? Machen Sie das beispielsweise auch bei Bis ans Ende der Welt?

Wim Wenders: Der neue ist tatsächlich ein reiner Kinofilm, wo dann der Produktionsanteil vom Fernsehen tatsächlich unter zehn Prozent rutscht, also recht unbedeutend geworden ist.

Haben Sie das auch bewußt so gesteuert oder war das unumgänglich?

Wim Wenders: Nicht bewußt, aber gleichzeitig schon notwendig. Man kann auf das Fernsehen nicht verzichten. Es ist ja im Moment in Europa, zumindest in Deutschland so, daß man darauf angewiesen ist, zumindest wenn man einen kleinen Film machen will, weil es ja das Umfeld nicht gibt. Deswegen gibt es ja letztendes Subventionen und deshalb gibt es das Film-Fernsehen-Abkommen, weil sonst keine Filmproduktion überhaupt die 70er und 80er Jahre hätte überstehen können. Gleichzeitig muß man das aber so sagen, daß der Profitierende dabei am meisten das Fernsehen ist. Fast alles, was im Fernsehen an anständigen Produkten gezeigt wird, sind ja letztendlich Filme. Das Fernsehen ohne Spielfilme – da wäre überhaupt nichts mehr los. Insofern kann man nicht so tun, als ob das Fernsehen das Kino entdeckt hätte, wie das viele Leute darstellen. Man kann das genausogut umgekehrt sehen. Ohne die Qualität, ohne die Kinosprache, ohne die Erlebnisqualität von Filmen gäbe es im Fernsehen ja kaum etwas Ordentliches zu sehen.

Kinofilme müssen aber nicht immer nur mit glücklichen Erfahrungen verbunden sein. Z. B. Hammett *war für Sie die erste umfassende, aber nicht immer glückliche Erfahrung mit Hollywood. Würden Sie nochmals nach Hollywood gehen, wenn man Sie dort als Regisseur ruft?*

Wim Wenders: Das muß man ein bißchen differenzierter sehen. Es war eine umfassende Erfahrung. Das stimmt. Nicht immer glücklich. Gleichzeitig eine der wichtigsten. Und ich weiß nicht, was ich geworden wäre, wenn ich nicht hingegangen wäre. Ich glaube, ich wäre ein bißchen kleinmütiger geblieben. Obwohl das eine lange Zeit war und ich viel Zeit vergeudet habe, möchte ich diese Zeit in meinem Leben nicht missen. Ich würde nicht mehr nach Hollywood als angestellter Regisseur gehen. Das heißt, wenn ich da nochmals arbeiten würde, dann wüßte ich genau, welchen Vertrag ich dort unterschreiben würde, nämlich daß ich auch Produzent sein kann, was ich ja bei meinen anderen Filmen bin. Auch bei meinem neuen, beim *Himmel* und auch bei *Paris, Texas*, die hab ich halt kontrollieren können als Produzent. Und nur unter dieser Bedingung und mit dem letzten Recht am Film, dem final cut,

würde ich in Hollywood arbeiten. Allerdings sind diese Bedingungen in Hollywood kaum noch zu kriegen. Deswegen sind die Chancen, daß ich da noch mal arbeite, doch gering.

Sie haben bislang drei Spielfilme zusammen mit Peter Handke als Drehbuchautor gemacht. Bei Himmel über Berlin *haben Sie, wie Sie selbst berichtet haben, ihn sogar zur Zusammenarbeit gedrängt. Was ist für Sie das Anziehende an der Handke'schen Literatur? Wieso haben Sie seine manchmal sehr sperrigen Texte sogar fast unverändert in Ihre Filme übernommen?*

Wim Wenders: Es gibt Drehbuchtexte, da setzt man sich hin und arbeitet daran mit den Schauspielern. Beim Drehen selbst merkt man dann, das läuft so nicht. Man versucht, das zu verbessern. Und dann gibt es Texte, wie z.B. die vom Handke, aber auch die vom Sam Shepard, die man liest und sagt: Ja, da ist eine Qualität, eine Verantwortung gegenüber einer Qualtität, das hat einen Wert, womit man nicht so einfach umgehen kann wie mit so einem Gebrauchsding. Das verlangt einen Respekt, so daß man selbst und die Schauspieler versucht, das, so wie es ist, möglich zu machen, so wie es geschrieben ist. Das heißt, daß man dann so arbeitet, wie man auch auf dem Theater arbeiten würde, daß man so einen Text respektiert, ihn vielleicht auch kürzt. Das kommt immer vor. Auch Peters Texte von *Der Himmel über Berlin* habe ich gekürzt. Aber nur gekürzt. Das macht man ja auch auf dem Theater, das macht man mit jedem Shakespeare-Text. Die kann man ja kaum komplett, hundert-prozentig spielen. Und die Handke'sche Grammatik – entweder man respektiert sie oder man arbeitet nicht mit dem Peter. Aber was umzuschreiben, das ist ja so, wie wenn man anfängt, in einem Gemälde vom Rembrandt rumzumalen, weil einem das irgendwie in der Ecke zu dunkel ist. . Meines Erachtens sind die Texte vom Peter mit das Schönste, was im Moment in der ganzen Welt geschrieben wird, und in sich so gefügt, daß man nichts daran deuten kann. Entweder akzeptiert man sie oder man fragt den Handke lieber nicht. An den Texten vom Peter rumdeuteln würde ich nicht.

Sehen Sie in dieser Hinsicht eine Ähnlichkeit, nicht im Sinn von Imitation, sondern im Sinn von gleicher Arbeitsweise, zu den Filmen von Straub/Huillet. Die respektieren ja auch bis ins einzelne Detail die Vorlage – etwa bei Empedokles, *der Hölderlin-Verfilmung.*

Wim Wenders: Die Arbeit vom Jean-Marie und von der Daniéle

Huillet ist natürlich wesentlich radikaler als meine. Und der würde sich auch Kürzungen verbieten. Da kann man ja den Hölderlin aufschlagen und mitlesen. Da ist ja kein Wort anders. Das ist natürlich eine viel radikalere Arbeit und natürlich in vollkommen anderem Zusammenhang zu sehen. Obwohl, wenn ich mir überlege, der *Amerika*-Film nach Kafka, das sind ja auch nur ganz knappe Zitate aus dem Roman.

Der Amerika-Roman ist ja wohl auch sehr lang.

Wim Wenders: Ja. Und es ist dann auch so, daß er dann auswählt. Aber trotzdem ist natürlich eine völlig andere Textbearbeitung da. In den Filmen von Jean-Marie Straub und Daniéle Huillet ist natürlich der Text überhaupt der Wert, viel mehr als die Geschichte. Das ist eine völlig andere Arbeit.

Wenn ich Sie recht verstanden habe, dann belassen Sie die Handke'schen Texte so, weil Sie sie respektieren.

Wim Wenders: Ich meine auch nicht, sie weiter verbessern zu können. Ich bin ja auch kein Dichter und auch kein Romanautor. Und die Dialoge, die ich selbst zu meinen Filmen geschrieben habe, das ist ja auch nur die Hälfte, da kann ich nicht sagen, daß ich da besonders stolz darauf bin. Ich habe mir noch nie eingebildet, daß

ich höchstbegabt bin im Schreiben von Dialogen. Manchmal gelingt einem etwas, aber das entsteht eher aus der Arbeit mit den Schauspielern oder aus dem Druck, für einen Film am nächsten Tag eine Szene fertig haben zu müssen. Da entsteht manchmal tatsächlich etwas Brauchbares. Aber das ist eine andere Arbeit als die eines Handke oder die eines Shepard.

Wenn man Handke liest – ich habe jetzt Das Gewicht der Welt *im Hinterkopf –, dann ist das eine auf die Oberfläche der Dinge ausgerichtete Sprache, eine phänomenologische Sprache. Ist es das, was Sie an der Handke'schen Prosa so reizt.*

Wim Wenders: Zweifellos. Ich glaube schon, daß so wie der Peter die Dinge sieht und beschreibt, daß das etwas zu tun hat mit meiner Art, Filme zu machen. Und ich habe schon das Gefühl, daß wir uns zumeist aus der Ferne, aber schon irgendwie gemeinsam, begleitet haben – oder daß mich die Texte vom Peter begleitet haben, auch wenn sie nicht in meinen Filmen vorgekommen sind. Ich glaube schon, daß da etwas ist, eine Sicht der Welt sozusagen, wo einfach eine Verwandtschaft da ist.

Sie kennen ihn ja seit Mitte der 60er Jahre. Das ist eine sehr alte Freundschaft.

Wim Wenders: Ich glaube, '65 oder '66 habe ich den Peter kennengelernt. Da ging ich noch zur Schule.

Das war in Oberhausen?

Wim Wenders: Das muß dann noch früher gewesen sein. 64 oder 65. Ich weiß nicht mehr.

Haben Sie ihn damals dann angesprochen. Wie hat sich das eigentlich ergeben?

Wim Wenders: Das erste Mal, als ich ihn gesehen habe, da lief in Oberhausen ein Stück, das hieß *Selbstbezichtigung*. Da habe ich ihn nach der Inszenierung angesprochen. Da hat er sich an mich erinnert, als ich ihn nochmals getroffen habe, in Düsseldorf glaub ich, daß ich ihm in Oberhausen sehr impertinente Fragen gestellt habe.

Werden Sie weiter mit ihm zusammenarbeiten?

Wim Wenders: Bestimmt. Ich würde mich nur erst einmal freuen, wenn der Peter selbst wieder einen Film machen würde. *Die linkshändige Frau* ist bestimmt einer meiner Lieblingsfilme, ein kleiner wunderschöner Film und seiner Zeit weit voraus. Deshalb ist er auch noch nie genügend gesehen worden. Ich würde mich schon sehr freuen, wenn der Peter noch mal einen Film machen würde. Und ganz bestimmt werde ich ihn auch wieder einmal drängen.

Eine andere Frage. In einem Interview haben Sie davon gesprochen, daß Sie das WIE des filmischen Erzählens nicht mehr so interessieren würde wie das WAS. Wenn man Himmel über Berlin *sieht, die Reduktion der Geschichte auf eine Abfolge von Ereignissen, Kamerafahrten, die nicht mehr an den gezeigten Personen orientiert sind, dann scheint das fast unfaßbar. Oder ist* Himmel über Berlin *doch am klassischen Erzählen orientiert?*

Wim Wenders: Ich kann nur völlig darauf beharren, daß das WIE -. Vielleicht muß ich es anders sagen. Nicht daß mich das WIE, die Form, nicht mehr interessiert. Da ist allmählich etwas in Fleisch und Blut übergegangen, daß ich nicht mehr groß darüber nachdenke. Der Form oder der Stil ist so etwas geworden wie eine Handschrift. Man denkt ja auch nicht mehr darüber nach, wenn man seine Unterschrift hinsetzt, wie man dann seinen Namen schreibt. Gleichzeitig war das mal wahnsinnig wichtig und inzwi-

schen ist das nicht mehr so, einfach in Fleisch und Blut übergegangen. Vor allem in der Zusammenarbeit mit Robby. Aber natürlich stellt sich trotzdem die Frage, mit jedem Tag und mit jedem neuen Film, weil natürlich jeder Film wieder seine eigenen Gesetze entwirft. Gleichzeitig ist es nicht mehr so eine aufregende Frage, so wie das in den ersten Filmen war oder so wie das bei jedem ist, der anfängt, Filme zu machen oder auch Bilder oder Musik. Das WIE ist immer viel aufregender. Man sieht es ja an den meisten Studentenfilmen, daß das WIE immer viel wichtiger ist als das WAS. Ich kann von mir nur sagen, daß das WIE in den Hintergrund getreten ist und das WAS aufregend geworden ist.

WAS heißt ja beispielsweise auch Engel. In Ihre Filme ist auch, wie Sie selbst gesagt haben, ein metaphysischer Aspekt hineingekommen. Das ist eine neue Qualität in Ihrer Arbeit, einen Film über eine Stadt zu drehen. Das ist ja auch etwas, was den anderen Filmen, die mit Geschichten gearbeitet haben, entgegensteht. Sehen Sie das auch so.

Wim Wenders: Kann man so sehen.

Worauf ich hinaus wollte. Himmel über Berlin *ist ja ein Film, der von jeglicher Geschichte absieht. Er ist fast das, was bei* Stand der Dinge *utopisch entworfen worden ist. Es gibt keine klassische Exposition in* Himmel über Berlin*, keine vorwärts treibende Geschichte. Er ist fast im Impressionistischen angesiedelt. Das ist ja auch eine Abkehr von Ihrer vergangenen Filmarbeit wie vom gängigen Erzählkino, erst recht von dem Erzählen, wie es im Fernsehen praktiziert wird. Möglicherweise ist es aber auch eine Form von filmischem Erzählen, das einen Weg in die Zukunft weisen könnte – nicht nur für Sie.*

Wim Wenders: Das mag schon sein. Ich habe natürlich auch von anderen Sachen gelernt, außer von meinen eigenen Filmen. Ich habe viel gelernt in meiner einzigen Arbeit, die ich am Theater gemacht habe, in *Über die Dörfer.* Da habe ich auch auf eine andere Art über Film nachdenken gelernt in dieser Arbeit mit Theaterschauspielern auf einer einzigen Bühne, also auf einem einzigen Ort. Dann habe ich auch von den Dokumentarfilmen, *Tokyo-Ga*, oder von dem neuen, *Aufzeichnungen zu Kleidern und Städten*, auch die Freiheit gegenüber dem Erzählen gelernt oder auch die Benutzung einer Kommentarstimme. Wenn ich den *Tokyo-Ga* gar nicht gemacht hätte nach dem *Paris, Texas*, hätte ich mich vielleicht gar nicht getraut die Sache mit den Stimmen in *Der Himmel über Berlin* zu machen. Also kommen so verschiedene Sachen zusammen. Und natürlich hat mir am Kino auch immer so etwas gefallen, was ganz phänomenologisch ist, also eine Stadt oder eine Person oder ein Ding einfach nur so aufzunehmen, nicht an eine Geschichte denken zu müssen, sondern nur an den Wahrheitsgehalt eines bestimmten Moments. Und da waren natürlich die Engel die idealen Geschichtenerzähler, um sich solchen Luxus leisten zu können - um einfach etwas zu zeigen, ohne daß das in eine Geschichte gehört. Das hat funktioniert wegen der Engel und auch wegen einer Stadt und wegen eines Klimas und auch wegen der Rückkehr in ein Land. Ich kann jetzt also nicht sagen, ich habe jetzt so eine Bahn geschaufelt, wo sich ein neues Erzählen anbahnt. Das finde ich ein bißchen vermessen. Das hat auf Grund einiger glücklicher Zusammenkünfte gut funktioniert, so daß man sagen kann, daß das auch Modellcharakter hat.

Um nochmals zum Erzählen zu kommen. In Der Stand der Dinge *sagt der Regisseur Friedrich »Jetzt weiß ich, wie das Erzählen geht - und unweigerlich läuft den Geschichten das Leben aus und sie sind tot. Geschichten haben einfach zu viel Regeln, Mechanismen.« Trifft die vermutlich von Ihnen selbst verfaßte Textzeile auch auf Sie selbst zu?*

Wim Wenders: *Der Stand der Dinge* war ja, wie der Titel schon sagt, eine Bestandsaufnahme. Ich kann auch keinem anderen eine

Verantwortung für Friedrichs Texte geben als mir selbst, weil Friedrich als Regisseur schon viel von dem erzählt, was mir damals als Bestandsaufnahme durch den Kopf gegangen ist. Zu dem Zeitpunkt habe ich von Geschichten nicht viel gehalten bzw. von den Regeln und Mechanismen von Geschichten. Und dann habe ich in diesem Film, der diese Regeln bloßlegen sollte, gelernt, daß sie auch eine ganz schöne Kraft, im wahrsten Sinn des Wortes, in sich haben können. Wenn man nur das Zentrum für diese Kraft findet, also wenn es nicht bloß Regeln sind, sondern wenn man auch den Grund für diese Regeln entdeckt, dann kann eine Geschichte auch ein richtig großer Fluß werden, wo man sich auch ohne Angst treiben lassen kann, wo man nicht gegen den Strom rudern muß und beständig versuchen muß, sein Schiffchen in eine andere Richtung zu lenken. Das muß man lernen. Das habe ich für mich in dem Film gelernt, der eigentlich nur gegen den Strom rudern wollte, daß das Sich-mit-dem-Strom-treiben lassen auch eine sehr gute und aufregende Sache sein kann.

Kann man auch so sagen, daß Sie damals ein Zwischenergebnis für Ihre eigene Arbeit gemacht haben, um für neue Wege aufzubauen?

Wim Wenders: Ich stelle mich nach wie vor als Baron von Münchhausen vor, der sich selbst an den Haaren aus dem Sumpf zieht. Eigentlich ist das für mich der Beweis, daß das eine ganz realistische Sache gewesen ist, was der Baron von Münchhausen gemacht hat.

Mit Paris, Texas *waren Sie dann, um im Bild zu bleiben, wieder über dem Sumpf?*

Wim Wenders: Das war die Konsequenz gewesen aus dem *Stand der Dinge.*

Zu einer ganz anderen Frage. Im Moment schießen überall Drehbuchwerkstätten aus dem Boden. Schätzen Sie diesen Trend als vorübergehend ein oder wird jetzt etwas nachgeholt, was jahrelang unter den Tisch gekehrt wurde. Das trifft natürlich insbesondere für deutsche Verhältnisse zu.

Wim Wenders: Das stimmt natürlich schon. Es gibt hier ja auch keine Drehbuchautoren. Nur ganz wenige Leute machen das professionell. Es stimmt ja schon, daß in der spezifisch deutschen Version des Autorenfilms der Drehbuchautor ausgemerzt worden ist. Das hat ja auch zur Folge, daß es nur noch sehr wenige Filme gibt, wo man sagen kann, da ist eine schöne Geschichte, da ist nicht nur ein Regisseur, da ist auch ein richtiger Dialog, eine aufregende Geschichte. Es ist schon ein spezifisch deutsches Problem. Gleichzeitig ist das Problem in Frankreich nicht anders, und in Italien auch nicht und in ganz Europa nicht. In Amerika ist das natürlich anders. In Amerika ist ein gutes Drehbuch schon immer sehr geschätzt worden. Und in Hollywood, wenn man sich die Preise anguckt, die da für Drehbücher gezahlt werden oder für Stoffe, ist das natürlich, an der Hollywood-Börse sozusagen, überhaupt die wichtigste Aktie. Am Buch, am Drehbuch wird auch ungeheuer gefeilt. Es schreibt ja auch Hinz und Kunz Drehbücher. In Hollywood gibt es keinen Taxifahrer, der nicht am Abend Drehbücher schreibt, weil jeder hofft, irgendwann die Geschichte zu schreiben, die ihm dann für Millionen abgekauft wird. Sie haben in Hollywood auch tausende von Drehbüchern entwickelt und Geld reingesteckt. Und dann werden davon letztendlich ein Prozent umgesetzt oder noch weniger als ein Prozent. Da ist das schon immer als Grundwert eingeschätzt worden. Die Drehbuchwerkstätten, die es überall gibt, die kommen ja auch aus Hollywood, wo das seit eh gang und gäbe war. Da gibt es ja tausende von Drehbuchschulen und Rezepte und Bücher ›Wie schreibt man ein Drehbuch?‹.

Also genau die Regeln der Geschichten.

Wim Wenders: Und wo genau die Regeln vorkommen, die letztenendlich jede Geschichte kaputtmachen.

Sie haben sich mit Trapdoor *ja schon selbst in diesem Metier versucht?*

Wim Wenders: Richtig. Das hat dann auch das durchaus typische Ende gefunden in Hollywood, daß das Drehbuch entwickelt wird bis zur Besetzung und sogar zur Motivsuche – und daß das Studio dann kurz bevor es zum Unterschreiben der Verträge kommt, sagt »Nein, das machen wir nicht.« Kurz bevor wir dann in die Produktion gegangen wären, ist uns dann sozusagen der Stecker herausgezogen worden. Und von hundert Projekten passiert das neunzig, mitunter sogar noch in der ersten oder zweiten Drehwoche, daß ein Film eine Woche gedreht wird und dann die entscheiden, es ist billiger, es gar nicht mehr zu machen. Das ist dort halt gang und gäbe. Hier in Deutschland wird jetzt das Drehbuch plötzlich neu entdeckt. Und es wird zweifellos auf Grund seiner stiefmütterlichen Behandlung in den Hochschulen entdeckt. In den Filmhochschulen lernt man ja alles mögliche, außer Drehbücher zu schreiben.

Wenn ich das richtig in Erinnerung habe, dann war Hammett *ja das einzige Mal, daß Sie nach einem ausgefeilten Drehbuch gearbeitet haben?*

Wim Wenders: Ja, *Hammett* zweifellos, und die erste Hälfte vom *Amerikanischen Freund.*

War das für Sie mehr behindernd oder eher eine große Stütze?

Wim Wenders: Das ist immer so ein Wechselbad. Auf der einen Seite gibt es Sicherheit und nimmt einem auch Sorgen weg. Und auf der anderen Seite ist es dann auch unheimlich lästig, weil man dann beim Drehen, beim Arbeiten mit den Schauspielern und am jeweiligen Ort auf andere Dinge kommt und auch die Geschichte anfängt zu leben, in der Art, daß sie sich auch erweitern und strecken will und dann plötzlich in eine andere Richtung losmarschieren will als in die, die im Drehbuch vorgesehen ist. Und dann ist plötzlich das Drehbuch und die Geschichte eine Zwangsjacke. Umgekehrt, wenn man sie nicht hat, wie in *Im Lauf der Zeit* oder auch *Himmel über Berlin*, wo die Geschichte wirklich aufgefordert wird ›So jetzt steh auf und geh, und mal gucken wohin du gehst‹, da ist natürlich manchmal auch die nackte Panik da. Man wünscht sich sehnlichst, daß man nur irgendein Drehbuch hätte, dann wüßte man wenigstens, woran man wäre. Das Ganze ist so ein Wechselbad. Wenn man eins hat, will mans loswerden, und wenn man keins hat, sehnt man sich danach.

Ich möchte mich jetzt an Dr. Wim Wenders wenden. Ihnen ist an der Pariser Sorbonne die Ehrendoktor-Würde für ihre ›lange Meditation über das Kino‹ verliehen worden. Wie halten Sie es eigentlich mit dem Denken über das Kino? Wie halten Sie es mit der gängigen Filmkritik von heute? Wie halten Sie es mit Filmtheorie?

Wim Wenders: Ich glaube die lange Meditation über das Kino betrifft eher die Meditation, die in den Filmen selbst stattgefunden hat. *Die Aufzeichnungen zu Kleidern und Städten* ist ja auch ein Diskurs über das Kino. Ich bin halt kein Theoretiker. Ich kann über etwas nur denken, indem ich es auch tue.

Ich wollte die Frage auch zum Ausgangspunkt dafür nehmen, wie es mit dem halten, was sich heute gängigerweise in der Filmlandschaft, in der Zeitungskritik, aber auch in der Filmtheorie tut.

Wim Wenders: Ich habe mir angewöhnt, überhaupt keine Filmkritiken mehr zu lesen, also nicht nur über mich selbst, sondern

überhaupt nicht mehr. Vielleicht auch aus Unlust, weil Kritiken einem meistens die Filme vergällen als daß sie Lust machen. Und weil Filmkritik auch hier, wie schon längst in Amerika, mehr und mehr verstanden wird als meinungsbildend und als Teil eines Marktes - so wie Autotests. Und man hat auch keine Lust, sich so durch Meinungen durchzulesen. Meistens läuft es ja auch nur auf Schlagwörter raus. Die meisten Kritiker in Amerika, und hier auch schon sehr oft, freuen sich doch, wenn sie irgendwo zitiert werden. Und wenn dann in der Anzeige steht ›Herausragend!‹ oder ›Außerordentlich!‹, und darunter der Name, dann denkt man sich, die ganze Filmkritik ist überhaupt nur geschrieben worden, daß das Zitat irgendwo verwendbar ist. Während halt so eine vorsichtige, beschreibende Filmkritik, wie wir sie damals in der Zeitschrift *Filmkritik* gemacht haben, natürlich nicht mehr ankommt. Und so vorsichtige Leute, wie, sagen wir die Frieda Grafe, die hin und wieder ja noch schreibt, sich das auch nur leisten können wie in einer Zeitung wie der *Süddeutschen Zeitung.* Nun gut, es gibt hin und wieder schon schöne Sachen. Ich habe auch manchmal noch etwas in der ZEIT gelesen. Aber wenn das wirklich nur noch auf Meinungen hinausläuft, sozusagen im *Spiegel*-Stil, wo man möglichst ironisch und prägnant und auch möglichst provokant eine Meinung loswerden will, das interessiert mich absolut nicht.

Kritiken über ihre eigenen Filme ...

Wim Wenders: ... lese ich nicht, weder die guten noch die schlechten.

Andererseits sind sie ja meistens gut.

Wim Wenders: Aber ich finde das schwierig, Kritiken zu lesen.

Zu einer anderen Frage. Was hat Sie früher am Zitieren ihrer eigenen Filme und am Zitieren fremder Filme gereizt? Warum haben Sie aber auch etwa seit Der Stand der Dinge *das Zitieren zurückgestellt bzw. eingestellt?*

Wim Wenders: Das geht völlig konform mit dem, was ich denke und auch tue. *Der Stand der Dinge* war ja wirklich ein Film über Film. Aber auch *Im Lauf der Zeit* war ein Film über das Kino. *Der amerikanische Freund* strotzt nur so von Zitaten. *Lightning over Water* war ein Fim über einen Filmregisseur et cetera. Und irgendwie ist das mit dem Stand der Dinge zu einem Ende gekommen, wo ich dachte, entweder hat das Kino jetzt eine Kraft, etwas Neues zu erstellen und nach wie vor auch Mythen zu erzählen oder nicht. Und das geht dann nur, indem man nicht auf etwas zurückgreift. Bei *Paris, Texas* ist das wirklich auch der Versuch, nichts zu zitieren und nichts aufzunehmen, sondern, als Postulat, nur etwas von vorne zu erzählen. Beim *Himmel über Berlin* genauso. Während ich mir beim *Himmel über Berlin* durchaus auch ein paar Filme angeschaut habe oder auch im Team, bevor wir mit dem Drehen angefangen haben, aber nicht als Modelle, sondern eher so als Arbeitsklima. Wir haben uns Rosselinis *Deutschland im Jahre Null* angeschaut oder *Les Visiteurs du soir*, aber nicht um so einen Film zu machen, sondern auch um eine Freiheit zu haben - eine ähnliche Freiheit, wie das in der Geschichte des Kinos oft der Fall war, etwas neu zu machen. Und natürlich ist es in jeder Sprache so, je mehr man etwas kennt und je länger man mit einer Form arbeitet, die eine Geschichte hat, in der andere Leute parallel arbeiten oder in der andere Leute schon herumgewühlt haben - daß man sich ja nicht verkneifen kann, daß man das alles kennt. Man kann sich ja sozusagen das eigene Lernen nicht wieder aus dem Kopf schlagen. Zitieren ist ja auch irgendwo unvermeidlich. In dem Moment, wo man eine Kamera auf ein Stativ stellt und durchguckt, haben das ja drei Generationen von Filmemachern oder vier schon gemacht. Geschichten gibt es auch nicht endlos. Zitieren ist irgendwo

unvermeidlich. Aber ich meine, die Haltung ist wichtig, die man einnimmt, welche Bedeutung man dem Zitieren beimißt. Und an dieser Haltung hat sich bei mir etwas geändert. Früher war das für mich wahnsinnig wichtig, zitieren zu können, und jetzt ist es eher lästig, zitieren zu müssen.

Früher war das Zitieren bei Ihnen ja sehr signifikant ausgestellt. Sie haben sich auch selbst zitiert. Ist das auch der Versuch, sich in der großen Landschaft des Kinos zurechtzufinden?

Wim Wenders: Das hilft schon. Und heute denke ich mir, daß das so was von unproduktiv ist, daß das gängige heutige Kino schon gar nicht mehr zitiert, sondern praktisch parasitär das vergangene Kino ausbeutet, daß ganze Filme nur noch Zitate sind von Filmen, die schon gemacht worden sind, Remakes, wie sie in Amerika schon gang und gäbe geworden sind, oder auch Filme, die keine Remakes sind – oder auch die ganzen Spielberg- und Lucas-Film oder der *Batman*-Film, die nur auf eine Welt zurückgreifen, die wiederum auch nur als Kino da war, so daß es ja eine wirklich inzestuöse Beziehung inzwischen zum Kino gibt. Deshalb habe ich mir ganz bewußt und auch als Programm gesagt ›Nee, das Zitieren muß aufhören‹.

Und bei Bis ans Ende der Welt ...

Wim Wenders: ... da gibt es absolut nichts mehr zu zitieren. Das ist ja auch der Vorteil, wenn man die Geschichte in die Zukunft verlegt, da hat man viel mehr Freiheit.

Ein ganz anderes Thema. In vielen ihrer Filme spielen Kinder eine wichtige Rolle. Sie selbst haben Kindern einen genaueren Blick zugebilligt. Haben Ihre eigenen Filme auch mit Ihrer eigenen Kindheit zu tun? Gibt es darin so etwas wie eine Verarbeitung Ihrer Kindheit?

Wim Wenders: Ja. Punkt. Ich glaube, das muß jeder, der etwas Kreatives tut, zugestehen oder sich eingestehen oder anerkennen. Da wo man, im Kopf oder im Herzen, eine Kraft findet, etwas zu erfinden, ob das nun eine Fotografie ist, eine Musik, ein Bild, eine Geschichte oder ein Film, daß das Zentrum, das man in sich findet und das dann so etwas zu leben bringt, daß das schon irgendwie auf die Kindheit zurückgeht. Bei dem Punkt habe ich gar keine Zweifel.

Wenn man die Frage einmal umgekehrt stellt. Sie haben ja schon in früher Kindheit mit optischen Geräten gearbeitet, sie haben einen

8-mm-Projektor gehabt. Gab es eigentlich in dieser Kindheit schon ein Bedürfnis, filmerisch tätig zu sein oder war es nur diffus angelegt?

Wim Wenders: Fotografie hat mir sehr viel Spaß gemacht.

Beispielsweise Coppola ist seit frühen Kindheitsjahren ja sehr zielstrebig auf den Film losgesteuert.

Wim Wenders: Das kann ich für mich nicht sagen. Ich habe mit Film zu tun gehabt, ich habe auch Super-8-Filme gemacht, als ich klein war, und auch Filme vorgeführt, *Dick & Doof* oder was auch immer, aber das nie in Zusammenhang gebracht mit dem, was ich werde oder werden könnte. Auch noch im Studium, in den ersten Jahren, ist mir das nie als Idee in den Sinn gekommen, daß ich irgendwie etwas professionell mit Kino zu tun haben könnte. Das ist später gekommen.

Wann würden Sie den Zeitpunkt der ›Initiation‹ ansetzen? War das Paris, war das Langlois?

Wim Wenders: Das war der Langlois, das war die Zeit in der Cinémathèque und die fieberhafte Rezeption von Filmen. Und eigentlich über das Schreiben viel mehr als über das Filmemachen. Ich habe also eher gedacht, vielleicht schreibe ich noch etwas über

Filme, vielleicht werde ich Filmhistoriker. Ich habe halt bis zu sechs Filme am Tag gesehen in der Cinémathèque und habe danach angefangen aufzuschreiben, was ich gesehen habe, sonst hätte ich den ersten Film sowieso vergessen, den ich an diesem Tag gesehen habe. Ich habe Notizen gemacht und mir schon in den Filmen Sachen aufgeschrieben. Und da ist die Lust an Filmen sozusagen über das Beschreiben gekommen. Und das Beschreiben ist zusammen mit dem, was ich eigentlich hätte werden wollen, sozusagen wie Schuppen von den Augen, zum eigenen Filmemachen geworden – als sowohl über das Beschreiben wie über die Malerei das Filmemachen plötzlich als das eigentlich Verbindende erschien.

Die Filme in der Filmhochschulzeit haben Sie ja zum größten Teil nicht für die Filmhochschule gemacht?

Wim Wenders: Ja, *Alabama* war eigentlich der erste, der innerhalb der Filmhochschule entstanden ist. Die anderen waren kurz vorher oder parallel.

Damals hat sich das schon verfestigt?

Wim Wenders: Aber nicht bewußt, nicht als Programm ›So jetzt werde ich Filmregisseur‹. Ich habe das erst als Beruf mit *Alice in den Städten* akzeptiert. Vorher war das immer so eine Art Glücksgefühl, aber gleichzeitig auch Glückspielergefühl ›Jetzt hast Du einen Film gemacht, da hast du aber Schwein gehabt.‹ Und irgendwann mußte ich auf den Boden der Realität zurück und überlegen, was ich eigentlich machen wollte. Das ging mir nach dem *Summer in the City* sowieso so, aber auch nach *Angst des Tormanns*, um so krasser noch nach dem *Scharlachroten Buchstaben*, wo ich mir gedacht habe: ›So das wars jetzt. Jetzt ist der Film gemacht. Und jetzt mußt du irgendwann etwas aus deinem Leben machen.‹ Und das ist dann mit *Alice in den Städten* passiert. Und das habe ich dann auch als Beruf und auch als Lebensform anerkannt.

Das war dann ja fast ein Kraftakt bei so einem leicht und anmutig erscheinenden Film?

Wim Wenders: Vielleicht war der Kraftakt gerade der, den Kraftakt sein zu lassen und eine Leichtigkeit zu finden. Der wirkliche Kraftakt war *Der scharlachrote Buchstabe*, das war der Versuch, ein Kraftprotz sein zu wollen und das nicht zu können. Und *Alice* war der Versuch eine Leichtigkeit zu finden, weil das Filmemachen nur in Form von Leichtigkeit erträglich ist. Als Kraftprotzerei war das doch irgendwie leicht fehlbesetzt.

Und solche Umstände werden Sie nicht mehr auf sich nehmen, also Fernsehen, Fernseharbeit.

Wim Wenders: Nein, da habe ich ja viel dazu gesagt.

Was andere Kollegen ja sehr oft in Kauf haben nehmen müssen.

Wim Wenders: Das ist historisch eine recht priveligierte Zeit gewesen. Auch die Arbeit von Fassbinder ist auch bei aller aberwitzigen Energie und Talent natürlich nur in der Zeit historisch möglich gewesen. Vierzig Filme zu machen!

Ist das Ihrer Meinung nach auch der Grund, warum in den 80er Jahren kein Neuer deutscher Film mehr entstanden ist und der Film, meiner Meinung nach, eher hinter den Stand von 70 zurückgefallen ist?

Wim Wenders: Es hat schon so etwas Eigendynamik, wenn etwas so weit vorprescht, wie das Kino in den 70er Jahren.

Sehen Sie innerhalb des deutschen oder auch europäischen Raums Hoffnungsträger?

Wim Wenders: Ich glaube, es sind in den letzten Jahren sehr viele erste Filme entstanden und da sind auch viele schöne Filme dabei gewesen. Der wichtigste Film, finde ich, ist immer der dritte. Der zweite ist die Katastrophe, und am dritten sieht man, ob jemand wirklich weiterkommen wird. Da muß man aber im Moment bei vielen Leuten die dritten Filme abwarten.

Also das Jahr 1990.

Wim Wenders: Ich glaub schon, daß das nicht so abreißen wird. Ich sehe schon schöne Filme, wo man sich denkt, wenn der jetzt nur kontinuierlich weiterarbeiten könnte, dann würde das aufregend. Aber leider ist es heute ja so, daß irgendjemand einen Film macht, und dann fünf Jahre warten muß bis zum nächsten und dann völlig neu anfangen muß. Und das Privileg, das wir in den 70er Jahren hatten, war halt die Kontinuität. Ich habe von 1971 an, nicht nur fast, sondern regelmäßig jedes Jahr einen Film machen können. Das ist im Moment kaum noch jemandem möglich.

Sie selbst haben aber immer noch das Privileg?

Wim Wenders: Vielleicht. Nur bin ich halt doch auch durch einen Lern- und Erfahrungsprozeß und auch durch einen ökonomischen Prozeß, mit meiner eigenen Firma, und mit den Leuten, mit denen ich arbeite, und mit dem Rechtepaket meiner bisherigen Firmen in einer recht selbständigen Position, in der man nicht ist, wenn man ein oder zwei Filme gemacht hat.

Zu einer Schlußfrage. Verstehen Sie sich noch als deutscher Filmregisseur oder nehmen Sie mit Ihren Wechseln zwischen Berlin, Paris und anderen Städten, um es salopp auszudrücken, nicht schon den erweiterten EG-Markt von 1992 vorweg. Wie halten Sie es mit dem Nationalen, das – man denke an Ihre Auseinandersetzungen mit dem amerikanischen Mythos und der US-Kolonisation der Bundesrepublik – für Sie früher sehr wichtig war?

Wim Wenders: Das sind viele Fragen in einem. Ich denke, daß der Film tatsächlich ein Vorreiter für die europäische Idee von 1992 ist. Da ist es ja heute so, daß Filme aus verschiedenen europäischen Ländern heraus und mit Mitarbeitern und Mitteln aus drei, vier verschiedenen Ländern gemacht werden und auch in diesen Ländern gesehen werden. Ich glaube, der Film ist tatsächlich so eine Art Pionier für die europäische Idee gewesen. Und auch als Form, als Sprache ist er die einzige übereuropäische Kultur, die wir haben.

Und es ist auch schön und immer noch ein bißchen utopisch, wenn die Vorstellung von dem Nationalen sich vielleicht immer noch auf kulturelle Werte beschränken wird, wenn nicht auf Sprache. Und daß die nationale Idee keinerlei Machtidee mehr ist und auch nicht mehr zu Vergleichen mit anderen Nationen auffordert, vor allem zu Kraftproben, sondern nur noch eine von kultureller Einheit und Sprache ist. Zumindest denke ich mir, daß das immer noch die große Idee der Zukunft ist, daß nationale Vorstellungen nicht mehr ...

... zur Beherrschung ...

Wim Wenders: ... genau, zur Beherrschung führen oder sich ausbreiten wollen oder stärker sein wollen als andere, daß das Nationale nur noch eine kulturelle Identität beschreibt und sonst gar nichts mehr.

In früheren Jahren ist bei Ihnen ja immer sehr im Vordergrund gestanden, daß unsere Kultur von der US-Kultur kolonialisiert würde. Das war für Ihre Jugend etwas sehr Wichtiges?

Wim Wenders: Da kann man wohl auch sagen, daß das ein formbildendes und stilbildendes und in jeder Hinsicht formendes Element der 50er und 60er Jahre war und nicht mehr unbedingt von

heute. Ich glaube nicht, daß dieser amerikanische Mythos im Moment zumindest in Europa noch so eine Kraft hat. In anderen Ländern, gerade in Entwicklungsländern, auch in Asien, ist das eher so ein Phänomen von heute, daß das immer noch so eine Kraft ist. Ich glaube, daß das Vorbild, das Denkvorbild und damit die Kolonisation der USA in den Köpfen in Europa zumindest zu Ende ist. Natürlich hat das meine Kindheit geprägt, da gibt es keinen Zweifel, und insofern auch mich, so wie ich bin. Gleichzeitig ist es für die Gegenwart nicht mehr so aktuell. Ich finde eher, daß dieser amerikanische Mythos, dieser amerikanische Traum so leer geworden ist, daß es fast umgekehrt funktioniert, daß europäische Kultur zumindest in Amerika ein neuer Mythos geworden ist.

Dann wäre ja ihr neuer Film der neuen Lage angemessen. Er soll ja in zwanzig Ländern spielen und sehr interkulturell angelegt sein?

Wim Wenders: Es ist halt ein Science fiction-Film, wo man rumreist, so wie heute innerhalb eines Landes, wo die Welt sehr sehr klein geworden ist.

Wenn ich Sie richtig verstehe. In Sachen Medien, Medientechnologie sind Sie ja sehr pessimistisch, während Sie anscheinend der allgemeinen Weltpolitik gegenüber sehr optimistisch sind.

Wim Wenders: Zumindest denke ich, daß man in Modellen, die man entwirft, das macht man in jedem Film, durchaus eine Verantwortung hat, optimistische Modelle hinzustellen. Irgendwie kann man ja nur hoffen, daß die Menschheit vernünftiger wird, irgendetwas gelernt hat. Zumindest finde ich positive Modelle einfach brauchbarer. Ich meine, es hat viele apokalyptische Filme gegeben, und es ist auch einfach, sich die Apokalypse vorstellen. Auf eine Art waren die 50er und 60er Jahre ja auch beherrscht von apokalyptischen Vorstellungen. Auch in der letzten Vergangenheit, Anfang der 80er Jahre mit Tschernobyl und all den Kriegsherden überall, ist das apokalyptische Bild ja auch das vorherrschende und das bekanntere als das friedliche Bild. Deswegen finde ich es auch fruchtbarer und tatsächlich auch reizvoller und einfach wichtiger, positive Utopien zu entwerfen. Die brauchen wir dringender als diese Apokalypsen. Von denen träumen sie sowieso die ganze Zeit.

Wenn man etwa Summer in the City *nimmt. Sie haben früher ja auch apokalyptischer gedacht als heute. Das waren Filme, die schon etwas sehr Depressives im Hintergrund haben.*

Wim Wenders: Depressionen haben ja so eine merkwürdige Eigendynamik. In dem Moment, wo man sich der hingibt, tut man sich ja nur immer weiter reinbohren. Und das Erstaunliche an positiven Utopien, selbst wenn man sie nur als Denkmodelle nimmt, ist ja, daß sie tatsächlich Kräfte entwickeln, die aus irgendwas rausführen. Wenn ich etwas gelernt habe in Amerika, dann war das, so zu denken, daß das Denken auch tatsächlich etwas verändert.

Ein Film wie Summer in the City *wäre für Sie heute nicht mehr machbar oder vorstellbar?*

Wim Wenders: Eigentlich nicht mehr.

Kann man sagen, daß Sie im Moment am eigentlichen Ziel ihrer Wünsche angelangt sind? Haben Sie Ihre Form gefunden, haben Sie ihre Themen gefunden?

Wim Wenders: Ich bin eigentlich da angelangt, wo ich vielleicht endlich anfangen kann. Ich habe irgendwie das Gefühl, daß ich mit dem *Himmel über Berlin* und jetzt mit dem kleinen Dokumentarfilm so eine Freiheit erreicht habe, die ich vorher einfach nicht hatte, so daß ich mir jetzt viel mehr vorstellen kann und eigentlich auch wünsche als jemals zuvor – also Wünsche umsetzen zu können und auch erzählen zu können.

Um es provokativ zu formulieren. Ist jetzt der klassische Wenders erreicht?

Wim Wenders: ... der klassische Wenders, der außergalaktische, sozusagen. Nein, das ist wirklich ungültig als Frage.

Dann will ich die Frage zurücknehmen. Herzlichen Dank für das Gespräch.

(Das Gespräch zwischen Wim Wenders und Reinhold Rauh fand am 11.8.1989 statt.)

Filmographie

Filme

Schauplätze (1967)
Regie, Produktion, Buch, Kamera, Schnitt: Wim Wenders. *Format*: 16mm, s/w. *Länge*: 10 Min.

Same Player Shoots Again (1967)
Regie, Produktion, Buch, Kamera, Schnitt: Wim Wenders. *Format*: 16mm, s/w, viragiert. *Länge*: 12 Min.

Klappenfilm (1968)
Regie, Produktion: Wim Wenders, Gerhard Theuring. *Format*: 16mm, s/w. *Länge*: 4 Min.
Notiz: Verschollen.

Silver City (1968)
Regie, Produktion, Buch, Kamera, Schnitt: Wim Wenders. *Format*: 16mm, Farbe. *Länge*: 25 Min.

Alabama: 2000 Light Years (1969)
Regie, Buch, Schnitt, Ton: Wim Wenders. *Produktion*: Hochschule für Fernsehen und Film, München. *Kamera*: Robby Müller. *Musik*: The Rolling Stones, Jimi Hendrix, Bob Dylan, John Coltrane. *Format*: 35mm, s/w. *Länge*: 21 Min.
Darsteller: Paul Lys, Werner Schroeter, Peter Kaiser, Muriel Schrat, Christian Friedel

Summer in the City. Dedicated to the Kinks (1970)
Regie, Buch: Wim Wenders. *Produktion*: Hochschule für Fernsehen und Film, München. *Kamera*: Robby Müller. *Schnitt*: Peter Przygodda. *Ton*: Gerhard Conrad. *Musik*: The Kinks, Lovin' Spoonful, Chuck Berry, Gene Vincent, The Troggs. *Format*: 16mm, s/w. *Länge*: 145 Min. (Erstfassung), 116 Min. (Zweitfassung)
Darsteller: Hanns Zischler, Edda Köchl, Libgart Schwarz, Maria Bardischewski, Muriel Werner, Gerd Stein, Helmut Färber, Wim Wenders

Die Angst des Tormanns beim Elfmeter (1971)
Regie: Wim Wenders. *Regieassistenz*: Klaus Badekerl, Veith von Fürstenberg. *Produktion*: Produktion 1 im Filmverlag der Autoren, München; Telefilm AG, Wien; WDR, Köln. *Produktionsleitung*: Thomas Schamoni, Peter Genée. *Buch*: Wim Wenders, nach dem gleichnamigen Roman von Peter Handke. *Dialoge*: Wim Wenders, Peter Handke. *Kamera*: Robby Müller. *Schnitt*: Peter Przygodda. *Ton*: Rainer Lorenz, Martin Müller. *Musik*: Jürgen Knieper. *Format*: 35mm, Eastman Color. *Länge*: 100 Min.

Darsteller: Arthur Brauss (Josef Bloch), Erika Pluhar (Gloria), Kai Fischer (Hertha Gabler), Libgart Schwarz (Anna), Marie Bardischewski (Maria), Edda Köchl (Mädchen an der Musikbox), Bert Fortrell (Polizist), Ernst Meister (Zollbeamter), Monika Pöschl, Sybille Danzer (Friseusen), Rosl Dorena (Frau im Bus), Rüdiger Vogler (Dorftrottel), Mario Kranz, Rudi Schippel, Ernst Koppens, Michael Troost, Karl Krittel, Maria Engelstorfer, Otto Hosch-Fischer, Gerhard Totschinger, Liane Gollé, Brigitte Svoboda, Paul Hör, Ottilie Iwald, Achim Kaden, Alexandra Back, Ina Genée, Eberhard Maier, Ernst Essel, Josef Menschik, Norma Mayer, Ulli Stenzel, Hans Pemmer.

Der scharlachrote Buchstabe (1972)
Regie: Wim Wenders. *Regieassistenz*: Bernardo Fernandez. *Produktion*: Produktion 1 im Filmverlag der Autoren, München; WDR, Köln; Elias Querejeta, Madrid. *Produktionsleitung*: Peter Genée, Primitivo Alvaro. *Buch*: Wim Wenders, Bernardo Fernandez, nach dem Stück *Der Herr klagt über sein Volk in der Wildnis Amerika*, nach dem Roman *The Scarlet Letter* von Nathaniel Hawthorne. *Kamera*: Robby Müller. *Kameraassistenz*: Martin Schäfer. *Schnitt*: Peter Przygodda. *Schnittassistenz*: Barbara von Weitershausen. *Ton*: Christian Schubert. *Musik*: Jürgen Knieper. *Format*: 35mm, Kodachrome. *Länge*: 90 Min.
Darsteller: Senta Berger (Hester Prynne), Hans Christian Blech (Chillingworth), Lou Castel (Dimmesdale), Yella Rottländer (Pearl), William Layton (Bellingham), Alfredo Mayo (Fuller), Angel Alvarez (Wilson), Yellena Samarina (Hibbins), Rafael Albaicin (Indianer), Laura Currie (Sarah), Rüdiger Vogler (Matrose), Tito Garcia, Julian del Monte, José Villasante.

Alice in den Städten (1974)
Regie: Wim Wenders. *Regieassistenz*: Mickey Kley. *Produktion*: Produktion 1 im Filmverlag der Autoren, München; WDR, Köln. *Produktionsleitung*: Peter Genée. *Buch*: Wim Wenders, Veith von Fürstenberg. *Kamera*: Robby Müller. *Kameraassistenz*: Martin Schäfer. *Schnitt*: Peter Przygodda. *Schnittassistenz*: Barbara von Weitershausen. *Ton*: Martin Müller, Paul Schöler. *Musik*: Can, Chuck Berry, Canned Heat, Deep Purple, Count Five, The Stories. *Format*: 16mm, s/w. *Länge*: 110 Min.
Darsteller: Rüdiger Vogler (Philip Winter), Yella Rottländer (Alice), Lisa Kreuzer (Lisa van Damm), Edda Köchl (Freundin in New York), Didi Petrikat (Frau im Schwimmbad), Hans Hirschmüller (Polizist), Sam Presti (Gebrauchtwagenhändler), Lois Moran, Ernst Böhm, Mirko, Sibylle Baier.

Falsche Bewegung (1975)
Regie: Wim Wenders. *Regieassistenz*: Mickey Kley. *Produktion*: Solaris Film, München; WDR, Köln. *Produktionsleitung*: Peter Genée. *Buch*: Peter Handke, frei nach Wolfgang von Goethes *Wilhelm Meisters Lehrjahre*. *Kamera*: Robby Müller. *Kameraassistenz*: Martin Schäfer. *Schnitt*: Peter Przygodda. *Schnittassistenz*: Barbara von Weitershausen. *Ton*: Martin Müller, Peter Kaiser, Paul

Schöler. *Musik*: Jürgen Knieper. *Format*: 35mm, Eastman Color. *Länge*: 104 Min.
Darsteller: Rüdiger Vogler (Wilhelm), Hanna Schygulla (Therese), Hans Christian Blech (Laertes), Nastassja Kinski (Mignon), Peter Kern (Landau), Ivan Desny (Industrieller), Marianne Hoppe (Mutter), Lisa Kreuzer (Janine), Adolf Hansen (Schaffner)

Im Lauf der Zeit (1976)
Regie: Wim Wenders. *Regieassistenz*: Martin Hennig. *Produktion*: Wim Wenders Produktion, München; WDR, Köln. *Produktionsleitung*: Michael Wiedemann. *Buch*: Wim Wenders. *Kamera*: Robby Müller. *Kameraassistenz*: Martin Schäfer. *Schnitt*: Peter Przygodda. *Schnittassistenz*: Barbara von Weitershausen. *Ton*: Martin Müller, Bruno Bollhalder. *Technik*: Hans Dreher. *Musik*: Improved Sound Limited, Axel Linstädt. *Format*: 35mm, s/w. *Länge*: 176 Min.
Darsteller: Rüdiger Vogler (Bruno), Hanns Zischler (Kamikaze), Lisa Kreuzer (Pauline), Rudolf Schündler (Vater), Marquard Bohm (Mann der verunglückten Frau), Dieter Traier (Roberts Schulfreund), Franziska Stömmer (Kinobesitzerin), Patrick Kreuzer (Junge am Bahnhof), Peter Kaiser, Michael Wiedemann.

Der amerikanische Freund (1977)
Regie: Wim Wenders. *Regieassistenz*: Fritz Müller-Scherz, Emmanuel Clot, Serge Brodskis. *Produktion*: Road Movies, Berlin; Les Films du Losange, Paris; Wim Wenders Produktion, München; WDR, Köln. *Produktionsleitung*: Michael Wiedemann, Pierre Cottrel. *Herstellungsleitung*: Renée Gundelach. *Buch*: Wim Wenders, nach Patricia Highsmiths *Ripley's Game*. *Kamera*: Robby Müller. *Kameraassistenz*: Martin Schäfer, Jacques Stein, Edward Lachmann. *Spezialeffekte*: Theo Nischwitz. *Schnitt*: Peter Przygodda. *Schnittassistenz*: Barbara von Weitershausen, Gisela Bock. *Ton*: Martin Müller, Peter Kaiser. *Musik*: Jürgen Knieper. *Format*: 35mm, Eastman Color. *Länge*: 123 Min.
Darsteller: Bruno Ganz (Jonathan Zimmermann), Dennis Hopper (Tom Ripley), Lisa Kreuzer (Marianne Zimmermann), Gérard Blain (Minot), Nicholas Ray (Derwatt), Samuel Fuller (der Amerikaner), Peter Lilienthal (Marcangelo), Daniel Schmidt (Igraham), Sandy Whitelaw (Arzt in Paris), Lou Castel (Fahrer), Andreas Dedecke (Daniel), Stefan Lennert (Auktionator), Rudolf Schündler (Gantner), Heinz Joachim Klein (Dr. Gabriel), David Blue (Allan Winter), Adolf Hansen (Schaffner), Klaus Schichan (Stunts), Heinrich Marmann, Satya de la Manitou, Axel Schiessler, Rosemarie Heinikel.

Nick's Film – Lightning Over Water (1980)
Regie: Nicholas Ray, Wim Wenders. *Regieassistenz*: Pat Kirck. *Produktion*: Road Movies, Berlin; Wim Wenders Produktion, Berlin; Viking-Film, Stockholm. *Produktionsleitung*: Chris Sievernich. *Buch*: Wim Wenders. *Kamera*: Edward Lachmann, Martin Schäfer. *Kameraassistenz*: Mitch Dubin, Timothy Ray. Video: Tom Farrell. *Schnitt*: Peter Przygodda (Erstfassung), Wim Wenders (Zweitfassung). *Schnittassistenz*: Barbara von Weitershausen (Erstfassung);

Danny Fisher, Chuck McLelland, Chris Rous (Zweitfassung). *Ton*: Martin Müller, Maryte Kavaliauskas, Gary Steele. *Musik*: Ronee Blakely. *Format*: 35mm, Eastman Color. *Länge*: 116 Min. (Erstfassung), 90 Min (Zweitfassung). *Darsteller*: Nicholas Ray, Wim Wenders, Susan Ray, Timothy Ray, Tom Farrell, Ronee Blakely, Gerry Bauman, Pierre Cottrell, Stephan Czapsky, Becky Johnston, Tom Kaufmann, Craig Nelson, Pat Kirck, Edward Lachmann, Maryte Kavaliauskas, Martin Müller, Martin Schäfer, Chris Sievernich.

Hammett (1982)
Regie: Wim Wenders. *Regieassistenz*: Arne Schmidt, Ronald Colby, David Valdes, Daniel Attias. *Produktion*: Zoetrope Studios, San Francisco, für Orion Pictures, New York. *Executive Producer*: Francis Ford Coppola. *Produzenten*: Fred Roos, Ronald Colby, Don Guest. *Produktionsleitung*: Ronald Colby, Robert J. Huddleston. *Buch*: Ross Thomas, Dennis O'Flaherty, Thomas Pope, Joe Gores, nach dem gleichnamigen Roman von Joe Gores. *Kamera*: Philip Lathrop, Joseph Biroc. *Kameraassistenz*: Bill Johnson, Frederic J. Smith, Robert Torres, Todd Henry. *Spezialeffekte*: Howard Jensen, Joseph Lombardi. *Bauleitung*: Dean Tavoularis, Eugene Lee. *Schnitt*: Barry Malkin, Marc Laub, Rober Q. Lovett, Randy Roberts, Andrew London. *Ton*: James Webb Jr., Richard Goodman. *Musik*: John Barry. *Format*: 35mm, Technicolor. *Länge*: 94 Min.
Darsteller: Frederic Forrest (Hammett), Peter Boyle (Jimmy Ryan), Marilu Henner (Kit Conger, Sue Alabama), Roy Kinnear (Eddie Hagedorn), Elisha Cook Jr. (Taxifahrer), Lydia Lei (Chrystal Ling), R.G.Armstrong (O'Mara), Richard Bradford (Tom Bradford), Michael Chow (Fong Wei Tau), Sylvia Sidney (Donaldino Cameron), Samuel Fuller (Billardspieler), Jack Nance (Gary Salt), Elmar L. Kline (Doc Fallon), Fox Harris (Frank), Liz Roberson (Frau in der Bibliothek), Royal Dano (Pops), Rose Wong, Jean Francois Ferreol, Alison Hong, David Patrick Kelly, Lloyd Kino, Hank Worden, Christopher Day, John Hamilton, Ross Thomas.

Der Stand der Dinge (1982)
Regie: Wim Wenders. *Regieassistenz*: Carlos Santana, Greg Gears. *Produktion*: Road Movies, Berlin; Wim Wenders Produktion, Berlin; Gray City Inc., New York; Pro-ject Filmproduktion, München; ZDF, Mainz; Pari Films, Paris; Musidora, Madrid; Film International, Rotterdam; Artificial Eye, London. Produzent: Chris Sievernich. *Produktionsleitung*: Antonio Goncalo, Steve McMillan. *Buch*: Wim Wenders, Robert Kramer. *Kamera*: Henri Alekan, Martin Schäfer, Fred Murphy. *Kameraassistenz*: Agnes Godard, Steve Dubin. *Schnitt*: Barbara von Weitershausen, Peter Przygodda. *Schnittassistenz*: Jon Neuburger, Danny Fischer. *Ton*: Maryte Kavaliauskas, Martin Müller. *Musik*: Jürgen Knieper. *Computer*: Vincent Cottrell, Richard Zeitlin, Laurie Spiegel. *Format*: 35mm, s/w. *Länge*: 120 Min.
Darsteller: Patrick Bauchau (Friedrich Munro), Isabelle Weingarten (Anna), Rebecca Pauly (Joan), Jeffrey Kime (Mark), Geoffrey Carey (Robert), Camilla Mora (Julia), Alexandra Auder (Jane), Paul Getty III. (Dennis), Viva Auder

(Kate), Samuel Fuller (Joe), Artur Semedo (Produktionsleiter), Francisco Baiao (Tonmann), Robert Kramer (Kameramann), Allen Goorwitz (Gordon), Roger Corman (Anwalt), Martine Getty (Sekretärin), Monty Bane (Herbert), Janet Rasak (Karen), Judy Moradian (Bedienung).

Paris, Texas (1984)
Regie: Wim Wenders. *Regieassistenz*: Claire Denis, Michael Helfand. *Produktion*: Road Movies, Berlin; Argos Films, Paris; WDR, Köln; Channel 4, London; Pro-ject Filmproduktion im Filmverlag der Autoren, München. *Produzent*: Chris Sievernich. *Produktionsleitung*: Karen Koch. *Buch*: Sam Shepard (unter Mitwirkung von L.M. Kit Carson). *Kamera*: Robby Müller. *Kameraassistenz*: Agnés Godard, Pim Tjuerman, Martin Schär. *Schnitt*: Peter Przygodda. *Schnittassistenz*: Anne Schnee, (Barbara von Weitershausen). *Ton*: Jean Paul Mugel. *Musik*: Ry Cooder. *Format*: 35mm, Farbe. *Länge*: 145 Min.
Darsteller: Harry Dean Stanton (Travis), Nastassja Kinski (Jane), Dean Stockwell (Walt), Aurore Clément (Anne), Hunter Carson (Hunter), Bernhard Wicki (Dr. Ulmer), Sam Berry (Tankwart), Clairesie Mobley (Angestellte einer Leihwagenfirma), Justin Hoog (Hunter mit drei Jahren), Edward Fayton (Hunters Freund), Socorro Valdez (Carmelita), Tom Farrell (der Verrückte auf der Brücke), John Lurie (Rausschmeißer), Sally Norvell (Nurse Bibs), Sharon Menzel, Jeni Vici, The Mydolls.

Tokyo-Ga (1985)
Regie, *Buch*: Wim Wenders. *Produktion*: Wim Wenders Produktion, Berlin; Gray City, New York; Chris Sievernich Produktion, Berlin; WDR, Köln. Produzent: Chris Sievernich. *Kamera*: Edward Lachman. *Schnitt*: Wim Wenders, Solveig Dommartin, John Neuburger. *Ton*: Hartmut Eichgrün. *Format*: 16mm, Farbe. *Länge*: 92 Min.
Mitwirkende: Chishu Ryu, Yuharu Atsuta, Werner Herzog.

Der Himmel über Berlin (1987)
Regie: Wim Wenders. *Regieassistenz*: Claire Denis, Knut Winkler, Carola Hochgräf. *Produktion*: Road Movies, Berlin; Argos Films, Paris; WDR, Köln. Produzent: Wim Wenders, Anatole Dauman. *Produktionsleitung*: Ingrid Windisch. *Buch*: Wim Wenders, Peter Handke, (Richard Reitinger). *Kamera*: Henri Alekan. *Kameraassistenz*: Louis Cochet, Agnés Godard, Achim Poulheim, Peter Ch. Arnold, Frank Blasberg, Klemens Becker. *Schnitt*: Peter Przygodda. *Schnittassistenz*: Anne Schnee, Leni Savietto-Pütz. *Ton*: Jean-Paul Mugel, Axel Arft. *Musik*: Jürgen Knieper, Laurent Petitgrand, Laurie Anderson, Crime and the City Solution, Nick Cave and the Bad Seeds, Sprung aus den Wolken, Tuxedomoon, Minimal Compact. *Format*: 35mm, s/w und Farbe. *Länge*: 126 Min.
Darsteller: Bruno Ganz (Damiel), Solveig Dommartin (Marion), Otto Sander (Cassiel), Curt Bois (Homer), Peter Falk (Peter Falk), Hans Martin Stier, Elmar Wilms, Sigurd Rachman, Beatrice Mankowski, Lajos Kovacs, Laurent Petit-

grand, Teresa Harder, Bernd Eisenschitz, Scott Kirby, Jerry Barrish, Jeanette Pollak, Margarete Hafner, Oliver Herder, Gisela Westerboer, Simon Bonney, Nick Cave, Blixa Bargeld, Kid Congo, Denis Rodriguez, Dieta von Aster, Patrick Kreuzer, Hans Marquard, Özyer Hüsinye.

Aufzeichnungen zu Kleidern und Städten (1989)

Regie, Buch: Wim Wenders. *Produktion:* Road Movies. *Produktionskoordination:* Dagmar Forelle. *Executive Producer:* Ulrich Felsberg. *Kamera:* Robby Müller, Muriel Edelstein, Uli Kudicke, Wim Wenders, Musatocki Nakajima, Masasai Chikamori. *Schnitt:* Dominique Auvray, Lenie Saviette, Anne Schnee. *Ton:* Jean-Paul Mugel, Axel Arft, Reiner Lorenz. *Musik:* Laurent Petitgrand. *Format:* Video und 35-mm, Farbe. *Länge:* 90 Min.
Mitwirkende: Yashiro Yamamoto, Wim Wenders.

Fernsehfilme

Polizeifilm (1969)
Regie, Kamera, Schnitt: Wim Wenders. *Produktion*: Bayerischer Rundfunk, München. *Buch*: Albrecht Göschel, Wim Wenders. *Format*: 16mm, s/w. *Länge*: 11Min.
Darsteller: Jimmy Vogler, Kasimir Esser
Notiz: Der Film wurde vom Fernsehen nicht übernommen.

3 Amerikanische LP's (1969)
Regie, Produktionsleitung, Kamera, Schnitt, Ton: Wim Wenders. *Produktion*: HR, Frankfurt. *Buch*: Peter Handke. *Musik*: »Slim Slow Slider« von Van Morrison, »Green Water« von Creedance Clearwater Revival, »Made in the Water« von Harvey Mandel. *Format*: 16mm, Eastman Color. *Länge*: 13 Min.
Sprecher: Wim Wenders, Peter Handke.

Aus der Familie der Panzerechsen. - Die Insel (1974)
Regie: Wim Wenders. *Regieassistenz*: Michael Lähn. *Produktion*: Bavaria, München, für Westdeutsches Werbefernsehen, Köln. *Produktionsleitung*: Peter Sterr. *Aufnahmeleitung*: Rainer Nowak, Heinz Badewitz. *Buch*: Philippe Pilloid. *Kamera*: Michael Ballhaus. *Schnitt*: Lilian Seng. *Ton*: Armin Münch, Walter Hutterer. *Musik*: arpad bondy. *Format*: 16mm, Farbe. *Länge*: 25 Min.
Darsteller: Katja Wulff (Ute), Lisa Kreuzer (Sozialarbeiterin), Thomas Braut (Heimleiter), Marquard Bohm (Zoobesucher), Nicolas Brieger (Vater), Hansjoachim Krietsch (Psychologe), Helga Tümper (Mutter), Margot Leonard.
Notiz: Zusammenhängende 9. und 10. Folgen der TV-Vorabendserie *Ein Haus für uns*.

Reverse Angle - New York City. March 1982 (1982)
Regie, Buch: Wim Wenders. *Produktion*: Gray City, New York; Antenne 2, Paris. Produzent: Lilyan Sievernich. *Kamera*: Liza Rinsler. *Schnitt*: Jon Neuburger. *Ton*: Maryte Kavaliauskas. *Musik*: Public Image, Echo and the Bunnymen, Martha and the Muffins, The Del Byzanteens, Allen Goorwitz. *Format*: 16mm, Farbe. *Länge*: 16 Min.
Mitwirkende: Wim Wenders, Isabelle Weingarten, Tony Richardson, Louis Malle, Francis Ford Coppola.

Chambre 666 - Cannes May '82 (1982)
Regie, Buch: Wim Wenders. *Produktion*: Gray City, New York; Antenne 2, Paris. Produzent: Chris Sievernich. *Kamera*: Agnés Godard. *Schnitt*: Chantal de Vismes. *Ton*: Jean-Paul Mugel. *Musik*: Jürgen Knieper, Bernhard Herrmann. *Format*: 16mm, Farbe. *Länge*: 45 Min., 21 Min. (TV-Fassung).
Mitwirkende: Jean-Luc Godard, Paul Morrissey, Mike de Leon, Monte Hellman, Romain Goupil, Susan Seidelman, Noel Simsolo, Rainer Werner Fassbinder, Werner Herzog, Robert Kramer, Ana Carolina, Mahroun Baghbadi, Steven Spielberg, Michelangelo Antonioni, Wim Wenders, Yilmaz Güney.

Bibliographie

Zitierte oder eigens genannte Literatur

Adler, Walter: Interview mit Wim Wenders, in: Filmkritik 78/12, S. 673–686

AZ vom 20.4.1969: Ein sanfter Demonstrant wurde gestern verurteilt

Baroncelli, Jean de: Wim Wenders, in: Le Monde vom 14.7.1979

Blum, Heiko R.: Die Angst des Tormanns beim Elfmeter oder Bilder, wie man sie aus amerikanischen Filmen kennt, in: Süddeutsche Zeitung vom 9./10.18.71

Blumenberg, Hans C.: Deutschlands tote Seelen, in: Die Zeit vom 21.3.75

Blumenberg, Hans C.: Ripley in den Städten, in: Die Zeit vom 24.6.1977

Boujut, Michel: Wim Wenders, Paris 1983

Brunow, Jochen: Mauern und Zwischenräume. Ein Gespräch über das Schreiben von Drehbüchern und den Umgang mit ihnen zwischen Jochen Brunow und Wim Wenders, in: Brunow, Jochen (Hrsg.): Schreiben für den Film. Das Drehbuch als eine andere Art des Erzählens, München 1988

Camera / Stylo: Wim Wenders, Paris 1981

Ciment, Michel / Niogret, Hubert: Entretien avec Wim Wenders, in: Positif 283, 1984, S.8–15

Ciment, Michel / Niogret, Hubert: Entretien avec Wim Wenders, in: Positif 319, 1987. S.9–15

Ciment, Michel: Entretien avec Wim Wenders, in: Positif 236, 1980, S. 14–24

Cinema 76: Entretiens avec Wim Wenders, 1976, 216, S.33–50

Daney, Serge / Assayas, O.: Entretien avec Wim Wenders, in: Cahiers du Cinéma, Dezember 1980, N. 318, S.23–27

Dawson, Jan: Wim Wenders, Toronto 1976

Donner, Wolf: Ein Deutscher in Hollywood, in. Tip 81/1, S. 50–54

E.S.: Ein Film von morbider Schönheit, in: Badisches Tageblatt vom 2.7.1977

Fernsehspiele Westdeutsches Rundfunk, Januar bis Juni 1972: Die Angst des Tormanns beim Elfmeter

Filmverlag der Autoren (Hrsg.): Presseheft zu Der amerikanische Freund, München 1977

Filmverlag der Autoren (Hrsg.): Presseheft zu Der Stand der Dinge, München 1980

Frey, Friedrich: Über das Verfertigen eines Films beim Drehen. Wim Wenders unterhält sich mit Friedrich Frey über Ankerwerfen, '68, Parallelproduzieren, Engel, Städtisches u.a., in: Frankfurter Rundschau vom 10.9.1988

Gemeinschaftswerk der Evangelischen Publizistik: Arbeitshilfe Falsche Bewegung, Mai 1875

Glaessner, Verina: Snap Shots, in: Time Out vom 26.10.1975

Grafe, Frieda: Erhebungen überm Meeresspiegel, in: Süddeutsche Zeitung vom 11.4.1975

Grob, Norbert: Wim Wenders, in: Hans-Michael Bock (Hrsg.): Cinegraph. Lexikon zum deutschsprachigen Film, München 1984ff.

Haffner, Hellmuth: Falsche Bewegung, in: Deutsches Allgemeines Sonntagsblatt vom 27.4.1975
Handke, Peter: ... oder eine Geschichte ohne Erklärungen, in: Süddeutsche Zeitung vom 9./10.10.1971
Handke, Peter: Ich bin ein Bewohner des Elfenbeinturms, in: Handke, Peter: Ich bin ein Bewohner des Elfenbeinturms, Frankfurt a.M. 1972, S. 19–28
Handke, Peter: Patricia Highsmith, in: Der Spiegel, 75/3
Jäschke, Bärbel: Lautlose Spannung, in: tip 77/4
Jost, John: Wim Wenders filmt Nick Ray, in: medium 1981/4
Künzel, Uwe / Lohmann, Michael: Gespräch mit WW, in: filmjournal, 77/11
Lehman, Peter, Wood, Robin & Lachman, Edward: An interview with Wim Wenders, in: wide angle, 1978, 2/4, S. 73–81
Luft, Friedrich: Ein liebevoller Kraftakt, in: Die Welt vom 11.7.77
Monaco, James: American Film Now!, München 1979
Müller, André: Im Gespräch mit Wim Wenders, in: Müller, André: Im Gespräch, Reinbek 1989, S 145–154
Niogret, Hubert: Entretien avec Wim Wenders, in: Positif 187, 1976, S. 25–32
Osterwald, Christine: Die Sprache des Films, in: Rheinpfalz vom 30.7.1977
Ponkie: Falsche Bewegung, in: AZ vom 12.4.1975
Schober, Siegfried: Die Leiden des Wilhelm M., in: Der Spiegel, 75/11
Schütte, Wolfram: Zeit-Reisen, in: Frankfurter Rundschau vom 27.1.1990
Siclier, Jacques: Le coup d'éclat de Wim Wenders, in: Le Monde vom 28.5.1977
tz vom 28.7.69: Undependent filmcenter zeigt Werke des Experimentalfilmers Wim Wenders
WDR-Informationen, Januar-Juni 1975: Falsche Bewegung, S.142–148
Wellershof, Dieter: Paris, Texas, in: Die ZEIT vom 15.2.1985
Wenders, Wim: Written in the West, München 1986
Wenders, Wim / Sievernich, Chris: Nick's Film – Lighning Over Water, Frankfurt a.M. 1981
Wenders, Wim / Shepard, Sam: Paris, Texas, Nördlingen 1984
Wenders, Wim / Handke, Peter: Der Himmel über Berlin, Frankfurt a.M. 1988
Wenders, Wim: Emotion Pictures. Essays und Filmkritiken, Frankfurt a.M. 1986
Wenders, Wim: Die Logik der Bilder. Essays und Gespräche, Frankfurt a.M. 1988
Wenders, Wim (Hrsg.): Supplément au No 400 des Cahiers du Cinéma, Paris 1987
Wiegand, Wilfried: Frankfurter Filmschau 1970, in: Frankfurter Allgemeine Zeitung vom 27.11.1970

Weitere Literatur zu Wim Wenders

Buchka, Peter: Augen kann man nicht kaufen. Wim Wenders und seine Filme, Frankfurt a.M. 1985
D'Angelo, Filippo: Wim Wenders, Florenz 1982
Devillers, Jean-Pierre: Berlin, L.A., Berlin. Wim Wenders, Paris 1985
Estéve, Michel (Hrsg.): Wim Wenders (= études cinématographiques no 159–164), Paris 1989

Geist, Kathe: The cinema of Wim Wenders, Michigan 1981
Grob, Norbert: Die Formen des filmischen Blicks. Wenders. Die frühen Filme, Berlin 1984
Johnston, Sheila (Hrsg.): Wim Wenders (=BFI Dossier Number 10), London 1981
Künzel, Uwe: Wim Wenders. Ein Filmbuch, Freiburg 1988
Petit, Catherine / Dubois, Philippe / Delvaux, Claudine: Les voyages de Wim Wenders, Crisnée 1985
L'Avant-Scène du cinéma 1981, Nr.267: Alice dans les villes
Rauh, Reinhold: Sprache im Film. Die Kombination von Wort und Bild im Spielfilm, Münster 1987
Springer, Bernhard: Narrative und optische Strukturen im Bedeutungsaufbau des Spielfilms. Methodologische Überlegungen entwickelt am Film »Falsche Bewegung« von Peter Handke und Wim Wenders, Tübingen 1987
Wenders, Wim / Müller-Scherz, Fritz: Im Lauf der Zeit. Foto-script, Dialogbuch, Materialien, Frankfurt a.M. 1976
Wenders, Wim: Tokyo-Ga. Ein Reisetagebuch, Berlin 1986

Danksagung

Ohne Hilfe hätte dieses Buch nicht entstehen können. Klaus Kanzog von der Universität München und Klaus Vollmer vom Münchner Filmmuseum haben mir wertvolle Dienste geleistet. Frau Darwischer von den Berliner Road Movies hat mir Informationen und Materialien weitergegeben. Ein ganz besonderer Dank geht an Ulrich Kurowski von der Münchner Hochschule für Fernsehen und Film, der mir zahlreiches, zum Teil bisher unbekanntes Material zugänglich gemacht hat. Schließlich ist aber noch denen zu danken, die ungenannt bleiben wollen und mir bei den Recherchen unerwartet aufgeschlossen entgegengekommen sind.

Reinhold Rauh

Fotonachweis

Seite 15:	*Polizeifilm*
Seite 18:	*Silver City* – Der Blick aus Wenders' Wohnung in der Einsteinstraße
Seite 19:	*Polizeifilm*
Seite 20:	*Alabama*
Seite 21:	*3 Amerikanische LP's*
Seite 23, 24, 26, 27:	*Summer in the City*
Seite 28, 31, 32:	*Die Angst des Tormanns beim Elfmeter*
Seite 34–36:	*Der Scharlachrote Buchstabe*
Seite 37, 39, 40, 41:	*Alice in den Städten*
Seite 42, 43:	*Ein Haus für uns*
Seite 44 oben:	*Alice in den Städten*
Seite 44 unten, 46, 48, 49, 50:	*Falsche Bewegung*
Seite 51, 53–57:	*Im Lauf der Zeit*
Seite 59–64, 66:	*Der Amerikanische Freund*
Seite 72–74, 76–78:	*Nick's Film*
Seite 81, 83, 84, 86:	*Der Stand der Dinge*
Seite 88–91:	*Hammett*
Seite 92:	*Reverse Angle*
Seite 93, 94:	*Chambre 666*
Seite 97, 99–103:	*Paris, Texas*
Seite 106, 108:	*Tokyo-Ga*
Seite 110–114, 116, 117:	*Der Himmel über Berlin*
Seite 118–120:	*Aufzeichnungen zu Kleidern und Städten*
Seite 127:	*Alice in den Städten*
Seite 128:	Wenders bei den Dreharbeiten zu *Falsche Bewegung*
Seite 130–205:	*Falsche Bewegung*
Seite 206 oben:	*Die Angst des Tormanns beim Elfmeter*
Seite 206 Mitte:	*Falsche Bewegung*
Seite 206 unten:	*Alice in den Städten*
Seite 211:	*Falsche Bewegung*
Seite 216:	*Der Amerikanische Freund*
Seite 218 oben:	*Aufzeichnungen zu Kleidern und Städten*
Seite 218 Mitte:	*Der Himmel über Berlin*
Seite 218 unten:	*Paris, Texas*
Seite 221:	*Same Player Shoots Again*
Seite 226:	*Falsche Bewegung*
Seite 230, 231:	*Falsche Bewegung*
Seite 237:	Wenders bei den Dreharbeiten zu *Die Angst des Tormanns beim Elfmeter*

Seite 239: Wenders in den frühen 70er Jahren
Seite 241: Wenders und Peter Bogdanovich
Seite 243: Wenders und Robby Müller bei den Dreharbeiten zu *Alice in den Städten*
Seite 245: Wenders bei den Dreharbeiten zu *Falsche Bewegung*
Seite 247: Wenders bei den Dreharbeiten zu *Im Lauf der Zeit*
Seite 249: Dennis Hopper, Samuel Fuller, Wenders
Seite 251: Wenders und Nicholas Ray
Seite 253: Wenders und Patrick Bauchau
Seite 255: Harry Dean Stanton, Nastassja Kinski, Wenders
Seite 257: Solveig Dommartin, Wenders
Seite 259: Solveig Dommartin, Wenders
Seite 261: Wenders in einer Gangster-Rolle in Mika Kaurismäkis *Helsinki - Napoli*
Seite 263: Wenders Ende der 80er Jahre

Die Fotos auf den Seiten 128, 237, 243, 245, 247, 249, 251, 253, 255, 257, 259, 261 stammen aus dem Archiv Robert Fischer, die Fotos auf den Seiten 241, 239, 263 aus dem Film-Archiv Lothar R. Just und die Fotos auf den Seiten 118-120 aus dem Besitz des Verfassers.
Alle übrigen Fotos aus den Kopien der Filme wurden von Gerhard Ullmann, Filmmuseum München, hergestellt.

Register

R

S

T

V

W

Y

Z